小学校学習指導要領(平成29年告示)解説

外国語活動・外国語編

平成29年7月

文部科学省

まえがき

　文部科学省では，平成29年3月31日に学校教育法施行規則の一部改正と小学校学習指導要領の改訂を行った。新小学校学習指導要領等は令和2年度から全面的に実施することとし，平成30年度から一部を移行措置として先行して実施することとしている。

　今回の改訂は，平成28年12月の中央教育審議会答申を踏まえ，

① 教育基本法，学校教育法などを踏まえ，これまでの我が国の学校教育の実績や蓄積を生かし，子供たちが未来社会を切り拓くための資質・能力を一層確実に育成することを目指すこと。その際，子供たちに求められる資質・能力とは何かを社会と共有し，連携する「社会に開かれた教育課程」を重視すること。

② 知識及び技能の習得と思考力，判断力，表現力等の育成のバランスを重視する平成20年改訂の学習指導要領の枠組みや教育内容を維持した上で，知識の理解の質を更に高め，確かな学力を育成すること。

③ 先行する特別教科化など道徳教育の充実や体験活動の重視，体育・健康に関する指導の充実により，豊かな心や健やかな体を育成すること。

を基本的なねらいとして行った。

　本書は，大綱的な基準である学習指導要領の記述の意味や解釈などの詳細について説明するために，文部科学省が作成するものであり，小学校学習指導要領第2章第10節「外国語」，第4章「外国語活動」について，その改善の趣旨や内容を解説している。

　各学校においては，本書を御活用いただき，学習指導要領等についての理解を深め，創意工夫を生かした特色ある教育課程を編成・実施されるようお願いしたい。

　むすびに，本書「小学校学習指導要領解説外国語活動・外国語編」の作成に御協力くださった各位に対し，心から感謝の意を表する次第である。

　平成29年7月

　　　　　　　　　　　　　　　　　　　　　文部科学省初等中等教育局長
　　　　　　　　　　　　　　　　　　　　　　　　髙橋　道和

目次

- 第1部　外国語活動

  - 第1章　総　　説 …………………………………… 2
    - 1　改訂の経緯及び基本方針 ………………………… 2
    - 2　中学年の外国語活動の導入の趣旨と要点 ……… 6

  - 第2章　外国語活動の目標及び内容 ……………… 11
    - 第1節　外国語活動の目標 ………………………… 11
    - 第2節　英語 ………………………………………… 18
      - 1　目標 ………………………………………………… 18
      - 2　内容 ………………………………………………… 24
      - 3　指導計画の作成と内容の取扱い ………………… 41

  - 第3章　指導計画の作成と内容の取扱い ………… 54

- 第2部　外国語

  - 第1章　総説 ………………………………………… 58
    - 1　改訂の経緯及び基本方針 ………………………… 58
    - 2　外国語科導入の趣旨と要点 ……………………… 62

  - 第2章　外国語科の目標及び内容 ………………… 67
    - 第1節　外国語科の目標 …………………………… 67
    - 第2節　英語 ………………………………………… 75
      - 1　目標 ………………………………………………… 75
      - 2　内容 ………………………………………………… 83
      - 3　指導計画の作成と内容の取扱い ………………… 121
    - 第3節　その他の外国語 …………………………… 136

  - 第3章　指導計画の作成と内容の取扱い ………… 137

- 付　録 ……………………………………………………………139
  - 付録1：学校教育法施行規則（抄）……………………………140
  - 付録2：小学校学習指導要領　第1章　総則 ………………144
  - 付録3：小学校学習指導要領　第4章　外国語活動 ………151
  - 付録4：小学校学習指導要領　第2章　第10節　外国語
    ………………………………………………………………155
  - 付録5：中学校学習指導要領　第2章　第9節　外国語 …161
  - 付録6：「外国語活動・外国語の目標」の学校段階別一覧表
    ………………………………………………………………168
  - 付録7：「外国語の言語材料」の学校段階別一覧表 ………170
  - 付録8：「外国語活動・外国語の言語活動の例」の
            学校段階別一覧表 ………………………………171
  - 付録9：小学校学習指導要領　第2章　第1節　国語 ……172
  - 付録10：小学校学習指導要領　第3章　特別の教科　道徳
    ………………………………………………………………184
  - 付録11：「道徳の内容」の学年段階・学校段階の一覧表 …190
  - 付録12：幼稚園教育要領 …………………………………192

第1部
外国語活動

第1章　総説

● 1　改訂の経緯及び基本方針

(1) 改訂の経緯

　今の子供たちやこれから誕生する子供たちが，成人して社会で活躍する頃には，我が国は厳しい挑戦の時代を迎えていると予想される。生産年齢人口の減少，グローバル化の進展や絶え間ない技術革新等により，社会構造や雇用環境は大きく，また急速に変化しており，予測が困難な時代となっている。また，急激な少子高齢化が進む中で成熟社会を迎えた我が国にあっては，一人一人が持続可能な社会の担い手として，その多様性を原動力とし，質的な豊かさを伴った個人と社会の成長につながる新たな価値を生み出していくことが期待される。

　こうした変化の一つとして，人工知能（ＡＩ）の飛躍的な進化を挙げることができる。人工知能が自ら知識を概念的に理解し，思考し始めているとも言われ，雇用の在り方や学校において獲得する知識の意味にも大きな変化をもたらすのではないかとの予測も示されている。このことは同時に，人工知能がどれだけ進化し思考できるようになったとしても，その思考の目的を与えたり，目的のよさ・正しさ・美しさを判断したりできるのは人間の最も大きな強みであるということの再認識につながっている。

　このような時代にあって，学校教育には，子供たちが様々な変化に積極的に向き合い，他者と協働して課題を解決していくことや，様々な情報を見極め知識の概念的な理解を実現し情報を再構成するなどして新たな価値につなげていくこと，複雑な状況変化の中で目的を再構築することができるようにすることが求められている。

　このことは，本来，我が国の学校教育が大切にしてきたことであるものの，教師の世代交代が進むと同時に，学校内における教師の世代間のバランスが変化し，教育に関わる様々な経験や知見をどのように継承していくかが課題となり，また，子供たちを取り巻く環境の変化により学校が抱える課題も複雑化・困難化する中で，これまでどおり学校の工夫だけにその実現を委ねることは困難になってきている。

　こうした状況を踏まえ，平成26年11月には，文部科学大臣から新しい時代にふさわしい学習指導要領等の在り方について中央教育審議会に諮問を行った。中央教育審議会においては，2年1か月にわたる審議の末，平成28年12月21日に「幼稚園，小学校，中学校，高等学校及び特別支援学校の学習指導要領等の改善及び必要な方策等について（答申）」（以下「中央教育審議会答申」

という。）を示した。

　中央教育審議会答申においては，"よりよい学校教育を通じてよりよい社会を創る"という目標を学校と社会が共有し，連携・協働しながら，新しい時代に求められる資質・能力を子供たちに育む「社会に開かれた教育課程」の実現を目指し，学習指導要領等が，学校，家庭，地域の関係者が幅広く共有し活用できる「学びの地図」としての役割を果たすことができるよう，次の6点にわたってその枠組みを改善するとともに，各学校において教育課程を軸に学校教育の改善・充実の好循環を生み出す「カリキュラム・マネジメント」の実現を目指すことなどが求められた。

①「何ができるようになるか」（育成を目指す資質・能力）
②「何を学ぶか」（教科等を学ぶ意義と，教科等間・学校段階間のつながりを踏まえた教育課程の編成）
③「どのように学ぶか」（各教科等の指導計画の作成と実施，学習・指導の改善・充実）
④「子供一人一人の発達をどのように支援するか」（子供の発達を踏まえた指導）
⑤「何が身に付いたか」（学習評価の充実）
⑥「実施するために何が必要か」（学習指導要領等の理念を実現するために必要な方策）

　これを踏まえ，平成29年3月31日に学校教育法施行規則を改正するとともに，幼稚園教育要領，小学校学習指導要領及び中学校学習指導要領を公示した。小学校学習指導要領は，平成30年4月1日から第3学年及び第4学年において外国語活動を実施する等の円滑に移行するための措置（移行措置）を実施し，令和2年4月1日から全面実施することとしている。また，中学校学習指導要領は，平成30年4月1日から移行措置を実施し，令和3年4月1日から全面実施することとしている。

(2) 改訂の基本方針

　今回の改訂は答申を踏まえ，次の基本方針に基づき行った。

①今回の改訂の基本的な考え方

　ア　教育基本法，学校教育法などを踏まえ，これまでの我が国の学校教育の実践や蓄積を生かし，子供たちが未来社会を切り拓くための資質・能力を一層確実に育成することを目指す。その際，子供たちに求められる資質・能力とは何かを社会と共有し，連携する「社会に開かれた教育課程」を重

視すること。
イ　知識及び技能の習得と思考力，判断力，表現力等の育成のバランスを重視する平成20年改訂の現行学習指導要領の枠組みや教育内容を維持した上で，知識の理解の質をさらに高め，確かな学力を育成すること。
ウ　先行する特別教科化など道徳教育の充実や体験活動の重視，体育・健康に関する指導の充実により，豊かな心や健やかな体を育成すること。

②育成を目指す資質・能力の明確化

中央教育審議会答申においては，予測困難な社会の変化に主体的に関わり，感性を豊かに働かせながら，どのような未来を創っていくのか，どのように社会や人生をよりよいものにしていくのかという目的を自ら考え，自らの可能性を発揮し，よりよい社会と幸福な人生の創り手となる力を身に付けられるようにすることが重要であること，こうした力は全く新しい力ということではなく学校教育が長年その育成を目指してきた「生きる力」であることを改めて捉え直し，学校教育がしっかりとその強みを発揮できるようにしていくことが必要とされた。また，汎用的な能力の育成を重視する世界的な潮流を踏まえつつ，知識及び技能と思考力，判断力，表現力等をバランスよく育成してきた我が国の学校教育の蓄積を生かしていくことが重要とされた。

このため「生きる力」をより具体化し，教育課程全体を通して育成を目指す資質・能力を，ア「何を理解しているか，何ができるか（生きて働く「知識・技能」の習得）」，イ「理解していること・できることをどう使うか（未知の状況にも対応できる「思考力・判断力・表現力等」の育成）」，ウ「どのように社会・世界と関わり，よりよい人生を送るか（学びを人生や社会に生かそうとする「学びに向かう力・人間性等」の涵養）」の三つの柱に整理するとともに，各教科等の目標や内容についても，この三つの柱に基づく再整理を図るよう提言がなされた。

今回の改訂では，知・徳・体にわたる「生きる力」を子供たちに育むために「何のために学ぶのか」という各教科等を学ぶ意義を共有しながら，授業の創意工夫や教科書等の教材の改善を引き出していくことができるようにするため，全ての教科等の目標及び内容を「知識及び技能」，「思考力，判断力，表現力等」，「学びに向かう力，人間性等」の三つの柱で再整理した。

③「主体的・対話的で深い学び」の実現に向けた授業改善の推進

子供たちが，学習内容を人生や社会の在り方と結び付けて深く理解し，これからの時代に求められる資質・能力を身に付け，生涯にわたって能動的に

学び続けることができるようにするためには,これまでの学校教育の蓄積を生かし,学習の質を一層高める授業改善の取組を活性化していくことが必要であり,我が国の優れた教育実践に見られる普遍的な視点である「主体的・対話的で深い学び」の実現に向けた授業改善（アクティブ・ラーニングの視点に立った授業改善）を推進することが求められる。

今回の改訂では「主体的・対話的で深い学び」の実現に向けた授業改善を進める際の指導上の配慮事項を総則に記載するとともに,各教科等の「第3 指導計画の作成と内容の取扱い」において,単元や題材など内容や時間のまとまりを見通して,その中で育む資質・能力の育成に向けて,「主体的・対話的で深い学び」の実現に向けた授業改善を進めることを示した。

その際,以下の6点に留意して取り組むことが重要である。

- ア 児童生徒に求められる資質・能力を育成することを目指した授業改善の取組は,既に小・中学校を中心に多くの実践が積み重ねられており,特に義務教育段階はこれまで地道に取り組まれ蓄積されてきた実践を否定し,全く異なる指導方法を導入しなければならないと捉える必要はないこと。
- イ 授業の方法や技術の改善のみを意図するものではなく,児童生徒に目指す資質・能力を育むために「主体的な学び」,「対話的な学び」,「深い学び」の視点で,授業改善を進めるものであること。
- ウ 各教科等において通常行われている学習活動（言語活動,観察・実験,問題解決的な学習など）の質を向上させることを主眼とするものであること。
- エ 1回1回の授業で全ての学びが実現されるものではなく,単元や題材など内容や時間のまとまりの中で,学習を見通し振り返る場面をどこに設定するか,グループなどで対話する場面をどこに設定するか,児童生徒が考える場面と教師が教える場面をどのように組み立てるかを考え,実現を図っていくものであること。
- オ 深い学びの鍵として「見方・考え方」を働かせることが重要になること。各教科等の「見方・考え方」は,「どのような視点で物事を捉え,どのような考え方で思考していくのか」というその教科等ならではの物事を捉える視点や考え方である。各教科等を学ぶ本質的な意義の中核をなすものであり,教科等の学習と社会をつなぐものであることから,児童生徒が学習や人生において「見方・考え方」を自在に働かせることができるようにすることにこそ,教師の専門性が発揮されることが求められること。

カ　基礎的・基本的な知識及び技能の習得に課題がある場合には，その確実な習得を図ることを重視すること。

④各学校におけるカリキュラム・マネジメントの推進

　各学校においては，教科等の目標や内容を見通し，特に学習の基盤となる資質・能力（言語能力，情報活用能力（情報モラルを含む。以下同じ。），問題発見・解決能力等）や現代的な諸課題に対応して求められる資質・能力の育成のためには，教科等横断的な学習を充実することや，「主体的・対話的で深い学び」の実現に向けた授業改善を，単元や題材など内容や時間のまとまりを見通して行うことが求められる。これらの取組の実現のためには，学校全体として，児童生徒や学校，地域の実態を適切に把握し，教育内容や時間の配分，必要な人的・物的体制の確保，教育課程の実施状況に基づく改善などを通して，教育活動の質を向上させ，学習の効果の最大化を図るカリキュラム・マネジメントに努めることが求められる。

　このため総則において，「児童や学校，地域の実態を適切に把握し，教育の目的や目標の実現に必要な教育の内容等を教科等横断的な視点で組み立てていくこと，教育課程の実施状況を評価してその改善を図っていくこと，教育課程の実施に必要な人的又は物的な体制を確保するとともにその改善を図っていくことなどを通して，教育課程に基づき組織的かつ計画的に各学校の教育活動の質の向上を図っていくこと（以下「カリキュラム・マネジメント」という。）に努めること」について新たに示した。

⑤教育内容の主な改善事項

　このほか，言語能力の確実な育成，理数教育の充実，伝統や文化に関する教育の充実，体験活動の充実，外国語教育の充実などについて総則や各教科等において，その特質に応じて内容やその取扱いの充実を図った。

● 2　中学年の外国語活動の導入の趣旨と要点

(1) 中学年の外国語活動の導入の趣旨

　今回の中学年の外国語活動の導入に当たっては，中央教育審議会答申を踏まえ，次のような，これまでの成果と課題等を踏まえた改善を図った。

- グローバル化が急速に進展する中で，外国語によるコミュニケーション能力は，これまでのように一部の業種や職種だけでなく，生涯にわたる様々な場面で必要とされることが想定され，その能力の向上が課題となってい

- 平成20年改訂の学習指導要領は，小・中・高等学校で一貫した外国語教育を実施することにより，外国語を通じて，言語や文化に対する理解を深め，積極的に外国語を用いてコミュニケーションを図ろうとする態度や，情報や考えなどを的確に理解したり適切に伝えたりする力を身に付けさせることを目標として掲げ，「聞くこと」，「話すこと」，「読むこと」，「書くこと」などを総合的に育成することをねらいとして改訂され，様々な取組を通じて指導の充実が図られてきた。
- 小学校では，平成23年度から高学年において外国語活動が導入され，その充実により，児童の高い学習意欲，中学生の外国語教育に対する積極性の向上といった成果が認められている。一方で，①音声中心で学んだことが，中学校の段階で音声から文字への学習に円滑に接続されていない，②日本語と英語の音声の違いや英語の発音と綴りの関係，文構造の学習において課題がある，③高学年は，児童の抽象的な思考力が高まる段階であり，より体系的な学習が求められることなどが課題として指摘されている。
- また，小学校から各学校段階における指導改善による成果が認められるものの，学年が上がるにつれて児童生徒の学習意欲に課題が生じるといった状況や，学校種間の接続が十分とは言えず，進級や進学をした後に，それまでの学習内容や指導方法等を発展的に生かすことができないといった状況も見られている。
- こうした成果と課題を踏まえ，今回の改訂では，小学校中学年から外国語活動を導入し，「聞くこと」，「話すこと」を中心とした活動を通じて外国語に慣れ親しみ外国語学習への動機付けを高めた上で，高学年から発達の段階に応じて段階的に文字を「読むこと」，「書くこと」を加えて総合的・系統的に扱う教科学習を行うとともに，中学校への接続を図ることを重視することとしている。

(2) 中学年の外国語活動の導入の要点

中央教育審議会答申を踏まえ，中学年の外国語活動の目標及び内容等に関して，次のように設定した。

①目標

中学年の外国語活動の目標は，前述のような課題を踏まえ，「知識及び技能」，「思考力，判断力，表現力等」，「学びに向かう力，人間性等」の三つの資質・能力を明確にした上で，①各学校段階の学びを接続させるとともに，

②「外国語を使って何ができるようになるか」を明確にするという観点から設定している。

　外国語学習においては，語彙や文法等の個別の知識がどれだけ身に付いたかに主眼が置かれるのではなく，児童生徒の学びの過程全体を通じて，知識・技能が，実際のコミュニケーションにおいて活用され，思考・判断・表現することを繰り返すことを通じて獲得され，学習内容の理解が深まるなど，資質・能力が相互に関係し合いながら育成されることが必要である。

　このため，それらの育成を目指す力について，前述のような課題を踏まえつつ，外国語学習の特性を踏まえて「知識及び技能」と「思考力，判断力，表現力等」を一体的に育成するとともに，その過程を通して，「学びに向かう力，人間性等」に示す資質・能力を育成し，小・中・高等学校で一貫した目標を実現するため，そこに至る段階を示すものとして国際的な基準などを参考に，「聞くこと」，「読むこと」，「話すこと［やり取り］」，「話すこと［発表］」，「書くこと」の五つの領域で英語の目標を設定している。

　今回の改訂では，小学校中学年に新たに外国語活動を導入し，三つの資質・能力の下で，英語の目標として「聞くこと」，「話すこと［やり取り］」，「話すこと［発表］」の三つの領域を設定し，音声面を中心とした外国語を用いたコミュニケーションを図る素地となる資質・能力を育成した上で，高学年において「読むこと」，「書くこと」を加えた教科として外国語科を導入し，五つの領域の言語活動を通じて，コミュニケーションを図る基礎となる資質・能力を育成することとしている。

　また，中学年の外国語活動の目標については，学年ごとに示すのではなく，より弾力的な指導ができるよう，2学年間を通した目標とした。

②内容構成

　外国語教育において育成を目指す三つの資質・能力を確実に身に付けられるように，小・中・高等学校を通じた領域別の目標の下で，内容等について以下のとおり体系的に構成を整理した。

　前述の中学年の外国語活動の目標及び英語の目標を実現するため，

（ⅰ）「知識及び技能」として「英語の特徴等に関する事項」（第2の2(1)）

（ⅱ）「思考力，判断力，表現力等」として「情報を整理しながら考えなどを形成し，英語で表現したり，伝え合ったりすることに関する事項」（第2の2(2)）

を整理した上で，

（ⅲ）言語活動及び言語の働きに関する事項（第2の2(3)）として，「知識

及び技能」を活用して「思考力，判断力，表現力等」を身に付けるための具体的な言語活動，言語の働き等

を整理した。

また，

(iv) 指導計画の作成と内容の取扱い（第2の3）においては，高学年の外国語科や中・高等学校における指導との接続に留意しながら指導すべき留意点等

を整理し，具体的な指導や評価において活用されるよう内容の構成全体を整理した。

各学校においては，このような内容構成を理解し，言語材料と言語活動，言語の働き等を効果的に関連付け，総合的に組み合わせて指導するとともに，この構成の中で，主体的・対話的で深い学びの実現に向けた授業改善を推進するため，外国語教育特有の学習過程を繰り返し経るような指導の改善・充実が図られる必要がある。

③内容

内容については，高学年の外国語科や中・高等学校における学習内容との接続の観点も踏まえ，次のように設定した。

- 「知識及び技能」については，実際に外国語を用いた言語活動を通して，言語や文化について体験的に理解を深め，日本語と外国語との音声の違い等に気付くとともに，外国語の音声や基本的な表現に慣れ親しませるようにすることとした。
- 「思考力，判断力，表現力等」については，具体的な課題等を設定し，コミュニケーションを行う目的や場面，状況などに応じて，情報や考えなどを表現することを通して，身近で簡単な事柄について，外国語で聞いたり話したりして自分の考えや気持ちなどを伝え合う力の素地を養うこととした。

④学習指導

中学年の外国語活動の「英語」における指導計画の作成と内容の取扱いについては，次のように設定した。

- 言語活動で扱う題材については，我が国の文化や，外国語の背景にある文化に対する関心を高め，理解を深めようとする態度を養うのに役立つものとすることとした。
- 外国語を初めて学習することに配慮し，簡単な語句や基本的な表現を用

いて友達との関わりを大切にした体験的な言語活動を行うこととした。

第1章
総　説

第2章　外国語活動の目標及び内容

第1節　外国語活動の目標

外国語活動では，次のように目標を設定した。

> 第1　目標
> 　外国語によるコミュニケーションにおける見方・考え方を働かせ，外国語による聞くこと，話すことの言語活動を通して，コミュニケーションを図る素地となる資質・能力を次のとおり育成することを目指す。

　外国語活動の目標は，コミュニケーションを図る素地となる資質・能力を育成することである。このためには，次の(1)(2)(3)に示す「知識及び技能」，「思考力，判断力，表現力等」，「学びに向かう力，人間性等」それぞれに関わる外国語特有の資質・能力を育成する必要があり，その際，外国語教育の特質に応じて，児童が物事を捉え，思考する「外国語によるコミュニケーションにおける見方・考え方」を働かせることが重要である。

　「外国語によるコミュニケーションにおける見方・考え方」とは，外国語によるコミュニケーションの中で，どのような視点で物事を捉え，どのような考え方で思考していくのかという，物事を捉える視点や考え方であり，「外国語で表現し伝え合うため，外国語やその背景にある文化を，社会や世界，他者との関わりに着目して捉え，コミュニケーションを行う目的や場面，状況等に応じて，情報を整理しながら考えなどを形成し，再構築すること」であると考えられる。

　外国語やその背景にある文化を，社会や世界，他者との関わりに着目して捉えるとは，外国語で他者とコミュニケーションを行うには，社会や世界との関わりの中で事象を捉えたり，外国語やその背景にある文化を理解するなどして相手に十分配慮したりすることが重要であることを示している。また，コミュニケーションを行う目的や場面，状況等に応じて，情報を整理しながら考えなどを形成し，再構築することとは，多様な人々との対話の中で，目的や場面，状況等に応じて，既習のものも含めて習得した概念（知識）を相互に関連付けてより深く理解したり，情報を精査して考えを形成したり，課題を見いだして解決策を考えたり，身に付けた思考力を発揮させたりすることであり，外国語で表現し伝え合うためには，適切な言語材料を活用し，思考・判断して情報を整理するとともに，自分の考えなどを形成，再構築することが重要であること

を示している。

　外国語によるコミュニケーションの一連の過程を通して，このような「見方・考え方」を働かせながら，自分の思いや考えを表現することなどを通じて，児童の発達の段階に応じて「見方・考え方」を豊かにすることが重要である。この「見方・考え方」を確かで豊かなものとすることで，学ぶことの意味と自分の生活，人生や社会，世界の在り方を主体的に結び付ける学びが実現され，学校で学ぶ内容が，生きて働く力として育まれることになる。さらに，こうした学びの過程が外国語教育の主体的・対話的で深い学びの実現に向けた授業改善につながる。その鍵となるものが，教科等の特質に応じた「見方・考え方」である。

　ところで，言語能力について，中央教育審議会答申では，「言葉は，学校という場において子供が行う学習活動を支える重要な役割を果たすものであり，全ての教科等における資質・能力の育成や学習の基盤となるものである。したがって，言語能力の向上は，学校における学びの質や，教育課程全体における資質・能力の育成の在り方に関わる課題」であるとし，その育成が求められている。

　このことを踏まえれば，例えば，初めて外国語に触れる段階である小学校においては，母語を用いたコミュニケーションを図る際には意識されていなかった，相手の発する外国語を注意深く聞いて何とか相手の思いを理解しようとしたり，もっている知識などを総動員して相手に外国語で自分の思いを何とか伝えようとしたりする体験を通して，日本語を含む言語でコミュニケーションを図る難しさや大切さを改めて感じることが，言語によるコミュニケーション能力を身に付ける上で重要であり，言語への興味・関心を高めることにつながると考えられる。

　このように，小学校における外国語教育においては，先に述べた「外国語によるコミュニケーションにおける見方・考え方」に示したように，外国語やその背景にある文化を，社会や世界，他者との関わりに着目して捉えることが必要であると考えられる。

　「外国語による聞くこと，話すことの言語活動を通して」とは，外国語活動の目標を実現するために必要な指導事項について述べたものであり，本解説第1部第2章第2節2(3)で詳細を解説する。

　「コミュニケーションを図る素地となる資質・能力」が中学年の外国語活動の目標の中心となる部分である。これは，高学年の外国語科の目標である，「コミュニケーションを図る基礎となる資質・能力」及び中学校の外国語科の目標である，「簡単な情報や考えなどを理解したり表現したり伝え合ったりするコ

ミュニケーションを図る資質・能力」につながるものである。「素地」としたのは，中学校の外国語科が「コミュニケーションを図る資質・能力」であることに対して，高学年の外国語科の目標がその「基礎となる資質・能力」であり，それに対しての「素地となる資質・能力」ということからである。総則にもあるとおり，小学校までの学習の成果が中学校教育に円滑に接続され，育成を目指す資質・能力を児童が確実に身に付けることができるよう工夫する必要がある。

改訂前の高学年における外国語活動の目標においては，
① 言語や文化に関する体験的な理解
② 積極的にコミュニケーションを図ろうとする態度
③ 外国語への慣れ親しみ

の三つの事項を念頭に置いていたが，今回の改訂では，育成を目指す資質・能力の三つの柱である「知識及び技能」，「思考力，判断力，表現力等」及び「学びに向かう力，人間性等」のそれぞれに関わる目標を，以下(1)(2)(3)のように明確に設定している。

---

(1) 外国語を通して，言語や文化について体験的に理解を深め，日本語と外国語との音声の違い等に気付くとともに，外国語の音声や基本的な表現に慣れ親しむようにする。

---

(1)は，外国語活動における「何を理解しているか，何ができるか」という「知識及び技能」を体験的に身に付けることに関わる目標として掲げたものである。

前述のとおり，改訂前の高学年における外国語活動の目標は三つの事項を柱としていたが，今回の改訂では，音声中心で学んだことが，中学校の段階で音声から文字への学習に円滑に接続されていないなどの課題を踏まえ，「日本語と外国語との音声の違い等に気付く」を「知識及び技能」に追加し，これをこれまでの活動と統合的に体験することで，段階的に高学年の外国語科や中・高等学校における外国語学習につながるようにした。

「言語や文化について体験的に理解を深め」るとは，外国語活動において，児童のもつ柔軟な適応力を生かして，言葉への自覚を促し，幅広い言語に関する能力や国際感覚の基盤を培うため，日本語や我が国の文化を含めた言語や文化に対する理解を深めることを指している。その際，知識のみによって理解を深めるのではなく，体験を通して理解を深めることとしている。体験的に理解を深めることで，言葉の大切さや豊かさ等に気付いたり，言語に対する興味・関心を高めたり，これらを尊重する態度を身に付けたりすることは，国語科の

学習にも資するものと考えられる。また、これらのことは、後述する「学びに向かう力、人間性等」にもつながるものである。

「日本語と外国語との音声の違い等に気付く」とは、日本語と外国語を比較することで、日本語と外国語との音声の違い等に気付かせることを指している。日本語の音声の特徴を意識させながら、外国語を用いたコミュニケーションを通して、日本語の使用だけでは気付くことが難しい日本語の音声の特徴や言葉の仕組みへの気付きを促すことにより、日本語についての理解を深めることができる。さらに、このことは言葉の豊かさに気付かせ、外国語学習への意欲の向上や、高学年の外国語科で育成を目指す資質・能力の向上にも資すると考えられる。

「外国語の音声や基本的な表現に慣れ親しむ」とは、高学年以降の外国語学習における聞く力や話す力につながるものとして、児童の柔軟な適応力を生かして、外国語の音声や基本的な表現に慣れ親しむことを示している。

そして、これらのことを「外国語を通して」行うことを明記している。これは、言語や文化について体験的に理解を深めたり、日本語と外国語との音声の違い等に気付いたりするには、様々な方法が考えられるが、外国語活動は、「外国語を通して」という特有の方法によって、この目標の実現を図ろうとするものであることを明確にしたものである。

このような「知識及び技能」の育成は、言語活動の充実につながる。子供たちは、言葉の大切さや豊かさに気付くからこそ、学んだ言葉を使って人とコミュニケーションを図ろうとし、また、日本語と外国語との音声の違い等に気付くからこそ、日本語とは違う外国語のリズムや発音などをより楽しみながら活動することになる。更に外国語の音声や基本的な表現に慣れ親しんでいるからこそ、自信をもって言語活動に臨めるのである。

> (2) 身近で簡単な事柄について、外国語で聞いたり話したりして自分の考えや気持ちなどを伝え合う力の素地を養う。

(2)は、外国語活動における「理解していること・できることをどう使うか」という「思考力、判断力、表現力等」の育成に関わる目標として掲げたものである。

「身近で簡単な事柄」とは、高学年の外国語科と同様、児童がよく知っている人や物、事柄のうち簡単な語彙や基本的な表現で表すことができるものを指している。例えば、学校の友達や教師、家族などコミュニケーションを図っている相手、身の回りの物や自分が大切にしている物、学校や家庭での出来事や

日常生活で起こることなどが考えられる。また，中学校の外国語科では，「日常的な話題や社会的な話題」としており，これらは生徒の日々の生活に関わる話題や社会で起こっている出来事や問題に関わる話題のことを指している。中学年の外国語活動で身近で簡単な事柄について音声で十分にコミュニケーションを図っておくことが，高学年以降の外国語学習の動機付けとなり，更に話題を広げてコミュニケーションを図ることにつながっていく。

　また，中学年の外国語活動では，伝え合う力の素地を「外国語で聞いたり話したりして」と，「聞くこと」，「話すこと［やり取り］」及び「話すこと［発表］」の三つの領域を通して養うこととしている。一方，高学年の外国語科では，「聞くこと」，「読むこと」，「話すこと［やり取り］」，「話すこと［発表］」，「書くこと」の五つの領域を通して養うこととしている。これは，児童が中学年で初めて外国語に触れることに配慮したものである。また，中学校の外国語科では，「外国語で簡単な情報や考えなどを理解したり，これらを活用して表現したり伝え合ったりする」としており，複数の領域を統合した言語活動を通して養われることとなる。

　外国語教育においては，このようなコミュニケーションを行う目的や場面，状況等に応じて，情報や考えなどを，外国語で聞いたり読んだりして的確に理解したり，外国語を話したり書いたりして適切に表現し伝え合ったりする力を育成するため，資質・能力の三つの柱を踏まえた一連の学習過程の改善・充実を図る必要がある。ここでは，中学年の発達の段階を踏まえ，身近で簡単な事柄について，外国語で聞いたり話したりして自分の考えや気持ちなどを伝え合う力の素地を明示した。

(3) 外国語を通して，言語やその背景にある文化に対する理解を深め，相手に配慮しながら，主体的に外国語を用いてコミュニケーションを図ろうとする態度を養う。

　(3)は，外国語活動における「どのように社会・世界と関わり，よりよい人生を送るか」という「学びに向かう力，人間性等」の涵養に関わる目標として掲げたものである。

　中央教育審議会答申では，この「学びを人生や社会に生かそうとする『学びに向かう力・人間性等』の涵養」を重視し，(1)の「知識及び技能」や(2)の「思考力，判断力，表現力等」の資質・能力をどのような方向性で働かせていくかを決定付ける重要な要素とされている。

　外国語教育における「学びに向かう力，人間性等」は，児童が言語活動に主

体的に取り組むことが外国語によるコミュニケーションを図る素地となる資質・能力を身に付ける上で不可欠であるため，極めて重要な観点である。「知識及び技能」を実際のコミュニケーションの場面において活用し，考えを形成・深化させ，話して表現することを繰り返すことで，児童に自信が生まれ，主体的に学習に取り組む態度が一層向上するため，「知識及び技能」及び「思考力，判断力，表現力等」と「学びに向かう力，人間性等」は不可分に結び付いている。児童が興味をもって取り組むことができる言語活動を易しいものから段階的に取り入れたり，自己表現活動の工夫をしたりするなど，様々な手立てを通じて児童の主体的に学習に取り組む態度の育成を目指した指導をすることが大切である。

　ところで，高学年の外国語科では，「外国語の背景にある文化に対する理解を深め」としているのに対して，中学年の外国語活動では，「言語やその背景にある文化に対する理解を深め」としたのは，学習対象である外国語などの固有の言語だけでなく，日本語も含めた言語の普遍性について体験的に気付くことが重要であることからである。母語以外の言語を学び，母語と外国語を比べることで，言語には普遍性と固有性があることに気付き，そうすることで母語の性質や価値，外国語の性質や価値をよりよく理解できるようになる。つまり，母語を，外国語を通して相対化することができるということである。このことは，児童の母語の力をより確かなものにすることにつながる。中学年の外国語活動においてそのようにして体験的に気付くことが，高学年以降の外国語学習への意欲につながると考えられる。

　また，「相手に配慮しながら」としたのは，言語は通常，人との関わりの中で用いられるため，他者を尊重し，聞き手・読み手・話し手・書き手に配慮しながらコミュニケーションを図ることが求められることからである。例えば，聞き手の理解の状況を確認しながら話しているか，相手の発話に反応しながら聞き続けようとする態度を示しているかなどの相手への配慮が求められることになる。高学年の外国語科では，「他者に配慮しながら」としているのに対して，中学年の外国語活動では，「相手に配慮しながら」としたのは，初めて外国語に触れることや，中学年の児童の発達の段階から常にコミュニケーションの対象となるのは，目の前にいる相手と限定したことからである。

　「主体的に外国語を用いてコミュニケーションを図ろうとする態度」とは，単に授業等において積極的に外国語を使ってコミュニケーションを図ろうとする態度のみならず，学校教育外においても，生涯にわたって継続して外国語習得に取り組もうとするといった態度を養うことを目標としている。これは，学校教育法において，学力の重要な要素として「生涯にわたり学習する基盤が培

われるよう」,「主体的に学習に取り組む態度」を養うことを掲げていることを踏まえたものである。

このことを踏まえ,学びを人生や社会に生かそうとする「学びに向かう力,人間性等」は,(1)「知識及び技能」及び(2)「思考力,判断力,表現力等」の資質・能力を一体的に育成する過程を通して育成する必要がある。

なお,(3)の「言語やその背景にある文化に対する理解を深め,相手に配慮しながら,主体的に外国語を用いてコミュニケーションを図ろうとする態度を養う」際には,(1)と同様,これら全てを「外国語を通して」行うことを明記している。これは,言語や文化について体験的に理解を深めたり,コミュニケーションを図ろうとする態度を育成したりするには,様々な方法が考えられるが,外国語活動においては,「外国語を通して」という特有の方法によることを表したものである。

第2節 英 語

1 目 標

英語では，前述の外国語活動の目標を踏まえ，次のように具体的な目標を設定している。

> 第2　各言語の目標及び内容等
>   英　語
> 1　目　標
>   英語学習の特質を踏まえ，以下に示す，聞くこと，話すこと［やり取り］，話すこと［発表］の三つの領域別に設定する目標の実現を目指した指導を通して，第1の(1)及び(2)に示す資質・能力を一体的に育成するとともに，その過程を通して，第1の(3)に示す資質・能力を育成する。

　領域別の目標は，外国語教育の目標に沿って，外国語で聞いたり読んだりして得た知識や情報，考えなどを的確に理解したり，それらを活用して適切に表現し伝え合ったりすることで育成される「知識及び技能」と「思考力，判断力，表現力等」について，高等学校卒業時において求められる資質・能力を明確にした上で，それぞれの学校段階等において設定している。

　中学年の外国語活動においては，第1の目標に「外国語による聞くこと，話すことの言語活動を通して」と記されていることから，小学校高学年以降で設定されている五つの領域のうち，「聞くこと」，「話すこと［やり取り］」，「話すこと［発表］」の三つの領域について目標を設定している。

　また，本解説第2章第1節で述べたとおり，「知識及び技能」及び「思考力，判断力，表現力等」の資質・能力を一体的に育成する過程を通して「学びに向かう力，人間性等」の資質・能力を育成することを目指す必要があり，このことを明確に示した。

　なお，以下の三つの領域別の目標に記されている「簡単な語句」や「基本的な表現」とは，小学校学習指導要領第2章第10節外国語の第2の2(1)に示されている語や連語，慣用表現，文を指しているが，初めて英語に触れる段階であることを踏まえ，中学年という児童の発達の段階に合ったものを適宜選択するものとする。

(1) 聞くこと

> ア　ゆっくりはっきりと話された際に，自分のことや身の回りの物を表す簡単な語句を聞き取るようにする。

　この目標では，自分のことや身の回りの物を表す簡単な語句を聞き取るようにすることを示している。

　中学年で初めて英語に触れることを踏まえて，児童が興味・関心を示すような自分のことや身の回りの物を題材として扱うことが大切である。例えば，自分の好きな色や食べ物，自分の着ている服，持ち物など，自分の身の回りの物を表す語句を，ゆっくり話された際に聞き取れるようにする。初めて触れる英語の音声を聞き取ることに対して，児童の抵抗感をできるだけなくすよう「ゆっくりはっきり話された際」の聞き取りであることを示している。

　また，簡単な語句を聞き取るようにすることを目指している。英語による活動の経験が少ない児童に早急に表現や話の内容までを聞き取らせることを求めず，自分のことや身の回りの物に関する語句を聞き取ることで，話されているおおよその内容が分かるような内容を扱うことが重要である。そのため，ここでは簡単な語句を聞き取るようにすることを目指している。また，この項目は，高学年の外国語科の(1)「聞くこと」ア「ゆっくりはっきりと話されれば，自分のことや身近で簡単な事柄について簡単な語句や基本的な表現を聞き取ることができるようにする」ことにつながるものである。

> イ　ゆっくりはっきりと話された際に，身近で簡単な事柄に関する基本的な表現の意味が分かるようにする。

　この目標では，アの項目を踏まえた上で，身近で簡単な事柄に関する基本的な表現の意味が分かるようにすることを示している。ここでいう「身近で簡単な事柄」とは，本解説第1部第2章第1節(2)で述べたとおり，児童がよく知っている人や物，事柄のうち簡単な語彙や基本的な表現で表すことができるものを指しており，アと同様に，児童が興味・関心を示すような簡単な事柄である必要がある。

　また，アの「簡単な語句」から「基本的な表現」へと段階的に聞き取っていくことを示している。その際，児童自らが「分かった」という自信につながるように，十分に聞くことに慣れ親しませることが重要である。

「基本的な表現の意味が分かる」とは，英語に初めて触れる段階であることを踏まえ，話し手の顔の表情や身振り，イラストや写真などを手掛かりとして，基本的な表現を聞いて理解することから徐々に手掛かりがなくても意味が分かるようになることを目指している。また，英語に初めて触れる段階であることを踏まえ，アと同様，英語への抵抗感をできるだけなくすよう「ゆっくりはっきり話された際」の聞き取りであることを示している。この項目は，高学年の外国語科(1)「聞くこと」ア「基本的な表現を聞き取ることができるようにする」及びイ「具体的な情報を聞き取ることができるようにする」ことにつながるものである。

> ウ 文字の読み方が発音されるのを聞いた際に，どの文字であるかが分かるようにする。

この目標では，文字の読み方の発音を聞いて，それが表す文字が分かるようにすることを示している。

ここでいう「文字」とは，英語の活字体の大文字と小文字のことであり，「読み方」とは，文字の名称を指している。活字体の文字の名称の読み方が発音されるのを聞いて，活字体で書かれたその文字と結び付けるなどにより，どの活字体を表しているかを理解するものである。

英語の文字には，名称以外に，語の中で用いられる場合の文字が示す音がある。例えば，aやcという文字は，/ei/ や /siː/ という名称があると同時に，語の中では /æ/（例：bag, apple）や /ei/（例：station, brave），/s/（例：circle, city）や /k/（例：cap, music）という音をもっている。この目標における「読み方」とは，音ではなく，文字の名称の読み方を指していることに留意する必要がある。

この目標では，英語の文字の名称の読み方に児童が気付くようにすることを求めたものであるが，文字の名称の読み方を指導することは，身の回りの物を表す語句を指導することと同様であることに留意する必要がある。例えば，kという文字の名称の読み方（/kei/）を聞いてどの文字かが分かるようにすることは，red という色を表す語の発音を聞いて色を識別したり，apple という果物を表す語の発音を聞いてどの果物のことかが分かったりするように指導することと同様である。明示的に文字の形を指導したり，英語の文字をアルファベット順に暗記させたりするのではなく，英語に初めて触れる段階であることから，児童が文字に対して興味・関心を高めるように，まず，身の回りに英語の文字がたくさんあることに気付かせるなど，楽しみながら文字に慣れ親しんでいく

ように，文字を扱うことが重要である。また，この項目は，高学年の外国語科(2)「読むこと」ア「活字体で書かれた文字を識別し，その読み方を発音することができるようにする」ことにつながるものである。

(2) 話すこと [やり取り]

> ア　基本的な表現を用いて挨拶，感謝，簡単な指示をしたり，それらに応じたりするようにする。

　この目標では，基本的な表現を用いて，挨拶を交わしたり，感謝の気持ちを述べ合ったり，簡単な指示をしたりそれに応えたりすることを示している。

　その際，英語に初めて触れる児童にとって，安心してコミュニケーションが図れるように，学級の友達や教師，知っているＡＬＴ等とのやり取りを設定することが大切である。

　ここでの挨拶や感謝，簡単な指示が機械的なやり取りに終わらないように，挨拶や感謝をしたり，簡単な指示を出したりそれに応じたりする必然性のある場面設定を行うことが必要である。そうすることで，英語に初めて触れる中学年の最初に言葉を用いて「やり取り」をすることの大切さ，楽しさを，実際に簡単な挨拶や感謝をするなどの活動を通して実感させることができるのである。

　また，この項目は，高学年の外国語科(3)「話すこと [やり取り]」ア「基本的な表現を用いて指示，依頼をしたり，それらに応じたりすることができるようにする」ことにつながるものである。

> イ　自分のことや身の回りの物について，動作を交えながら，自分の考えや気持ちなどを，簡単な語句や基本的な表現を用いて伝え合うようにする。

　この目標では，アの項目を踏まえて，自分の考えや気持ちなどを伝え合うことを示している。その際，英語に初めて触れる段階であることを踏まえ，児童が興味・関心をもつ自分のことや身の回りの物を題材にしながらも，事実だけでなく自分の考えや気持ちなどを伝え合うことが大切である。また，その際には，言葉だけでなく，動作や表情を手掛かりにすることで，相手の意図をよりよく理解したり，動作を加えて話すことで，自分の考えや気持ちをより分かりやすく伝えたりすることを児童が実感できるようにすることも重要である。外国語活動が英語との初めての出会いの場であることを考えると，児童の知っている英語の語句や表現が十分でないことも考えられる。それを補うためにも，

動作や表情を交えることが重要である。

　また，この項目は，高学年の外国語科の(3)「話すこと［やり取り］」イ「日常生活に関する身近で簡単な事柄について，自分の考えや気持ちなどを，簡単な語句や基本的な表現を用いて伝え合うことができるようにする」ことにつながるものである。中学年の外国語活動で十分に自分のことや身の回りの物について自分の考えや気持ちなどを伝え合う体験をしておくことが，高学年の外国語科で，日常生活に関する身近で簡単な事柄について，自分の考えや気持ちなどを伝え合うことの充実につながる。

> ウ　サポートを受けて，自分や相手のこと及び身の回りの物に関する事柄について，簡単な語句や基本的な表現を用いて質問をしたり質問に答えたりするようにする。

　この目標では，ア及びイの項目を踏まえた上で，簡単な語句や基本的な表現を用いて質問をしたり質問に答えたりすることを示している。その際，英語に初めて触れる段階であることを踏まえ，児童が興味・関心をもつ自分のことや身の回りの物を題材に，簡単な語句や基本的な表現を用いてやり取りをすることが大切である。

　また，英語に初めて触れる段階であることを考えると，いくら簡単な語句や基本的な表現を用いているからとはいえ，質問をしたり質問に答えたりすることに抵抗感をもつ児童がいることが考えられる。そこで，教師やＡＬＴ，グループやペアの友達の「サポートを受け」ながら，質問ができた，質問に答えられたという達成感をもたせることの大切さを示している。こうした達成感が，高学年以降の外国語学習への意欲につながる。この項目は，高学年の外国語科(3)「話すこと［やり取り］」ウ「自分や相手のこと及び身の回りの物に関する事柄について，簡単な語句や基本的な表現を用いてその場で質問をしたり質問に答えたりして，伝え合うことができるようにする」ことにつながるものである。中学年の外国語活動において，簡単な語句や基本的な表現を用いて質問をしたり質問に答えたりする体験を十分にしておくことが，高学年の外国語科で，その場で質問をしたり質問に答えたりすることの充実につながる。

(3) 話すこと［発表］

> ア　身の回りの物について，人前で実物などを見せながら，簡単な語句や基本的な表現を用いて話すようにする。

この目標では，身の回りの物について，人前で話すようにすることを示している。

　英語に初めて触れる段階であることや，人前での発表であることを踏まえ，十分に慣れ親しんだ簡単な語句や基本的な表現を用いて，実物やイラスト，写真などを見せながら話すこととしている。これは，話し手にとっては話す内容を想起させ，発表内容を明らかにさせることになり，また，聞き手に分かりやすく情報を提供することにもなる。その際，難しい語句や表現を暗記させて発表させることがないように留意することが重要である。これは，後述のイ及びウの項目にも該当する。

　この項目は，高学年の外国語科(4)「話すこと［発表］」ア「日常生活に関する身近で簡単な事柄について，簡単な語句や基本的な表現を用いて話すことができるようにする」ことにつながるものである。

イ　自分のことについて，人前で実物などを見せながら，簡単な語句や基本的な表現を用いて話すようにする。

　この目標では，アの項目を踏まえた上で，自分のことについて，人前で話すようにすることを示している。

　話す内容も，アでの「身の回りの物について」から，好き嫌いや欲しい物など，自分のことについて話すことになる。自分のことについてであり，また，学級の友達のことについても知る機会であることから，話したり聞いたりすることに興味・関心が高まることが期待できる。

　アと同様に，十分に慣れ親しんだ語句や基本的な表現を用いて，実物やイラスト，写真などを見せながら話すことは，話し手にとっては話す内容を想起させ，発表内容を明らかにさせることになると同時に，聞き手にとって分かりやすく情報を提供することにもなる。また，この項目は，高学年の外国語科(4)「話すこと［発表］」イ「自分のことについて，伝えようとする内容を整理した上で，簡単な語句や基本的な表現を用いて話すことができるようにする」ことにつながるものである。

ウ　日常生活に関する身近で簡単な事柄について，人前で実物などを見せながら，自分の考えや気持ちなどを，簡単な語句や基本的な表現を用いて話すようにする。

この目標では，ア及びイの項目を踏まえた上で，日常生活に関する身近で簡単な事柄について，人前で自分の考えや気持ちなどを話すようにすることを示している。

アの「身の回りの物」，イの「自分のこと」の段階を踏んで，ここでは，時刻や曜日，場所などの日常生活に関する身近で簡単な事柄について自分の考えや気持ちなどを話すことになる。また，英語に初めて触れる段階であり，ア及びイと同様に，十分に慣れ親しんだ簡単な語句や基本的な表現であることに加え，実物やイラスト，写真などを見せながらの発表であることに留意する必要がある。

この項目は，高学年の外国語科(4)「話すこと［発表］」ウ「身近で簡単な事柄について，伝えようとする内容を整理した上で，自分の考えや気持ちなどを，簡単な語句や基本的な表現を用いて話すことができるようにする」ことにつながるものである。そのため，ある程度話す内容を準備した上で，徐々に簡単なまとまりのある話をするようにしていくことが大切である。

2 内容

〔第3学年及び第4学年〕
〔知識及び技能〕
(1) 英語の特徴等に関する事項

> 2 内容
> 〔知識及び技能〕
> (1) 英語の特徴等に関する事項
>   実際に英語を用いた言語活動を通して，次の事項を体験的に身に付けることができるよう指導する。

前述のように，小学校中学年では，外国語活動において身に付けるべき資質・能力として，コミュニケーションを図る素地を育成することを目標としており，「知識及び技能」に関わるものとして，「外国語を通して，言語や文化について体験的に理解を深め，日本語と外国語との音声の違い等に気付くとともに，外国語の音声や基本的な表現に慣れ親しむようにする」としている。これらについては，いずれも言語活動を通して行われることが大切であり，言語活動と切り離して解説等を通して行われるものではないことに留意する必要がある。

「知識及び技能」の内容は，コミュニケーションに関する事項と，言語や文

化に関する事項とで構成している。これは、外国語活動における「知識及び技能」に関わる目標を達成するためには、相手と主体的にコミュニケーションを図ることの楽しさや大切さを知るとともに、日本と外国の言語や文化について理解することが大切なことからである。

　一方、高学年では、外国語科において身に付けるべき資質・能力として、コミュニケーションを図る基礎となる資質・能力を育成することを目標としており、「知識及び技能」に関わるものとして、「外国語の音声や文字、語彙、表現、文構造、言語の働きなどについて、日本語と外国語との違いに気付き、これらの知識を理解するとともに、読むこと、書くことに慣れ親しみ、聞くこと、読むこと、話すこと、書くことによる実際のコミュニケーションにおいて活用できる基礎的な技能を身に付けるようにする」としている。そのため、英語の特徴やきまりに関する事項として、言語材料を示している。中学年の外国語活動においては、これらの言語材料のうち、中学年の外国語活動の目標を達成するのに適切なものを適宜選択して扱うことが大切である。また、その選択に際しては、中学年の児童の発達の段階に合うように留意する必要がある。中学年の外国語活動において「言語を用いて主体的にコミュニケーションを図ることの楽しさや大切さを知ること」、「日本と外国の言語や文化について理解すること」の事項に分けて示されている「知識及び技能」を体験的に身に付けることが、高学年の外国語科で英語の特徴やきまりに関する事項を身に付けることにつながる。

ア　言語を用いて主体的にコミュニケーションを図ることの楽しさや大切さを知ること。

　外国語活動では、児童がこれまでに慣れ親しんできた英語を駆使し、様々な相手と互いの考えや気持ちを伝え合い、コミュニケーションを図ることの楽しさを実際に体験することが大切である。そこで、言葉を使って伝え合う体験を通して、相手に対する理解を深めたり、自分の思いを伝えたりして、英語で伝え合えた満足感や達成感を味わうことができるようにすることが大切である。また、「主体的にコミュニケーションを図る」とは、伝えたい相手に、伝えたい内容を、伝え合う必然性のある場面において、自ら発話したり、相手の伝えたい内容を受け止めようとして聞いたりすることである。

　例えば、水に慣れる遊び、水に浮いたりもぐったりする遊び等、実際の体験を通して、水に慣れ親しみながら水遊びの楽しさを知ることは、後の水泳の学習への動機付けとなっていく。このように、英語を用いて実際のコミュニケー

ションを体験することを通して，英語を用いて相手とやり取りをすることの面白さを知ることが，高学年以降の外国語学習への動機付けを高めていくことにつながる。

さらに，情報化，グローバル化が加速化し，変化の激しい予測困難な未来社会の中で生きていく子供たちは，現在以上に自国以外の人々との関わりが求められようになる。このような社会においては，言語を用いて他者とコミュニケーションを図っていくことが大切である。児童のもっている語彙や表現は限られるが，相手と豊かな人間関係を築くために，ジェスチャーや動作等の非言語手段を用いながら，言語を使って相手と分かり合える良さを知ることで言語によるコミュニケーションの大切さを実感させることが重要である。

> イ　日本と外国の言語や文化について理解すること。
> 　(ア)　英語の音声やリズムなどに慣れ親しむとともに，日本語との違いを知り，言葉の面白さや豊かさに気付くこと。

外国語活動においては，多くの表現を覚えたり，細かい文構造などに関する抽象的な概念について理解したりすることを目標としていない。一方，音声面に関しては，児童の柔軟な適応力を十分生かすことが可能である。そこで，外国語活動では，英語の音声やリズムなどに慣れ親しませることが大切になる。

例えば，日本語のミルク（mi-ru-ku）は３音節であるが，英語のmilkは１音節である。これを日本語のようなリズムで発音すると，英語に聞こえず，意味も伝わらない。そこで，実際に英語で歌ったりチャンツをしたりすることを通して，英語特有のリズムやイントネーションを体得することにより，児童が日本語と英語との音声面等の違いに気付くことになる。

また，例えば，狐（動物）を表すfoxという単語を繰り返し聞いたり，発音したりすることにより，児童は日本語にない/f/や/ks/の音に触れたり，慣れ親しんだりすることになる。さらに，日本語と英語では同じ動物でも鳴き声の表し方が似ているものもあれば全く異なるものがあることに気付いていく。このような体験を通して，日本語との違いを知ることで，言葉の面白さや豊かさに気付かせることが大切である。

> 　(イ)　日本と外国との生活や習慣，行事などの違いを知り，多様な考え方があることに気付くこと。

外国語活動では，外国の文化のみならず我が国の文化を含めた様々な国や地

域の生活，習慣，行事などを積極的に取り上げていくことが期待される。

　また，その際には，児童にとって身近な日常生活における食生活や遊び，地域の行事などを取り扱うことが適切である。外国語活動を通して，多様な文化の存在を知り，また，日本の文化と異文化との比較により，様々な考え方があることに気付くとともに，我が国の伝統文化についての理解を深め，英語によるコミュニケーションの中で我が国の文化を発信することにつながっていくことが期待される。これらの事項は，単なる知識として指導するのではなく，体験的な活動を通して具体的に気付かせていくことが大切である。

　例えば，日本の一日の生活を題材にした英語での絵本の読み聞かせを通して，「いただきます」という表現にうまく合致する表現が英語にはないことに気付かせたり，映像資料などを通して世界の遊びと日本の遊びには共通点や相違点があることに気付かせたりするよう，活動の工夫が求められる。

> (ｳ) 異なる文化をもつ人々との交流などを体験し，文化等に対する理解を深めること。

　(ｲ)で触れたように，「日本と外国との生活や習慣，行事などの違いを知り，多様な考え方があることに気付くこと」は，外国語活動における大切な指導事項である。この事項は，体験的な活動を通して指導されるべきものである。そこで，ＡＬＴや留学生，地域に住む外国人など，異なる文化をもつ人々との交流などを通して，体験的に文化等の理解を深めることが大切になる。

〔思考力，判断力，表現力等〕
(2) 情報を整理しながら考えなどを形成し，英語で表現したり，伝え合ったりすることに関する事項

> 　具体的な課題等を設定し，コミュニケーションを行う目的や場面，状況などに応じて，情報や考えなどを表現することを通して，次の事項を身に付けることができるよう指導する。

　中学年の外国語活動において身に付けるべき資質・能力は，コミュニケーションを図る素地であり，育成すべき「思考力，判断力，表現力等」は，身近で簡単な事柄について，外国語で聞いたり話したりして自分の考えや気持ちなどを伝え合う力の素地を養うことである。ここで養われた伝え合う力の素地は，高学年の外国語科における伝え合う力の基礎につながる資質・能力である。つ

まり，中学年では，英語で簡単な情報や考えなどを相手に理解してもらえるように表現したり，伝え合ったりすることを通して，コミュニケーションを図る資質・能力を支えるための素地となる力を育むこととなる。

そのため，決められた表現を使った単なる反復練習のようなやり取りではなく，伝え合う目的や必然性のある場面でのコミュニケーションを大切にしたい。相手の思いを想像し，伝える内容や言葉，伝え方を考えながら，相手と意味のあるやり取りを行う活動を様々な場面設定の中で行うことが重要である。

> ア　自分のことや身近で簡単な事柄について，簡単な語句や基本的な表現を使って，相手に配慮しながら，伝え合うこと。

外国語活動で，児童は，英語に初めて触れることになる。母語ではない英語を使ってやり取りを行うことに難しさを感じる児童が出てくることも想定される。したがって，児童の発達の段階に適した，身の回りで経験したことのある場面において，自分のことや，学校の友達や教師，身の回りの物や自分が大切にしている物，学校や家庭での出来事など，身近で簡単な事柄について，これまでに慣れ親しんだ簡単な語句や基本的な表現を使って伝え合うようにすることが大切である。

その際に，伝え合う相手を意識させることが重要である。コミュニケーションは相手があって成り立つものである。目の前にいる相手の反応を確かめたり，反応を感じたりしながら，言葉による伝え合いを体験させていくようにする。

> イ　身近で簡単な事柄について，自分の考えや気持ちなどが伝わるよう，工夫して質問をしたり質問に答えたりすること。

外国語によるコミュニケーションを円滑に行うためには，どうすれば相手により伝わるかを思考しながら，表現する内容や表現方法を自己選択し，尋ねたり答えたりするようにすることが大切である。取り扱う語彙や表現が限られているため，自分の考えや気持ちを相手により理解してもらうために，ゆっくり話したり，繰り返したり，また動作を交えたりするなどの工夫を行うとともに，実物を見せたり，他教科等で作成した成果物等を活用したりすることも考えられる。

(3) 言語活動及び言語の働きに関する事項

> ① 言語活動に関する事項
> (2)に示す事項については、(1)に示す事項を活用して、例えば、次のような言語活動を通して指導する。

　本解説第1部第1章2(2)①で述べたとおり、外国語学習においては、語彙や文法等の個別の知識がどれだけ身に付いたかに主眼が置かれるのではなく、児童生徒の学びの過程全体を通じて、知識・技能が、実際のコミュニケーションにおいて活用され、思考・判断・表現することを繰り返すことを通じて獲得され、学習内容の理解が深まるなど、資質・能力が相互に関係し合いながら育成されることが必要である。

　このため、(3)の「言語活動及び言語の働きに関する事項」においては、(2)に示す「思考力、判断力、表現力等」を育成するに当たり、(1)の「知識及び技能」に示す事項を活用して、中学年の外国語活動の英語の目標に掲げられた「聞くこと」、「話すこと［やり取り］」及び「話すこと［発表］」の三つの領域ごとの具体的な「①言語活動に関する事項」に示された言語活動を通して指導することや、「②言語の働きに関する事項」を適切に取り上げて指導が行われる必要があることを整理している。

　言語活動を設定するに当たっては、児童が興味・関心をもつ題材を扱い、聞いたり話したりする必然性のある体験的な活動を設定することが大切である。また、中学年の児童が外国語活動において英語に初めて触れることを踏まえ、まず聞く活動が十分に設定されることが大切である。中学年において十分に聞いたり話したりする経験をしておくことが、高学年の外国語科における五つの領域の言語活動につながる。なお、文字については、英語における目標「聞くこと」で扱われているため、言語活動についても、「聞くこと」の言語活動で扱っている。

　なお、言語活動を行う際には、児童が興味・関心をもち、達成感を味わえるよう、個別支援に努めるとともに、活動方法や聞かせる音声の速度等についても十分配慮する必要がある。

ア　聞くこと

> (ｱ) 身近で簡単な事柄に関する短い話を聞いておおよその内容が分かったりする活動。

この事項は，身近で簡単な事柄に関する短い話を聞いて，簡単な語句や基本的な表現を聞き取り，それらを手掛かりとして，そのおおよその内容が分かる体験をさせることを述べている。ただ，「おおよその内容」と示していることから，全ての内容を正しく聞き取り理解することを求めているのではないことに留意する必要がある。

「身近で簡単な事柄に関する短い話」とは，中学年の児童が興味・関心を示すような自分のことや身の回りの人や物，学校生活などに関する，短い話を指している。例えば，指導者が，「数」を扱う単元において，休日に動物園で見た動物やその数について話をしたり，「色」を扱う単元において，児童や指導者自身の洋服の色を話題として話をしたりすることなどが考えられる。

その方法については，学級担任の教師又は外国語活動を担当する教師やＡＬＴなどの外部人材が単独で，もしくは複数の指導者同士がやり取りをして聞かせるなど，児童の実態や指導体制に応じて工夫することが大切である。

その際は，第2の1の目標(1)「聞くこと」アの項目に示されているとおり，聞き取りやすい声で，ゆっくりはっきりと話すよう努め，外国語による活動経験が乏しい中学年の児童であっても，おおよその内容が推測できるよう，具体的な場面設定をすることが重要である。加えて，児童の様子を観察しつつ，慣れ親しんだ別の語句や表現に言い換えたり，動作やイラスト，写真を添えたりするなどして，理解を促す手立てを講じ，「聞いて分かった」という喜びや達成感を味わわせることが重要である。そうした点において，絵本を活用した読み聞かせなども有効である。

> (イ) 身近な人や身の回りの物に関する簡単な語句や基本的な表現を聞いて，それらを表すイラストや写真などと結び付ける活動。

この事項では，児童にとって身近な人や身の回りの物に関する簡単な語句や基本的な表現を聞いて，それらを表すイラストや写真，実物などと結び付ける活動を示している。具体的な活動例として，red, blue などの色を表す語を聞いてその色を指したり，好みを扱う単元において，登場人物の"I like soccer."という音声を聞いて，紙面上の「サッカーをしている」イラストを指したりする活動などが考えられる。

乳幼児は，周囲の人が話す言葉を聞いて自然に母語を獲得していくとも言われる。つまり，生活の中で用いられている音声などが具体的な場面や事物と結び付き，その意味を自ずと理解していくのである。初めて英語に触れる中学年

段階においても、こうした体験的な理解が大変重要である。

　例えば、好きな物を伝え合う場面設定の中で、指導者が、like をイメージさせる表情やジェスチャーを交えながら「りんご」の実物やイラストを提示して "I like apples." と言う。そうすることで、"I like" が「好き」を表す非言語情報と、さらには apples という音声が「りんご」という視覚情報と結び付き、児童は指導者が話した意味を理解する。つまり、知識として語句や表現を与えるのではなく、音声と事物を結び付ける活動を通して、児童自身がその意味を理解し語句や表現に慣れ親しんでいくことが求められるのである。

> (ウ) 文字の読み方が発音されるのを聞いて、活字体で書かれた文字と結び付ける活動。

　この事項は、発音される文字の読み方と書かれた文字とを結び付ける活動を示している。ここでの「文字」とは、英語の活字体の大文字と小文字を指し、「読み方」とは、文字の「名称」を指している。

　例えば、文字の名称を表す読み方を聞いて、活字体で書かれた文字を指したり、発音された順に文字カードを並べ替えたり線でつないだりして、「読み方」と「文字」を一致させていく活動などが考えられる。

　ただし、英語に初めて触れる中学年段階であることを考慮し、一時に全ての読み方と文字について一致させることを求めたり、知識として指導したりするのではなく、あくまでも活動を通して、体験的に文字に親しませることが重要である。

　加えて、文字認識に関しては個人差が大きいことが予想される。中でも、児童にあまり馴染みのない文字については、「読み方」を聞いただけですぐに文字を見つけ出すことが難しい児童がいることも考えられる。そこで、活動に際し、指導者は児童の様子を観察しつつ、困難が認められた場合には、十分な間隔を空けてゆっくり一つ一つの文字を発音したり、発音した後に「文字」を示したりするなどして、児童の抵抗感を軽減し達成感がもてるような手立てを講じる必要がある。

　また、本活動の前段階として、歌やチャンツの中で文字の読み方に親しませたり、文字の形を指で作ってみたり、形に着目して仲間分けをしたりするなど、児童が文字に親しみ、興味・関心が高まるよう、多様な活動を経験させておくことが大切である。

イ 話すこと［やり取り］

> (ア) 知り合いと簡単な挨拶を交わしたり，感謝や簡単な指示，依頼をして，それらに応じたりする活動。

　この事項では，学級の友達や教師と挨拶を交わしたり，感謝や簡単な指示，依頼をしたり，それらに応じたりする活動を示している。「知り合いと」とは，初対面でなく日頃から馴染みのある人を指しており，児童にとって身近で日常的な場面設定の中で，言語活動が行われるよう留意する必要がある。

　例えば，"How are you?" という問いかけに対して，自分の体調や状態を答えたり，"The A card, please." という依頼に対して "Here you are." などと言いながら文字カードを渡して応じたり，また，それに対して依頼した側が "Thank you." と感謝の言葉を言ったりするなどの活動が考えられる。

　簡単な挨拶を含むこうしたやり取りは，コミュニケーションを円滑にする上で，大切なものである。そこで，言葉のやり取りだけに終始するのではなく，場面設定をし，意味のあるやり取りを通して，互いの心を通わすことの大切さを児童に意識させるとともに，その楽しさを実感させることが重要である。また，このような問い掛けや依頼に対する反応の仕方は，場面や状況，相手によって異なってくることも想定される。そこで，場面設定に工夫を加え，豊かな言語活動を行うことができるよう配慮することも大切である。

　なお，こうした活動を行う際，「話すこと」を急がせないように留意する必要がある。まず，音声を十分に聞かせた上で，繰り返し言うなどの様々な活動を通してそれらに慣れ親しませ，自信や話すことへの意欲を高めながら，段階的に「話す」活動へつなげることが求められる。加えて，児童が発する表現等が例え曖昧であっても「英語を使おうとする」意欲や態度を認め，賞賛し，支援を行うなどして，英語を用いたコミュニケーションの楽しさを児童が実感できるよう配慮することが重要である。こうした経験が，伝え合う力の素地や主体的にコミュニケーションを図ろうとする態度の育成につながる。これらのことは，「話すこと［やり取り］」及び「話すこと［発表］」で示した全ての言語活動において，大切にすべき事項である。

> (イ) 自分のことや身の回りの物について，動作を交えながら，好みや要求などの自分の考えや気持ちなどを伝え合う活動。

　この事項は，具体的な場面設定の中で，動作を交えながら，好みや要求など

に関して，自分の考えや気持ちなどを伝え合う活動である。例えば，ペアやグループなど多様な形態で，自分の好きな色や食べ物，欲しい物などについて伝え合う言語活動が考えられる。

「伝え合う」とは，一方向ではなく，双方向で感情や情報についてのやり取りがある活動を示している。つまり，話し手は，聞き取りやすい声で言ったり動作を交えたりしながら聞き手を意識して分かりやすく伝え，聞き手はうなずくなどの反応を返して相手の考えや気持ちを受容しながら聞こうとするなどの態度を育てることが求められる。

この活動においては，児童が興味・関心をもち，「伝え合う」ことへの意欲が高まるような場面設定や題材の選択を行い，活動を通して，児童が，自己理解・他者理解を深め，コミュニケーションの楽しさを実感できるよう配慮することが重要である。

> (ウ) 自分や相手の好み及び欲しい物などについて，簡単な質問をしたり質問に答えたりする活動。

この事項では，互いの好みや欲しい物などについて，簡単な質問をしたり質問に答えたりする活動を示している。

例えば，"Do you like blue?" という好みを尋ねたり，"What do you want?" という質問に対して "I want carrots." と答えたりするなどの活動が考えられる。ただし，第2の1の目標(2)「話すこと［やり取り］」ウの項目に示されているように，児童の実態に応じて指導者が適切なサポートを行うよう留意する必要がある。

主体的にコミュニケーションを図ろうとする態度を養うためには，こうした言語活動を，児童にとって身近で具体的な場面設定の中で行い，「誰に」，「何のために」という，「相手意識」や「目的意識」をもって，質問したり答えたりする必然性のある活動とすることが重要である。そのためにも，指導者から児童，児童から指導者，また児童同士など，多様な形態で活動が行われるよう配慮することが大切である。

ウ 話すこと［発表］

> (ア) 身の回りの物の数や形状などについて，人前で実物やイラスト，写真などを見せながら話す活動。

この事項では，身の回りの物の実物やイラスト，写真などを見せながら，人前で話す活動を示している。

例えば，好きな漢字やお気に入りの場所の写真，友達に贈るカードなどの作品について，具体物を示しながら，その数や形状などについて簡単な語句や基本的な表現を用いて話す活動が考えられる。その際，イ「話すこと［やり取り］」(イ)の項目と同様，話し手は，聞き手に配慮して，明瞭な聞き取りやすい声の大きさで言ったり動作を交えたりしながら分かりやすく話し，聞き手もうなずくなどの反応を返して相手の話を受容しようとするなどの態度を育てることに留意する必要がある。

この活動においては，児童の発達の段階や興味・関心に沿った，「話したくなる」適切なテーマを設定することが重要である。活動形態についても，ペアやグループ，学級全体に向けた発表などが考えられるが，児童の実態に合わせて柔軟に扱うよう配慮する。

また，人前での発表に抵抗感を感じる児童がいることも考えられる。そこで，単元の早い段階で，児童にとっての最終活動となるモデルを指導者が実際に示し，活動のイメージをもたせるとともに意欲を喚起することが大切である。さらに，児童一人一人が自信をもって発表できるよう，個に応じた支援を行うとともに，練習など準備の時間を十分確保する必要がある。これは，後述する(イ)及び(ウ)の項目についても同様である。

> (イ) 自分の好き嫌いや，欲しい物などについて，人前で実物やイラスト，写真などを見せながら話す活動。

この事項では，実物やイラスト，写真などを見せながら，自分の好き嫌いや欲しい物などについて，人前で話す活動を示している。(ア)の項目が「数や形状」という事実，客観的なものであるのに対して，ここでは，「好き嫌い」，「欲しい」という自分の感情や気持ち，つまり主観的なものについて話すことを意味している。

例えば，自分の好きな物や苦手な物についてイラストなどを描いて発表用シートを作成し，それを見せながら，自己紹介する活動などが考えられる。その際，(ア)と同様，話し手は，聞き手に配慮して，明瞭な聞き取りやすい声の大きさで言ったり動作を交えたりしながら分かりやすく話し，聞き手もうなずくなどの反応を返して相手の話を受容しようとするなどの態度を育てることに留意する必要がある。

また，イ「話すこと［やり取り］」(イ)及び(ウ)の項目と同様，活動を通して，

児童が，自己理解・他者理解を深め，コミュニケーションの楽しさを実感できるようにすることが重要である。活動形態についても，ペアやグループ，学級全体に向けた発表などが考えられるが，児童の実態に合わせて柔軟に扱うよう配慮する。

> (ウ) 時刻や曜日，場所など，日常生活に関する身近で簡単な事柄について，人前で実物やイラスト，写真などを見せながら，自分の考えや気持ちなどを話す活動。

この事項では，時刻や曜日，場所など，日常生活に関する身近で簡単な事柄について，人前で実物やイラスト，写真などを見せながら，自分の考えや気持ちなどを話す活動を示している。前述したとおり，(ア)の項目の「数や形状」は，事実，客観的なものであるのに対して，「考えや気持ち」とは，(イ)の項目と同様，主観的なものを意味している。

例えば，校内の自分のお気に入りの場所について，イラストや写真などを見せながら，"My favorite place is the music room. I like music."などと自分の考えや気持ちを話す活動などが考えられる。(ア)及び(イ)と同様，話し手は，聞き手に配慮して，明瞭で聞き取りやすい声の大きさで言ったり動作を交えたりしながら分かりやすく話し，聞き手もうなずくなどの反応を返して相手の考えや気持ちを受容しようとするなどの態度を育てることに留意する必要がある。

また，(イ)と同様，活動を通して，児童が，自己理解・他者理解を深め，コミュニケーションの楽しさを実感できるようにすることが重要である。活動形態についても，ペアやグループ，学級全体に向けた発表などが考えられるが，児童の実態に合わせて柔軟に扱うよう配慮する。

> ② 言語の働きに関する事項
> 　　言語活動を行うに当たり，主として次に示すような言語の使用場面や言語の働きを取り上げるようにする。

ここでは，「言語の使用場面」や「言語の働き」について，特に具体例を示している。これは，日常の授業において，言語の使用場面の設定や，言語の働きを意識した指導を行う際の手掛かりとなるようにするためである。

「言語の使用場面」とは，コミュニケーションが行われる場面を表している。ここでは「児童の身近な暮らしに関わる場面」と「特有の表現がよく使われる場面」の二つに分けて具体例を示した。

「言語の働き」とは，言語を用いてコミュニケーションを図ることで達成できることを表している。具体的には，「コミュニケーションを円滑にする」，「気持ちを伝える」，「事実・情報を伝える」，「考えや意図を伝える」，「相手の行動を促す」であり，それぞれに代表的な例を示した。

改訂前の高学年における外国語活動では，中学校の外国語科で「言語の働き」としていたのに対して，「コミュニケーションの働き」としていたが，今回の改訂においては，高学年の外国語科とともに，小学校，中学校，高等学校で一貫した目標を設定していることから，中学校の外国語科と同様「言語の働き」とした。さらに，改訂前の高学年における外国語活動では，コミュニケーションの働きとして，「相手との関係を円滑にする」，「気持ちを伝える」，「事実を伝える」，「考えや意図を伝える」，「相手の行動を促す」としており，中学校の外国語科の「言語の働き」として示していた，「コミュニケーションを円滑にする」，「気持ちを伝える」，「情報を伝える」，「考えや意図を伝える」，「相手の行動を促す」と異なる部分もあったが，今回は中学年の外国語活動，高学年の外国語科，中学校の外国語科で共通の文言とし，小学校中学年の外国語活動から中学校の外国語科までのつながりがより明確になるようにした。

ア　言語の使用場面の例

> (ｱ) 児童の身近な暮らしに関わる場面
> - 家庭での生活
> - 学校での学習や活動
> - 地域の行事
> - 子供の遊び　など

以下にそれぞれの場面における特有の表現例を示す。

- 家庭での生活

    例1　I wake up (at 6:00). I go to school. I go home. I take a bath.
    　　　I do my homework.

    例2　A：What time is it?

    　　　B：It's 8:30.

    例3　I eat lunch.

    例4　This is my pet.

    例5　A：I'm tired.

    　　　B：Are you O.K?

- 学校での学習や活動

    例1　A：Do you have a ruler?

B：Yes, I do. I have a ruler. / No, I don't. I don't have a ruler.

例2　A：How many?

　　　B：Two.

例3　This is my favorite place.

　　　I like music.

例4　This is the music room.

・地域の行事

例1　Let's dance *bon-odori*.

例2　I like *Yamakasa* festival.

・子供の遊び

例1　Rock, scissors, paper. One, two, three.

例2　A：What's this?

　　　B：Hint, please.

例3　A：Let's play dodgeball outside.

　　　B：Yes, let's.

例4　A：Let's play cards.

　　　B：Sorry.

例5　I like tag.

　　　I like Bingo.

(イ) 特有の表現がよく使われる場面
・　挨拶　　・　自己紹介　　・　買物
・　食事　　・　道案内　など

以下にそれぞれの場面における表現例を示す。

・挨拶

例1　Good morning/afternoon.

例2　A：Hello. How are you?

　　　B：I'm good.

例3　A：Let's start.

　　　B：Yes, let's.

例4　Hello. Goodbye. See you.

・自己紹介

例1　Hello (Hi), I am Haruto. I like blue. I like baseball. I don't like soccer.

例2　A：Do you like soccer?

　　　　　B：Yes, I do. I like soccer.
・買物
　例1　A：Hello. Do you have a pen?
　　　　　B：Sorry, no, I don't.
　例2　A：What do you want?
　　　　　B：I want potatoes, please.
　例3　A：How many?
　　　　　B：Two, please.
　　　　　A：Here you are.
　　　　　B：Thank you.
・食事
　例1　A：What food do you like?
　　　　　B：I like pudding.
　例2　This is my pizza.
　例3　A：What do you want?
　　　　　B：A banana, please.
・道案内
　例1　Go straight. Turn right/left.
　例2　This is the swimming pool/music room/gym.

イ　言語の働きの例

(ｱ) コミュニケーションを円滑にする
　・　挨拶をする　　・　相づちを打つ　など

　「コミュニケーションを円滑にする」働きとは，相手との関係を築きながらコミュニケーションを開始したり維持したりする働きである。以下にそれぞれの働きについての表現例を示す。

・挨拶をする
　例1　Hello.
　例2　Hi.
・相づちを打つ
　例1　Yes.
　例2　O.K.

この事項の指導の際には，表現を教えるだけではなく，実際に挨拶をしたり，相づちを打ったりすることなどによって，相手とのコミュニケーションが円滑になることに気付かせることが重要である。また，他者との更なる円滑なコミュニケーションのためには，身振りや表情，ジェスチャーなどの非言語的要素の活用も重要であることを指導する。

　高学年の外国語科においては，ここに示す例のほかに，「呼び掛ける」，「聞き直す」，「繰り返す」という働きの例が加えられている。

> (イ) 気持ちを伝える
> 　・　礼を言う　　・　褒める　　など

　「気持ちを伝える」働きとは，相手との信頼関係を築いたり，良好な関係でコミュニケーションを行ったりするために，自分の気持ちを伝えることを示している。中学年の外国語活動においては，相手に配慮しながら，自分の気持ちや感情を伝えられるよう指導する。以下にそれぞれの働きについての表現例を示す。

　・礼を言う
　　例　Thank you.
　・褒める
　　例1　Good.
　　例2　Great.

　この事項の指導の際には，表現を教えるだけではなく，実際に場面設定をして礼を言ったり，褒めたりすることなどによって，自分の気持ちを相手に伝えることができることに気付かせることが重要である。また，気持ちを伝える際には，身振りや表情，ジェスチャーなどの非言語的要素の活用も重要であることを指導する。

　高学年の外国語科においては，ここで示す例のほかに，「謝る」という働きの例が加えられている。

> (ウ) 事実・情報を伝える
> 　・　説明する　　・　答える　　など

　「事実・情報を伝える」働きとは，聞き手に事実や情報を伝達する働きである。以下にそれぞれの働きについての表現例を示す。

・説明する
  例1　This is a fruit. It's green. It's sweet.（果物を説明している）
  例2　I wake up at 6:00.（自分の生活について説明している）
・答える
  例1　A：Do you like pizza?
　　　B：Yes, I do.（相手の質問に対して，答えている）
  例2　A：How are you?
　　　B：I'm happy.（相手の質問に対して，答えている）

　この事項の指導の際には，事実や情報を伝えるために，身振りや表情，ジェスチャーなどの非言語的要素の活用も重要であることを指導する。
　高学年の外国語科においては，「説明する」，「報告する」，「発表する」という働きの例が示されている。質問されたことに対して「答える」という働きは，中学年の外国語活動における言語活動の中で指導を行うものとする。

(エ) 考えや意図を伝える
　・　申し出る　・　意見を言う　など

　「考えや意図を伝える」働きとは，聞き手に自分の考えや意図を伝達する働きである。以下にそれぞれの働きについての表現例を示す。
・申し出る
  例　A：Let's play cards.
　　　B：Yes, let's.
・意見を言う
  例　I like Mondays.

　この事項の指導の際には，考えや意図を伝えるために，身振りや表情，ジェスチャーなどの非言語的要素の活用も重要であることを指導する。
　高学年の外国語科においては，ここで示す例のほかに，「賛成する」，「承諾する」，「断る」という働きの例が加えられている。高学年の外国語科においては，言語活動の幅も広がり，言語の働きも多様になる。

(オ) 相手の行動を促す
　・　質問する　・　依頼する　・　命令する　など

「相手の行動を促す」働きとは，相手に働きかけ，相手の言語的・非言語的行動を引き出す働きを示している。以下にそれぞれの働きについての表現例を示す。

- 質問する
    - 例1　Do you like blue?
    - 例2　What's this?
- 依頼する
    - 例1　A：The A card, please.
    - 　　　B：Here you are.
    - 例2　A：Hint, please.
    - 　　　B：O.K.
- 命令する
    - 例1　Go straight.
    - 例2　Turn right.

　この事項の指導の際には，表現を教えるだけではなく，実際に質問したり，依頼したりすることなどによって，相手に働きかけて行動を促すことができることに気付かせることが重要である。また，相手の行動を促す際には，身振りや表情，ジェスチャーなどの非言語的要素の活用も重要であることを指導する。
　ここで示されている働きの例は，高学年の外国語科で示されている働きの例と同じである。

3　指導計画の作成と内容の取扱い

(1) 指導計画の作成上の配慮事項

> (1) 指導計画の作成に当たっては，第5学年及び第6学年並びに中学校及び高等学校における指導との接続に留意しながら，次の事項に配慮するものとする。

　指導計画の作成に当たっては，小・中・高等学校を通じた領域別の目標の設定という観点を踏まえ，高学年の外国語科や中・高等学校における指導との接続に留意した上で，以下の事項に配慮することとしている。

> ア　単元など内容や時間のまとまりを見通して，その中で育む資質・能力の育成に向けて，児童の主体的・対話的で深い学びの実現を図るようにすること。その際,具体的な課題等を設定し，児童が外国語によるコミュニケーションにおける見方・考え方を働かせながら，コミュニケーションの目的や場面，状況などを意識して活動を行い，英語の音声や語彙，表現などの知識を，三つの領域における実際のコミュニケーションにおいて活用する学習の充実を図ること。

　この事項は，外国語活動の指導計画の作成に当たり，児童の主体的・対話的で深い学びの実現を目指した授業改善を進めることとし，外国語活動の特質に応じて，効果的な学習が展開できるよう配慮すべき内容を示したものである。

　外国語活動の指導に当たっては，(1)「知識及び技能」を体験的に身に付けること，(2)「思考力，判断力，表現力等」を育成すること，(3)「学びに向かう力，人間性等」を涵養することが偏りなく実現されるよう，単元など内容や時間のまとまりを見通しながら，主体的・対話的で深い学びの実現に向けた授業改善を行うことが重要である。

　児童に改訂前の高学年における外国語活動の指導を通して「知識及び技能」や「思考力，判断力，表現力等」の育成を目指す授業改善を行うことに関しては，これまでも多くの実践が重ねられてきている。そのような着実に取り組まれてきた実践を否定し，全く異なる指導方法を導入しなければならないと捉えるのではなく，児童や学校の実態，指導の内容に応じ，「主体的な学び」，「対話的な学び」，「深い学び」の視点から授業改善を図ることが重要である。

　主体的・対話的で深い学びは，必ずしも１単位時間の授業の中で全てが実現されるものではない。単元など内容や時間のまとまりの中で，例えば，主体的に学習に取り組めるよう学習の見通しを立てたり学習したことを振り返ったりして自身の学びや変容を自覚できる場面をどこに設定するか，対話によって自分の考えなどを広げたり深めたりする場面をどこに設定するか，学びの深まりをつくりだすために，児童が考える場面と教師が教える場面をどのように組み立てるか，といった視点で授業改善を進めることが求められる。また，児童や学校の実態に応じ，多様な学習活動を組み合わせて授業を組み立てていくことが重要であり，単元のまとまりを見通した学習を行うに当たり基礎となる知識及び技能の習得に課題が見られる場合には，それを身に付けるために，児童の主体性を引き出すなどの工夫を重ね，確実な習得を図ることが必要である。

　主体的・対話的で深い学びの実現に向けた授業改善を進めるに当たり，特に「深い学び」の視点に関して,各教科等の学びの深まりの鍵となるのが「見方・

考え方」である。各教科等の特質に応じた物事を捉える視点や考え方である「見方・考え方」を，習得・活用・探究という学びの過程の中で働かせることを通じて，より質の高い深い学びにつなげることが重要である。

次に，「その際」以下において，指導計画の作成に当たっては，高学年の外国語科や中・高等学校における指導と円滑に接続できるよう語彙や表現，練習や活動，題材や場面設定等の配列を工夫したり，系統的な指導が行えるよう指導方法や学習環境等に配慮したりするなど，児童の発達の段階や学校・地域の実態に応じて適切に作成していく必要性を述べている。ここで「具体的な課題等を設定し」とは，主体的・対話的で深い学びの実現に向けた授業改善を行うため，教師が単元終末段階の児童に望む具体的な姿のイメージをもち，実態に応じて単元を見通した課題設定をすることを示したものである。これらは，改訂前の高学年における外国語活動の指導など，外国語教育においてこれまでも行われてきた学習活動の質を向上させることを主眼とするものであり，主体的・対話的で深い学びの実現に向けた授業改善が，全く新たな学習活動を取り入れる趣旨ではないことに留意しなければならない。

イ　学年ごとの目標を適切に定め，2学年間を通じて外国語活動の目標の実現を図るようにすること。

この配慮事項は，2学年間を通じて中学年の外国語活動の目標の実現を図るため，各学校における児童の発達の段階と実情を踏まえ，学年ごとの目標を適切に定めることの必要性を述べたものである。

改訂前の高学年における外国語活動の取組状況などを踏まえ，児童の実態や地域の実情に応じて，各学校が主体的に学年ごとの目標を定め，2学年間を通じて中学年の外国語活動の目標の実現が図れるよう配慮しているものである。

ウ　実際に英語を用いて互いの考えや気持ちを伝え合うなどの言語活動を行う際は，2の(1)に示す事項について理解したり練習したりするための指導を必要に応じて行うこと。また，英語を初めて学習することに配慮し，簡単な語句や基本的な表現を用いながら，友達との関わりを大切にした体験的な言語活動を行うこと。

この配慮事項は，中学年において，初めて英語に触れることに配慮し，児童が身近で簡単な語句や基本的な表現を使いながら，英語に慣れ親しむ活動や児童の日常生活や学校生活に関わる活動を中心に，友達との関わりを大切にした

体験的なコミュニケーションを行うことが重要であることを述べたものである。

　中学年では，友達や家族，地域，社会とのつながりに焦点を当てた活動を行う。単元の終末には，実際に友達などと言語活動を行うが，その活動を楽しむためには，単元の中で日本と外国の言語や文化について理解したり，練習のための指導を行ったりすることが必要となる。例えば，チャンツや歌を通して，英語のリズムに慣れ親しませたり，資料や実物，ネイティブ・スピーカーなどの自国の紹介などから日本と外国との生活習慣や行事等の違いを知り多様な考え方があることを理解させたりするなどの指導を実施する。また，例えば，絵本を題材に学習を展開する場合には，ストーリーを予想しながら聞いたり，聞こえた語句を言ったりすることで，楽しみながら主体的に聞かせる活動をすることもできる。

　中学年の外国語活動の年間計画においては，「挨拶」，「自己紹介」，「買物」，「学校生活」，「遊び」，「日常生活」，「食事」など自分や身近な話題に関してのやり取りを通して，友達との関わりを深めていくことをねらっている。普段，友達に対してあまり問わないような内容でも，外国語活動においては，友達とやり取りをすることを通して，友達や自分のよさを再認識することで，他者理解や自尊感情などを高めていくことにつながる。このような友達や身近な人との体験的なコミュニケーションを通して，児童はコミュニケーションを図る楽しさを体験するとともに，高学年の外国語科に向けてのコミュニケーションを図る素地を養うことが可能になる。その際，英語に初めて触れることに配慮しつつ，児童にとって過度の負担にならないように指導していく必要があるが，中学年という発達の段階を考慮しながら，活動が単調にならないよう注意する必要がある。

　高学年の外国語科では，中学年での経験をもとに，友達との関わりを大切にしながら，より一層世界へのつながりや広がりに関する活動へ発展させていくことをねらいとしている。「行ってみたい国や地域」，「世界の子供たちの生活」などを扱うことで，児童の視野を世界へ広げるとともに，「日本の伝統文化」，「世界で活躍する日本人」，「オリンピック・パラリンピック」などを扱うことで，日本の文化，日本語，自分自身にも興味をもたせることにつながる。国際理解にも資するこうした内容について，英語を用いた交流活動などの体験的なコミュニケーションを通して深めていくことで，外国人とのコミュニケーションを図る楽しさを体験することができるとともに，中学校の外国語科に向けてのコミュニケーションを図る基礎となる資質・能力を養うことが可能になる。

エ　言語活動で扱う題材は，児童の興味・関心に合ったものとし，国語科や

> 音楽科，図画工作科など，他教科等で児童が学習したことを活用したり，
> 学校行事で扱う内容と関連付けたりするなどの工夫をすること。

　この配慮事項は，言語活動で扱う題材について，留意すべき点として，児童が進んでコミュニケーションを図りたいと思うような，興味・関心のある題材や活動を扱うことが大切であるということを述べている。

　外国語活動の目標を実現するためには，児童にコミュニケーションを体験させる必要がある。そこで，児童が興味・関心を示す題材を取り扱い，児童がやってみたいと思うような活動を通して，積極的にコミュニケーションを図ろうとする態度を養うことが大切である。

　また，外国語活動の目標を踏まえると，広く言語教育として，国語科をはじめとした学校における全ての教育活動と積極的に結び付けることが大切である。

　例えば，児童が国語科や音楽科，図画工作科などの他教科等で得た知識や体験などを生かして活動を展開することで，児童の知的好奇心を更に刺激することにもなる。

　国語科は，外国語活動と同様，言語を直接の学習対象としている。外国語活動において，日本語とは異なる英語の音声や基本的な表現に慣れ親しむことは，言葉の大切さや豊かさに気付いたり，言語に対する興味・関心を高めたり，これを尊重する態度を身に付けたりすることにつながるものであることから，国語科の学習にも相乗的に資するように教育内容を組み立てることが求められる。例えば，国語科において，易しい文語調の短歌や俳句を音読することと，外国語活動においてチャンツ等を言うことの両方の学習を体験することを通して，そのリズムの違いに気付かせるなどの工夫が考えられる。

　また，第3学年の国語科において日本語のローマ字表記を学習することとなっているが，指導に当たっては，「ローマ字のつづり方」（昭和29年内閣告示）を踏まえることとなっている。ここでは，「一般に国語を書き表す際には第1表に掲げたつづり方によるものと」し，「従来の慣例をにわかに改めがたい事情がある場合に限り，第2表に掲げたつづり方によっても差し支えない」こととされている。国語科においては，第1表（いわゆる訓令式）により，日本語の音が子音と母音の組み合わせで成り立っていることを理解すること，第2表（いわゆるヘボン式と日本式）により，例えばパスポートにおける氏名の記載など，外国の人たちとコミュニケーションをとる際に用いられることが多い表記の仕方を理解することが重視されている。このことを踏まえ，外国語活動においては，例えば，ヘボン式ローマ字で地名が表記されている観光地の看板等を掲示するなど，地名などは，できるだけ日本語の原音に近い音を英語を使用

する人々に再現してもらうために，訓令式のsiやtiではなく，ヘボン式のshiやchiが使われていることを知らせることが考えられる。

音楽科では，拍子やリズムの面白さを感じながら，歌ったり打楽器を演奏したりリズムをつくったりしている。例えば，こうした学習がチャンツや歌などの英語の音声やリズムに慣れ親しむ活動の中で生かされることによって，一層英語に慣れ親しむことができるようにするなどの工夫が考えられる。

また，図画工作科では，絵や立体，工作に表す活動を通して，感じたこと，想像したこと，見たことから，表したいことを見つける学習をしている。そこで，こうした学習を通して児童が作成した作品を，ショー・アンド・テル（発表活動）の中でほかの児童に紹介するなどして，児童の外国語学習への興味・関心を一層高めることができると思われる。

さらに，デジタル教材の中に収められている絵本や図書室にある絵本，国語科の教科書等で取り上げられている物語などを活用して，繰り返しの表現や簡単な語句を使った英語劇を演じるなどの活動を行うことができる。そのような表現活動を，学習発表会のような場で発表するなど学校行事との関連を図ることもできると考えられる。

このように，他教科等の学習の成果を，外国語活動の学習の中で適切に生かすためには，相互の関連について検討し，指導計画に位置付けることが必要である。

オ　外国語活動を通して，外国語や外国の文化のみならず，国語や我が国の文化についても併せて理解を深めるようにすること。言語活動で扱う題材についても，我が国の文化や，英語の背景にある文化に対する関心を高め，理解を深めようとする態度を養うのに役立つものとすること。

外国語活動を通して，様々な国の生活や文化と我が国の生活や文化との共通点や相違点に気付くようにするとともに，言語や文化に関心をもち，尊重できる態度を育成することが大切である。特に，外国語や外国の文化を扱う際には，様々な言語に触れたり，人々の日常生活に密着した生活文化や学校に関するものなど幅広い題材を取り扱ったりすることで，児童の興味・関心を踏まえ，特定のものに偏らないように心がけることが重要である。同時に，国語や我が国の文化について理解を深め，その特徴や良さについて発信することができるような指導を大切にしたい。例えば，様々な言語での挨拶，数え方，遊び，文字などを扱うことで，日本のお辞儀の習慣やひらがな，カタカナ，漢字などの文字，じゃんけんなど，共通点や相違点に気付かせ，それぞれの特徴や良さを発

表し合うような活動が考えられる。その際には，知識の伝達に偏らないように注意する必要がある。

これらの活動を通して，児童が国語や我が国の文化に対する理解を深め，世界の人々と相互の立場を尊重，協調しながら交流を行っていけるようにすることをねらいとしている。

> カ　障害のある児童などについては，学習活動を行う場合に生じる困難さに応じた指導内容や指導方法の工夫を計画的，組織的に行うこと。

障害者の権利に関する条約に掲げられたインクルーシブ教育システムの構築を目指し，児童の自立と社会参加を一層推進していくためには，通常の学級，通級による指導，特別支援学級，特別支援学校において，児童の十分な学びを確保し，一人一人の児童の障害の状態や発達の段階に応じた指導や支援を一層充実させていく必要がある。

通常の学級においても，発達障害を含む障害のある児童が在籍している可能性があることを前提に，全ての教科等において，一人一人の教育的ニーズに応じたきめ細かな指導や支援ができるよう，障害種別の指導の工夫のみならず，各教科等の学びの過程において考えられる困難さに対する指導の工夫の意図，手立てを明確にすることが重要である。

これを踏まえ，今回の改訂では，障害のある児童などの指導に当たっては，個々の児童によって，見えにくさ，聞こえにくさ，道具の操作の困難さ，移動上の制約，健康面や安全面での制約，発音のしにくさ，心理的な不安定，人間関係形成の困難さ，読み書きや計算等の困難さ，注意の集中を持続することが苦手であることなど，学習活動を行う場合に生じる困難さが異なることに留意し，個々の児童の困難さに応じた指導内容や指導方法を工夫することを，各教科等において示している。

その際，外国語活動の目標や内容の趣旨，学習活動のねらいを踏まえ，学習内容の変更や学習活動の代替を安易に行うことがないように留意するとともに，児童の学習負担や心理面にも配慮する必要がある。

例えば，外国語活動における配慮として，次のようなものが考えられる。

- 音声を聞き取ることが難しい場合，外国語と日本語の音声やリズムの違いに気付くことができるよう，リズムやイントネーションを，教員が手拍子を打つ，音の強弱を手を上下に動かして表すなどの配慮をする。また，本時の流れが分かるように，本時の活動の流れを黒板に記載しておくなどの配慮をする。

なお，学校においては，こうした点を踏まえ，個別の指導計画を作成し，必要な配慮を記載し，翌年度の担任等に引き継ぐことなどが必要である。

> キ　学級担任の教師又は外国語活動を担当する教師が指導計画を作成し，授業を実施するに当たっては，ネイティブ・スピーカーや英語が堪能な地域人材などの協力を得る等，指導体制の充実を図るとともに，指導方法の工夫を行うこと。

　この配慮事項は，英語に初めて出会う中学年の児童が，積極的に英語を聞いたり，話したりするための動機付けには，指導体制や指導方法の工夫が大切であることを述べている。

　エでは，外国語活動の目標に照らし，児童が進んでコミュニケーションを図りたいと思うような，興味・関心のある題材や活動を扱うことが大切であるということを述べた。このような題材や活動を設定するためには，児童のことをよく理解していることが前提となる。また，児童が初めて出会う英語への不安を取り除き，新しいものへ挑戦する気持ちや失敗を恐れない雰囲気を作り出すためには，豊かな児童理解と高まり合う学習集団づくりとが指導者に求められる。このようなことから，外国語活動においても学級担任の教師の存在は欠かせない。また，外国語活動を専門に行う教師が授業を行う場合にも，学級担任の教師と同様に初等教育や児童を理解し，授業を実施することが大切である。

　以上のことから，学級担任の教師又は外国語活動を担当する教師が指導計画の作成や授業の実施を行うことが求められるのである。

　しかしながら，外国語活動を実施する際に，児童に活発なコミュニケーションの場を与えたり，様々な国や地域の文化を理解させるなど国際理解教育の推進を図ったりするためには，指導者に，ある程度，英語をはじめとする外国語を聞いたり話したりするスキルや，様々な国や地域の文化についての知識や理解が求められる側面もあることから，ネイティブ・スピーカーや，外国生活の経験者，海外事情に詳しい人々，外国語が堪能な人々の協力を得ることも必要と考えられる。外国語活動の目標の実現のためには，児童に外国語を使ってコミュニケーションの体験をさせることが必要であり，その体験を通して，児童に自分の思いが相手に通じた，あるいは，相手の思いが分かったという，言語によるコミュニケーションの楽しさを味わわせることが求められる。

　前述のような観点から，特に指導計画の作成や授業の全体的なマネジメントについては，学級担任の教師や外国語活動を担当する教師が中心となって外国語活動を進めることが大切である。また，授業における英語を用いた具体的な

活動の場面では，児童が生きた英語に触れる機会を充実させるため，ネイティブ・スピーカーや英語が堪能な人々とのコミュニケーションを取り入れ，学級担任の教師又は外国語活動を担当する教師とティーム・ティーチングを行いながら指導することで，児童の英語を使ってコミュニケーションを図ろうとする意欲を一層高めることにもなると考える。

また，「社会に開かれた教育課程」の理念の下，児童の学習の質の向上を図るためには，学校，家庭，地域社会が連携し，それぞれが本来もつ教育機能を発揮することにより，三者が連携・協働して児童を育んでいくことが必要である。

そのためには，各学校において，今後一層，家庭や地域の人々と教育活動の方向性を共有化し，具体的な役割や責任を明確にしていくことが大切となる。また，教育委員会においては，校区を越えて地域人材を確保し，各学校において効果的に活用が図れるよう体制整備を進めるなど，学校を支援するシステム構築に努めることが求められる。

(2) 内容の取扱い

> (2) 2の内容の取扱いについては，次の事項に配慮するものとする。
> ア　英語でのコミュニケーションを体験させる際は，児童の発達の段階を考慮した表現を用い，児童にとって身近なコミュニケーションの場面を設定すること。

この配慮事項は，英語でのコミュニケーションを体験させる際には，児童の発達の段階を考慮して表現を選定するとともに，児童にとって身近なコミュニケーションの場面を設定し，児童が積極的にコミュニケーションを図ることができるよう指導することの必要性を述べている。

外国語に初めて触れる段階であることを踏まえると，外来語など児童が聞いたことのある表現や身近な内容を活用し，中学年の児童の発達の段階や興味・関心に合った身近なコミュニケーションの場面で，英語でのコミュニケーションを体験させることが大切である。

その際には，児童の発達の段階を考慮せず，過度に複雑なコミュニケーションを目指そうとするあまり，児童に対して過度の負担を強いることのないよう配慮したい。

また，例えば，自分が気に入っている校内の場所を紹介する活動を取り扱った場合に，指導前に児童は校内のどのような場所を好んでいるのかを調べるな

ど,児童の主体的な自己表現を促すよう配慮する必要がある。

> イ　文字については,児童の学習負担に配慮しつつ,音声によるコミュニケーションを補助するものとして取り扱うこと。

　この配慮事項は,外国語活動の指導においては,音声によるコミュニケーションを重視し,「聞くこと」,「話すこと［やり取り］」,「話すこと［発表］」を中心とする豊かなコミュニケーションを体験させることが大切であるということを示している。

　音声面の指導については,様々な工夫をしながら聞くことの時間を確保し,日本語とは違った英語の音声やリズムなどに十分慣れさせるとともに,自分のことや身の回りの物について,実物を見せるなどしながら,簡単な語句や基本的な表現を用いて話すなど,児童にとって過度の負担にならないよう指導することが大切である。また,コミュニケーションを図ることの楽しさや大切さを知るためにも,単に繰り返し活動を行うのではなく,コミュニケーションの目的や場面,状況等を意識した活動を通して,児童に気付かせたり考えさせたりする必要がある。

　文字の指導については,文字の名称の読み方が発音されるのを聞いて,活字体で書かれた大文字・小文字と結び付けるなどの活動を通して,児童が文字に対して興味・関心を高めるよう,まず,身の回りに英語の文字がたくさんあることに気付かせたりするなど,楽しみながら文字に慣れ親しんでいくよう,文字を扱うことが重要である。中学年の外国語活動では,文字の名称の読み方を扱い,文字に慣れ親しませ,高学年の外国語科における文字の指導と連携させるとともに,文字の名称レベルに指導を留めることに留意する必要がある。

　ただし,中学年の外国語活動で活字体の大文字・小文字に出会い,文字を使ってコミュニケーションを図った経験が,高学年の外国語科における「読むこと」,「書くこと」に円滑につながるようにする必要がある。そのためには,児童が文字を題材にコミュニケーションを図る活動を通して,文字への興味・関心を高めることが大切である。例えば,カードの下にその単語の綴りを添えたり,既出の"How many ～?"などの表現と結び付け,単語の文字数を尋ねたりする活動を設定するなどが考えられる。なお,その際,児童の発達の段階を踏まえると,英語の発音と綴りの法則を教え込むような指導は,児童に対して過度の負担を強いることになると考えられるため,不適切である。さらに,児童が文字を読んだり書いたりできない段階であることを踏まえ,英文だけを板書して指示するような,文字を使って行う指導とならないよう注意する必要がある。

> ウ　言葉によらないコミュニケーションの手段もコミュニケーションを支えるものであることを踏まえ，ジェスチャーなどを取り上げ，その役割を理解させるようにすること。

　この配慮事項は，英語でのコミュニケーションを体験させる際に，音声によるコミュニケーションだけでなく，ジェスチャーや表情などを手掛かりとすることで，相手の意図をより正確に理解したり，ジェスチャーや表情などを加えて話したり，自分の思いをより正確に伝え合ったりすることができることなど，言葉によらないコミュニケーションの役割を理解するよう指導することの必要性を述べている。

　特に，外国語に初めて触れる段階における指導においては，児童が自ら理解したり運用したりできる表現が限られているため，ジェスチャーなどを活用して表現させるなど，コミュニケーションを図る楽しさを体験させるようにする。例えば，気分を尋ねたり，答えたりする単元においては，fine, happy, sad などの感情や状態を表す語や表現を発話するだけでなく，表情やジェスチャーを付けたり，感情や状態を表すイラストや実物，写真などを見せたりして，自分の気持ちが相手に伝わるように工夫しながらコミュニケーションを図らせるよう配慮する必要がある。

　また，ジェスチャーには，同じ意味を表すものでも，その方法が地域によって違うものがあったり，逆に表情については，地域が違っていてもよく似た意味であったりするなど，ジェスチャーや表情を比較する中で，日本と外国との違いを知り，多様な考え方があることに気付かせるよう配慮する必要がある。

> エ　身近で簡単な事柄について，友達に質問をしたり質問に答えたりする力を育成するため，ペア・ワーク，グループ・ワークなどの学習形態について適宜工夫すること。その際，相手とコミュニケーションを行うことに課題がある児童については，個々の児童の特性に応じて指導内容や指導方法を工夫すること。

　指導に当たり，言語活動を行う際は，単に繰り返し活動を行うのではなく，児童が言語活動の目的や，使用場面を意識して行うことができるよう，具体的な課題等を設定し，その目的を達成するために，必要な語句や文などを取捨選択して活用できるようにすることが必要である。

　特に外国語に初めて触れる段階である中学年においては，外国語を用いてコ

ミュニケーションを図る楽しさを体験させることが大切である。そのためには,例えば自分の好きな物を友達と伝え合ったり,身の回りの物に関する簡単なクイズを出し合ったりするなど,やり取りを楽しむことができるような内容や活動を設定する必要がある。言語活動は相手意識と中身のある活動が基本であり,そのためには,ペア・ワークやグループ・ワークなどの学習形態を工夫し,児童が本当に伝えたい内容を話したり,友達の話す内容を聞いたりすることができる場面を設定することが大切である。

　その際,相手とのコミュニケーションを行うことに課題がある児童については,その児童が日頃から関わることのできる児童をペアの相手やグループのメンバーに意図的に配置したり,教師やＡＬＴ等とペアを組んだりするなど,個々の児童の特性に応じて指導方法を工夫する必要がある。

オ　児童が身に付けるべき資質・能力や児童の実態,教材の内容などに応じて,視聴覚教材やコンピュータ,情報通信ネットワーク,教育機器などを有効活用し,児童の興味・関心をより高め,指導の効率化や言語活動の更なる充実を図るようにすること。

　指導に当たり,児童の関心を高め,主体的・対話的で深い学びの実現に向けた授業改善につながるよう,活動に応じたデジタル教材等の活用が考えられる。例えば,児童がコミュニケーションを行う目的や場面,状況等を意識した活動を行うことが重要であるが,その際,視聴覚教材などを用いて,実際にコミュニケーションが行われている様子を示すことは,活動を行う際の生きたモデルとなることに加え,コミュニケーションの働きも意識できるため,児童の興味・関心を高める上でも極めて有効である。また,音声中心である外国語活動において,ネイティブ・スピーカーや英語が堪能な人の協力が得にくい学校や地域もありうることや,ジェスチャーや表情などの非言語的視覚情報もコミュニケーションを図る際には大切な要素となってくることを踏まえると,ＣＤやＤＶＤなどの視聴覚教材の積極的な活用も有効である。その際,様々な機器や教材が手に入ることを考えると,それらを使う目的を明確にし,児童や学校及び地域の実態に応じたものを選択することが大切である。例えば,外国語の背景にある文化に対する理解を深めるためには,様々な国や地域の行事等を紹介した教材を活用することも考えられる。また,学校間で集合学習や交流学習を行う際には,情報通信ネットワークを用いることで,実際の学習はもとより,事前に打合せや顔合わせをしておくことも可能である。さらに,英語の文字に慣れ親しむ際にも,活字体で書かれた文字とその読み方を結び付ける活動を,教

室用デジタル教材などを活用して行うことも考えられる。

> カ　各単元や各時間の指導に当たっては，コミュニケーションを行う目的，場面，状況などを明確に設定し，言語活動を通して育成すべき資質・能力を明確に示すことにより，児童が学習の見通しを立てたり，振り返ったりすることができるようにすること。

　この配慮事項は，外国語教育における学習過程としては，①児童が設定されたコミュニケーションを行う目的や場面，状況等を理解する，②目的に応じて情報や意見などを発信するまでの方向性を決定し，コミュニケーションの見通しを立てる，③目的達成のため，具体的なコミュニケーションを行う，④言語面・内容面で自ら学習のまとめと振り返りを行う，といった流れの中で，学んだことの意味付けを行ったり，既得の知識や経験と，新たに得られた知識を言語活動で活用したりすることで，「思考力，判断力，表現力等」を高めていくことが大切であることを示している。

　例えば，身の回りの物に関するクイズを出し合う単元では，①として，単元の始めの時間に，教師やＡＬＴ等による単元終末の言語活動をデモンストレーションで提示することで，児童がそのやり取りの目的や場面，状況等を理解し，「自分たちもやってみたい」という意欲をもたせるようにする。次に②として，クイズを出し合うために必要と思われる簡単な語句や基本的な表現を様々な活動を用いて学習し，尋ねたり答えたりすることができるように，細かな段階を踏んで習得していくようにする。③については，単元の終末の活動として，児童それぞれが，ペアやグループなどで，身の回りの物を当てるクイズを出し合う活動を行う。このとき，児童一人一人がクイズにして当ててもらいたい身の回りの物を決定し，活動できるよう配慮することで，相手意識と中身のある活動が実現し，児童がコミュニケーションを図ることを十分に楽しむことができる。④については，単元最後の自己評価による振り返りを行い，英語と日本語の言い方の相違点や類似点に気付いたり，友達とのやり取りを通して自分や友達のクイズの面白さや工夫などについて感じたりしたことを記録したり，発表し合ったりしていく。その過程において，自ら学習のまとめを行ったり，振り返りを行ったりすることで，身に付いた「思考力，判断力，表現力等」を次の学習へ生かすことができる。

第3章　指導計画の作成と内容の取扱い

> 1　外国語活動においては，言語やその背景にある文化に対する理解が深まるよう指導するとともに，外国語による聞くこと，話すことの言語活動を行う際は，英語を取り扱うことを原則とすること。

　外国語活動では，英語が世界で広くコミュニケーションの手段として用いられている実態や，改訂前の高学年における外国語活動においても英語を取り扱ってきたこと，中学校の外国語科は英語を履修することが原則とされていることなどを踏まえ，英語を取り扱うことを原則とすることを示したものである。
　「原則とする」とは，学校の創設の趣旨や地域の実情，児童の実態などによって，英語以外の外国語を取り扱うこともできるということである。

> 2　第1章総則の第1の2の(2)に示す道徳教育の目標に基づき，道徳科などとの関連を考慮しながら，第3章特別の教科道徳の第2に示す内容について，外国語活動の特質に応じて適切な指導をすること。

　外国語活動の指導においては，その特質に応じて，道徳について適切に指導する必要があることを示すものである。
　第1章総則の第1の2(2)においては，「学校における道徳教育は，特別の教科である道徳（以下「道徳科」という。）を要として学校の教育活動全体を通じて行うものであり，道徳の時間はもとより，各教科，外国語活動，総合的な学習の時間及び特別活動のそれぞれの特質に応じて，児童の発達の段階を考慮して，適切な指導を行わなければならない」と規定されている。
　外国語活動における道徳教育の指導においては，学習活動や学習態度への配慮，教師の態度や行動による感化とともに，以下に示すような外国語活動と道徳教育との関連を明確に意識しながら，適切な指導を行う必要がある。
　外国語活動においては，第1の目標(3)として「外国語を通して，言語やその背景にある文化に対する理解を深め，相手に配慮しながら，主体的に外国語を用いてコミュニケーションを図ろうとする態度を養う」と示している。「外国語を通して，言語やその背景にある文化に対する理解を深める」ことは，世界の中の日本人としての自覚をもち，国際的視野に立って，世界の平和と人類の幸福に貢献することにつながるものである。また，「相手に配慮する」ことは，外国語の学習を通して，相手に配慮し受け入れる寛容の精神や平和・国際貢献などの精神を獲得し，多面的思考ができるような人材を育てることにつながる。

次に，道徳教育の要としての道徳科の指導との関連を考慮する必要がある。外国語活動で扱った内容や教材の中で適切なものを，道徳科に活用することが効果的な場合もある。また，道徳科で取り上げたことに関係のある内容や教材を外国語活動で扱う場合には，道徳科における指導の成果を生かすように工夫することも考えられる。そのためにも，外国語活動の年間指導計画の作成などに際して，道徳教育の全体計画との関連，指導の内容及び時期等に配慮し，両者が相互に効果を高め合うようにすることが大切である。

第2部
外国語

第1章　総説

● 1　改訂の経緯及び基本方針

(1) 改訂の経緯

　　今の子供たちやこれから誕生する子供たちが，成人して社会で活躍する頃には，我が国は厳しい挑戦の時代を迎えていると予想される。生産年齢人口の減少，グローバル化の進展や絶え間ない技術革新等により，社会構造や雇用環境は大きく，また急速に変化しており，予測が困難な時代となっている。また，急激な少子高齢化が進む中で成熟社会を迎えた我が国にあっては，一人一人が持続可能な社会の担い手として，その多様性を原動力とし，質的な豊かさを伴った個人と社会の成長につながる新たな価値を生み出していくことが期待される。

　　こうした変化の一つとして，人工知能（AI）の飛躍的な進化を挙げることができる。人工知能が自ら知識を概念的に理解し，思考し始めているとも言われ，雇用の在り方や学校において獲得する知識の意味にも大きな変化をもたらすのではないかとの予測も示されている。このことは同時に，人工知能がどれだけ進化し思考できるようになったとしても，その思考の目的を与えたり，目的のよさ・正しさ・美しさを判断したりできるのは人間の最も大きな強みであるということの再認識につながっている。

　　このような時代にあって，学校教育には，子供たちが様々な変化に積極的に向き合い，他者と協働して課題を解決していくことや，様々な情報を見極め知識の概念的な理解を実現し情報を再構成するなどして新たな価値につなげていくこと，複雑な状況変化の中で目的を再構築することができるようにすることが求められている。

　　このことは，本来，我が国の学校教育が大切にしてきたことであるものの，教師の世代交代が進むと同時に，学校内における教師の世代間のバランスが変化し，教育に関わる様々な経験や知見をどのように継承していくかが課題となり，また，子供たちを取り巻く環境の変化により学校が抱える課題も複雑化・困難化する中で，これまでどおり学校の工夫だけにその実現を委ねることは困難になってきている。

　　こうした状況を踏まえ，平成26年11月には，文部科学大臣から新しい時代にふさわしい学習指導要領等の在り方について中央教育審議会に諮問を行った。中央教育審議会においては，2年1か月にわたる審議の末，平成28年12月21日に「幼稚園，小学校，中学校，高等学校及び特別支援学校の学習指導要領等の改善及び必要な方策等について（答申）」（以下「中央教育審議会答申」

という。）を示した。

中央教育審議会答申においては，"よりよい学校教育を通じてよりよい社会を創る"という目標を学校と社会が共有し，連携・協働しながら，新しい時代に求められる資質・能力を子供たちに育む「社会に開かれた教育課程」の実現を目指し，学習指導要領等が，学校，家庭，地域の関係者が幅広く共有し活用できる「学びの地図」としての役割を果たすことができるよう，次の6点にわたってその枠組みを改善するとともに，各学校において教育課程を軸に学校教育の改善・充実の好循環を生み出す「カリキュラム・マネジメント」の実現を目指すことなどが求められた。

① 「何ができるようになるか」（育成を目指す資質・能力）
② 「何を学ぶか」（教科等を学ぶ意義と，教科等間・学校段階間のつながりを踏まえた教育課程の編成）
③ 「どのように学ぶか」（各教科等の指導計画の作成と実施，学習・指導の改善・充実）
④ 「子供一人一人の発達をどのように支援するか」（子供の発達を踏まえた指導）
⑤ 「何が身に付いたか」（学習評価の充実）
⑥ 「実施するために何が必要か」（学習指導要領等の理念を実現するために必要な方策）

これを踏まえ，平成29年3月31日に学校教育法施行規則を改正するとともに，幼稚園教育要領，小学校学習指導要領及び中学校学習指導要領を公示した。小学校学習指導要領は，平成30年4月1日から第3学年及び第4学年において外国語活動を実施する等の円滑に移行するための措置（移行措置）を実施し，令和2年4月1日から全面実施することとしている。また，中学校学習指導要領は，平成30年4月1日から移行措置を実施し，令和3年4月1日から全面実施することとしている。

(2) 改訂の基本方針

今回の改訂は中央教育審議会答申を踏まえ，次の基本方針に基づき行った。

①今回の改訂の基本的な考え方

ア 教育基本法，学校教育法などを踏まえ，これまでの我が国の学校教育の実践や蓄積を生かし，子供たちが未来社会を切り拓くための資質・能力を一層確実に育成することを目指す。その際，子供たちに求められる資質・能力とは何かを社会と共有し，連携する「社会に開かれた教育課程」を重

視すること。

イ　知識及び技能の習得と思考力，判断力，表現力等の育成のバランスを重視する平成20年改訂の学習指導要領の枠組みや教育内容を維持した上で，知識の理解の質を更に高め，確かな学力を育成すること。

ウ　先行する特別教科化など道徳教育の充実や体験活動の重視，体育・健康に関する指導の充実により，豊かな心や健やかな体を育成すること。

②育成を目指す資質・能力の明確化

中央教育審議会答申においては，予測困難な社会の変化に主体的に関わり，感性を豊かに働かせながら，どのような未来を創っていくのか，どのように社会や人生をよりよいものにしていくのかという目的を自ら考え，自らの可能性を発揮し，よりよい社会と幸福な人生の創り手となる力を身に付けられるようにすることが重要であること，こうした力は全く新しい力ということではなく学校教育が長年その育成を目指してきた「生きる力」であることを改めて捉え直し，学校教育がしっかりとその強みを発揮できるようにしていくことが必要とされた。また，汎用的な能力の育成を重視する世界的な潮流を踏まえつつ，知識及び技能と思考力，判断力，表現力等をバランスよく育成してきた我が国の学校教育の蓄積を生かしていくことが重要とされた。

このため「生きる力」をより具体化し，教育課程全体を通して育成を目指す資質・能力を，ア「何を理解しているか，何ができるか（生きて働く「知識・技能」の習得）」，イ「理解していること・できることをどう使うか（未知の状況にも対応できる「思考力・判断力・表現力等」の育成）」，ウ「どのように社会・世界と関わり，よりよい人生を送るか（学びを人生や社会に生かそうとする「学びに向かう力・人間性等」の涵養）」の三つの柱に整理するとともに，各教科等の目標や内容についても，この三つの柱に基づく再整理を図るよう提言がなされた。

今回の改訂では，知・徳・体にわたる「生きる力」を子供たちに育むために「何のために学ぶのか」という各教科等を学ぶ意義を共有しながら，授業の創意工夫や教科書等の教材の改善を引き出していくことができるようにするため，全ての教科等の目標及び内容を「知識及び技能」，「思考力，判断力，表現力等」，「学びに向かう力，人間性等」の三つの柱で再整理した。

③「主体的・対話的で深い学び」の実現に向けた授業改善の推進

子供たちが，学習内容を人生や社会の在り方と結び付けて深く理解し，これからの時代に求められる資質・能力を身に付け，生涯にわたって能動的に

学び続けることができるようにするためには，これまでの学校教育の蓄積を生かし，学習の質を一層高める授業改善の取組を活性化していくことが必要であり，我が国の優れた教育実践に見られる普遍的な視点である「主体的・対話的で深い学び」の実現に向けた授業改善（アクティブ・ラーニングの視点に立った授業改善）を推進することが求められる。

今回の改訂では「主体的・対話的で深い学び」の実現に向けた授業改善を進める際の指導上の配慮事項を総則に記載するとともに，各教科等の「第3 指導計画の作成と内容の取扱い」において，単元や題材など内容や時間のまとまりを見通して，その中で育む資質・能力の育成に向けて，「主体的・対話的で深い学び」の実現に向けた授業改善を進めることを示した。

その際，以下の6点に留意して取り組むことが重要である。

ア　児童生徒に求められる資質・能力を育成することを目指した授業改善の取組は，既に小・中学校を中心に多くの実践が積み重ねられており，特に義務教育段階はこれまで地道に取り組まれ蓄積されてきた実践を否定し，全く異なる指導方法を導入しなければならないと捉える必要はないこと。

イ　授業の方法や技術の改善のみを意図するものではなく，児童生徒に目指す資質・能力を育むために「主体的な学び」，「対話的な学び」，「深い学び」の視点で，授業改善を進めるものであること。

ウ　各教科等において通常行われている学習活動（言語活動，観察・実験，問題解決的な学習など）の質を向上させることを主眼とするものであること。

エ　1回1回の授業で全ての学びが実現されるものではなく，単元や題材など内容や時間のまとまりの中で，学習を見通し振り返る場面をどこに設定するか，グループなどで対話する場面をどこに設定するか，児童生徒が考える場面と教師が教える場面をどのように組み立てるかを考え，実現を図っていくものであること。

オ　深い学びの鍵として「見方・考え方」を働かせることが重要になること。各教科等の「見方・考え方」は，「どのような視点で物事を捉え，どのような考え方で思考していくのか」というその教科等ならではの物事を捉える視点や考え方である。各教科等を学ぶ本質的な意義の中核をなすものであり，教科等の学習と社会をつなぐものであることから，児童生徒が学習や人生において「見方・考え方」を自在に働かせることができるようにすることにこそ，教師の専門性が発揮されることが求められること。

カ　基礎的・基本的な知識及び技能の習得に課題がある場合には、その確実な習得を図ることを重視すること。

④各学校におけるカリキュラム・マネジメントの推進

　各学校においては，教科等の目標や内容を見通し，特に学習の基盤となる資質・能力（言語能力，情報活用能力（情報モラルを含む。以下同じ。），問題発見・解決能力等）や現代的な諸課題に対応して求められる資質・能力の育成のためには，教科等横断的な学習を充実することや，「主体的・対話的で深い学び」の実現に向けた授業改善を，単元や題材など内容や時間のまとまりを見通して行うことが求められる。これらの取組の実現のためには，学校全体として，児童生徒や学校，地域の実態を適切に把握し，教育内容や時間の配分，必要な人的・物的体制の確保，教育課程の実施状況に基づく改善などを通して，教育活動の質を向上させ，学習の効果の最大化を図るカリキュラム・マネジメントに努めることが求められる。

　このため総則において，「児童や学校，地域の実態を適切に把握し，教育の目的や目標の実現に必要な教育の内容等を教科等横断的な視点で組み立てていくこと，教育課程の実施状況を評価してその改善を図っていくこと，教育課程の実施に必要な人的又は物的な体制を確保するとともにその改善を図っていくことなどを通して，教育課程に基づき組織的かつ計画的に各学校の教育活動の質の向上を図っていくこと（以下「カリキュラム・マネジメント」という。）に努める」ことについて新たに示した。

⑤教育内容の主な改善事項

　このほか，言語能力の確実な育成，理数教育の充実，伝統や文化に関する教育の充実，体験活動の充実，外国語教育の充実などについて総則や各教科等において，その特質に応じて内容やその取扱いの充実を図った。

2　外国語科導入の趣旨と要点

(1) 外国語科導入の趣旨

　今回の高学年の外国語科の導入に当たっては，中央教育審議会答申を踏まえ，次のような，これまでの成果と課題等を踏まえた改善を図った。

・グローバル化が急速に進展する中で，外国語によるコミュニケーション能力は，これまでのように一部の業種や職種だけでなく，生涯にわたる様々な場面で必要とされることが想定され，その能力の向上が課題となってい

る。
- 平成20年改訂の学習指導要領は，小・中・高等学校で一貫した外国語教育を実施することにより，外国語を通じて，言語や文化に対する理解を深め，積極的に外国語を用いてコミュニケーションを図ろうとする態度や，情報や考えなどを的確に理解したり適切に伝えたりする力を身に付けさせることを目標として掲げ，「聞くこと」，「話すこと」，「読むこと」，「書くこと」などを総合的に育成することをねらいとして改訂され，様々な取組を通じて指導の充実が図られてきた。
- 小学校では，平成23年度から高学年において外国語活動が導入され，その充実により，児童の高い学習意欲，中学生の外国語教育に対する積極性の向上といった成果が認められている。一方で，①音声中心で学んだことが，中学校の段階で音声から文字への学習に円滑に接続されていない，②日本語と英語の音声の違いや英語の発音と綴りの関係，文構造の学習において課題がある，③高学年は，児童の抽象的な思考力が高まる段階であり，より体系的な学習が求められることなどが課題として指摘されている。
- また，小学校から各学校段階における指導改善による成果が認められるものの，学年が上がるにつれて児童生徒の学習意欲に課題が生じるといった状況や，学校種間の接続が十分とは言えず，進級や進学をした後に，それまでの学習内容や指導方法等を発展的に生かすことができないといった状況も見られている。
- こうした成果と課題を踏まえて，今回の改訂では，小学校中学年から外国語活動を導入し，「聞くこと」，「話すこと」を中心とした活動を通じて外国語に慣れ親しみ外国語学習への動機付けを高めた上で，高学年から発達の段階に応じて段階的に文字を「読むこと」，「書くこと」を加えて総合的・系統的に扱う教科学習を行うとともに，中学校への接続を図ることを重視することとしている。

(2) 改訂の要点

中央教育審議会答申を踏まえ，高学年の外国語科の目標及び内容等に関して，次のように設定した。

①目標

高学年の外国語科の目標は，前述のような課題を踏まえ，「知識及び技能」，「思考力，判断力，表現力等」，「学びに向かう力，人間性等」の三つの資質・能力を明確にした上で，①各学校段階の学びを接続させるとともに，②「外

国語を使って何ができるようになるか」を明確にするという観点から改善・充実を図っている。

外国語学習においては，語彙や文法等の個別の知識がどれだけ身に付いたかに主眼が置かれるのではなく，児童生徒の学びの過程全体を通じて，知識・技能が，実際のコミュニケーションにおいて活用され，思考・判断・表現することを繰り返すことを通じて獲得され，学習内容の理解が深まるなど，資質・能力が相互に関係し合いながら育成されることが必要である。

このため，それらの育成を目指す力について，前述のような課題を踏まえつつ，外国語学習の特性を踏まえて「知識及び技能」と「思考力，判断力，表現力等」を一体的に育成するとともに，その過程を通して，「学びに向かう力，人間性等」に示す資質・能力を育成し，小・中・高等学校で一貫した目標を実現するため，そこに至る段階を示すものとして国際的な基準などを参考に，「聞くこと」，「読むこと」，「話すこと［やり取り］」，「話すこと［発表］」，「書くこと」の五つの領域で英語の目標を設定している。

今回の改訂では，小学校中学年に新たに外国語活動を導入し，三つの資質・能力の下で，英語の目標として「聞くこと」，「話すこと［やり取り］」，「話すこと［発表］」の三つの領域を設定し，音声面を中心とした外国語を用いたコミュニケーションを図る素地となる資質・能力を育成した上で，高学年において「読むこと」，「書くこと」を加えた教科として外国語科を導入し，五つの領域の言語活動を通して，コミュニケーションを図る基礎となる資質・能力を育成することとしている。

また，高学年の外国語科の目標については，学年ごとに示すのではなく，より弾力的な指導ができるよう２学年間を通した目標とした。

②内容構成

外国語教育において育成を目指す三つの資質・能力を確実に身に付けられるように，小・中・高等学校を通じた領域別の目標の下で，内容等について以下のとおり体系的に構成を整理した。

前述の高学年の外国語科の目標及び英語の目標を実現するため，
(ⅰ)「知識及び技能」として「英語の特徴やきまりに関する事項」（第２の２(1)）
(ⅱ)「思考力，判断力，表現力等」として「情報を整理しながら考えなどを形成し，英語で表現したり，伝え合ったりすることに関する事項」（第２の２(2)）
を整理した上で，

(iii) 言語活動及び言語の働きに関する事項（第2の2 (3)）として，「知識及び技能」を活用して「思考力，判断力，表現力等」を身に付けるための具体的な言語活動，言語の働き等

を整理した。

また，

(iv) 指導計画の作成と内容の取扱い（第2の3）においては，中学年の外国語活動や中・高等学校における指導との接続に留意しながら指導すべき留意点等

を整理し，具体的な指導や評価において活用されるよう内容の構成全体を改善した。

各学校においては，このような内容構成を理解し，言語材料と言語活動，言語の働き等を効果的に関連付け，総合的に組み合わせて指導するとともに，この構成の中で，主体的・対話的で深い学びの実現に向けた授業改善を推進するため，外国語教育特有の学習過程を繰り返し経るような指導の改善・充実が図られる必要がある。

③内容

内容については，中学年の外国語活動や中・高等学校における学習内容との接続の観点も踏まえ，次のように設定した。

- 「知識及び技能」については，実際に外国語を用いた言語活動を通して，外国語の音声や文字，語彙，表現，文構造，言語の働きなどについて，日本語と外国語との違いに気付き，これらの知識を理解するとともに，「読むこと」，「書くこと」に慣れ親しみ，「聞くこと」，「読むこと」，「話すこと」，「書くこと」による実際のコミュニケーションにおいて活用できる基礎的な技能を身に付けるようにすることとした。
- 「思考力，判断力，表現力等」については，具体的な課題等を設定し，コミュニケーションを行う目的や場面，状況などに応じて，情報や考えなどを表現することを通して，身近で簡単な事柄について，外国語で聞いたり話したりするとともに，音声で十分に慣れ親しんだ外国語の簡単な語句や基本的な表現を推測しながら読んだり，語順を意識しながら書いたりして，自分の考えや気持ちなどを伝え合うことができる基礎的な力を養うこととした。

④**学習指導**

　高学年の外国語科の英語における指導計画の作成と内容の取扱いについては，次のように設定した。

- 言語材料については，発達の段階に応じて，児童が受容するものと発信するものとがあることに留意して指導することを明記した。
- 「推測しながら読む」ことにつながるよう，音声で十分に慣れ親しんだ簡単な語句や基本的な表現について，音声と文字とを関連付けて指導することとした。
- 文及び文構造の指導に当たっては，文法の用語や用法の指導を行うのではなく，言語活動の中で基本的な表現として繰り返し触れることを通して指導することとした。

第2章　外国語科の目標及び内容

第1節　外国語科の目標

外国語科では,次のように目標を設定した。

> 第1　目　標
>   外国語によるコミュニケーションにおける見方・考え方を働かせ,外国語による聞くこと,読むこと,話すこと,書くことの言語活動を通して,コミュニケーションを図る基礎となる資質・能力を次のとおり育成することを目指す。

　外国語科の目標は,コミュニケーションを図る基礎となる資質・能力を育成することである。このためには,次の(1)(2)(3)に示す「知識及び技能」,「思考力,判断力,表現力等」,「学びに向かう力,人間性等」それぞれに関わる外国語特有の資質・能力を育成する必要があり,その際,外国語教育の特質に応じて,児童が物事を捉え,思考する「外国語によるコミュニケーションにおける見方・考え方」を働かせることが重要である。

　「外国語によるコミュニケーションにおける見方・考え方」とは,外国語によるコミュニケーションの中で,どのような視点で物事を捉え,どのような考え方で思考していくのかという,物事を捉える視点や考え方であり,「外国語で表現し伝え合うため,外国語やその背景にある文化を,社会や世界,他者との関わりに着目して捉え,コミュニケーションを行う目的や場面,状況等に応じて,情報を整理しながら考えなどを形成し,再構築すること」であると考えられる。

　外国語やその背景にある文化を,社会や世界,他者との関わりに着目して捉えるとは,外国語で他者とコミュニケーションを行うには,社会や世界との関わりの中で事象を捉えたり,外国語やその背景にある文化を理解するなどして相手に十分配慮したりすることが重要であることを示している。また,コミュニケーションを行う目的や場面,状況等に応じて,情報を整理しながら考えなどを形成し,再構築することとは,多様な人々との対話の中で,目的や場面,状況等に応じて,既習のものも含めて習得した概念(知識)を相互に関連付けてより深く理解したり,情報を精査して考えを形成したり,課題を見いだして解決策を考えたり,身に付けた思考力を発揮させたりすることであり,外国語で表現し伝え合うためには,適切な言語材料を活用し,思考・判断して情報を

整理するとともに，自分の考えなどを形成，再構築することが重要であることを示している。

　外国語によるコミュニケーションの一連の過程を通して，このような「見方・考え方」を働かせながら，自分の思いや考えを表現することなどを通じて，児童の発達の段階に応じて「見方・考え方」を豊かにすることが重要である。この「見方・考え方」を確かで豊かなものとすることで，学ぶことの意味と自分の生活，人生や社会，世界の在り方を主体的に結び付ける学びが実現され，学校で学ぶ内容が，生きて働く力として育まれることになる。さらに，こうした学びの過程が外国語教育の主体的・対話的で深い学びの実現に向けた授業改善につながる。その鍵となるものが，教科等の特質に応じた「見方・考え方」である。

　ところで，言語能力について，中央教育審議会答申では，「言葉は，学校という場において子供が行う学習活動を支える重要な役割を果たすものであり，全ての教科等における資質・能力の育成や学習の基盤となるものである。したがって，言語能力の向上は，学校における学びの質や，教育課程全体における資質・能力の育成の在り方に関わる課題」であるとし，その育成が求められている。

　このことを踏まえれば，例えば，初めて外国語に触れる段階である小学校においては，母語を用いたコミュニケーションを図る際には意識されていなかった，相手の発する外国語を注意深く聞いて何とか相手の思いを理解しようとしたり，もっている知識などを総動員して他者に外国語で自分の思いを何とか伝えようとしたりする体験を通して，日本語を含む言語でコミュニケーションを図る難しさや大切さを改めて感じることが，言語によるコミュニケーション能力を身に付ける上で重要であり，言語への興味・関心を高めることにつながると考えられる。

　このように，小学校における外国語教育においては，先に述べた「外国語によるコミュニケーションにおける見方・考え方」に示したように，外国語やその背景にある文化を，社会や世界，他者との関わりに着目して捉えることが必要であると考えられる。

　「外国語による聞くこと，読むこと，話すこと，書くことの言語活動を通して」とは，外国語科の目標を実現するために必要な指導事項について述べたものであり，本解説第2部第2章第2節2(3)で詳細を解説する。

　「コミュニケーションを図る基礎となる資質・能力」が高学年の外国語科の目標の中心となる部分である。これは，中学年の外国語活動の目標である，「コミュニケーションを図る素地となる資質・能力」及び中学校の外国語科の目標

である,「簡単な情報や考えなどを理解したり表現したり伝え合ったりするコミュニケーションを図る資質・能力」を踏まえて設定されたものである。総則にもあるとおり,小学校までの学習の成果が中学校教育に円滑に接続され,育成を目指す資質・能力を児童が確実に身に付けることができるよう工夫する必要がある。

改訂前の高学年における外国語活動の目標においては,
① 言語や文化に関する体験的な理解
② 積極的にコミュニケーションを図ろうとする態度
③ 外国語への慣れ親しみ

の三つの事項を念頭に置いていたが,今回の改訂では,育成を目指す資質・能力の三つの柱である「知識及び技能」,「思考力,判断力,表現力等」及び「学びに向かう力,人間性等」のそれぞれに関わる目標を,以下(1)(2)(3)のように明確に設定している。

---

(1) 外国語の音声や文字,語彙,表現,文構造,言語の働きなどについて,日本語と外国語との違いに気付き,これらの知識を理解するとともに,読むこと,書くことに慣れ親しみ,聞くこと,読むこと,話すこと,書くことによる実際のコミュニケーションにおいて活用できる基礎的な技能を身に付けるようにする。

---

(1)は,外国語科における「何を理解しているか,何ができるか」という「知識及び技能」の習得に関わる目標として掲げたものである。本目標は,「外国語の音声や文字,語彙,表現,文構造,言語の働きなどについて,日本語と外国語との違いに気付き,これらの知識を理解する」という「知識」の面と,その知識を「聞くこと,読むこと,話すこと,書くことによる実際のコミュニケーションにおいて活用できる基礎的な技能」という「技能」の面とで構成されている。

中央教育審議会答申にもあるとおり,基礎的・基本的な知識を着実に習得しながら,既存の知識と関連付けたり組み合わせたりしていくことにより,学習内容の深い理解と,個別の知識の定着を図るとともに,社会における様々な場面で活用できる概念としていくことが重要となる。また,技能についても,一定の手順や段階を追って身に付く個別の技能のみならず,獲得した個別の技能が自分の経験やほかの技能と関連付けられ,変化する状況や課題に応じて主体的に活用できる技能として習熟・熟達していくということが重要であり,「生きて働く『知識・技能』の習得」を重視している。

本目標での「外国語の音声や文字，語彙，表現，文構造，言語の働きなどについて，日本語と外国語との違いに気付き，これらの知識を理解する」とは，中学年の外国語活動の「外国語を通して，言語や文化について体験的に理解を深め，日本語と外国語との音声の違い等に気付く」に対応したものである。高学年の外国語科では，日本語との音声の違いにとどまらず，文字，語彙，表現，文構造，言語の働きなどについても日本語との違いに気付くこと，さらに，気付きで終わるのではなく，それらが外国語でコミュニケーションを図る際に活用される，生きて働く知識として理解されることを求めている。

　また，「聞くこと，読むこと，話すこと，書くことによる実際のコミュニケーションにおいて活用できる基礎的な技能を身に付けるようにする」とは，中学年の外国語活動で外国語の音声や基本的な表現に慣れ親しませたことを踏まえ，「読むこと」，「書くこと」を加え，教科として段階を進めたものである。初めて外国語に触れる中学年の外国語活動において音声面を中心としたコミュニケーションの体験を通して，外国語の音声や基本的な表現に慣れ親しんだことを生かし，高学年の外国語科では，中学校で身に付けるべき実際のコミュニケーションにおいて活用できる技能の基礎的なものを身に付けることとなる。ただし，「読むこと」，「書くこと」については，中学年の外国語活動では指導しておらず，慣れ親しませることから指導する必要があり，「聞くこと」，「話すこと」と同等の指導を求めるものではないことに留意する必要がある。

　本解説第2部第1章2(1)で述べたとおり，これまでの高学年における外国語活動の充実により，児童の高い学習意欲，中学生の外国語教育に対する積極性の向上といった成果が認められる一方で，①音声中心で学んだことが，中学校段階で音声から文字への学習に円滑に接続されていない，②日本語と英語の音声の違いや英語の発音と綴りの関係，文構造の学習において課題がある，③高学年は，児童の抽象的な思考力が高まる段階であり，より体系的な学習が求められることなどが課題として指摘されている。これらの成果と課題を踏まえて，中学年における外国語活動で音声や基本的な表現に慣れ親しみ，外国語学習への動機付けを高めた上で，高学年から発達の段階に応じて段階的に「読むこと」，「書くこと」を加え，これまでの課題に対応するため，英語の文字や単語などの認識，日本語と英語の音声の違いやそれぞれの特徴への気付き，語順の違い等の文構造への気付きなど，言語能力向上の観点から言葉の仕組みの理解などを促す指導が求められる。

　そこで，「読むこと」，「書くこと」に関しては，英語の文字の名称の読み方を活字体の文字と結び付け，名称を発音すること，四線上に書くことができるようにするとともに，中学年の外国語活動を通して「十分に音声で慣れ親し

んだ簡単な語句や基本的な表現」について,読んだり書いたりすることに細かな段階を踏んで慣れ親しませた上で,「語順を意識しながら書き写すことができるようにする」,「自分のことや身近で簡単な事柄について,例文を参考に書くことができるようにする」といった実際のコミュニケーションにおいて活用できる基礎的な技能となることを目指す必要がある。

> (2) コミュニケーションを行う目的や場面,状況などに応じて,身近で簡単な事柄について,聞いたり話したりするとともに,音声で十分に慣れ親しんだ外国語の語彙や基本的な表現を推測しながら読んだり,語順を意識しながら書いたりして,自分の考えや気持ちなどを伝え合うことができる基礎的な力を養う。

(2)は,外国語科における「理解していること・できることをどう使うか」という「思考力,判断力,表現力等」の育成に関わる目標として掲げたものである。コミュニケーションを行う際は,その「目的や場面,状況など」を意識する必要があり,その上で,「身近で簡単な事柄について,聞いたり話したりする」とともに,「音声で十分に慣れ親しんだ外国語の語彙や基本的な表現を推測しながら読んだり,語順を意識しながら書いたり」して,「自分の考えや気持ちなどを伝え合う」ことが重要になってくる。「思考力,判断力,表現力等」の育成のためには,外国語を実際に使用することが不可欠である。

中央教育審議会答申では,「未知の状況にも対応できる『思考力・判断力・表現力等』の育成」のため,思考・判断・表現の過程として「精査した情報を基に自分の考えを形成し,文章や発話によって表現したり,目的や場面,状況等に応じて互いの考えを適切に伝え合い,多様な考えを理解したり,集団としての考えを形成したりしていく過程」などに言及している。

外国語教育における学習過程としては,①設定されたコミュニケーションを行う目的や場面,状況等を理解する,②目的に応じて情報や意見などを発信するまでの方向性を決定し,コミュニケーションの見通しを立てる,③目的達成のため,具体的なコミュニケーションを行う,④言語面・内容面で自ら学習のまとめと振り返りを行う,といった流れの中で,学んだことの意味付けを行ったり,既得の知識や経験と,新たに得られた知識を言語活動で活用したりすることで,「思考力,判断力,表現力等」を高めていくことが大切になる。

また,「身近で簡単な事柄」とは,中学年の外国語活動と同様,児童がよく知っている人や物,事柄のうち簡単な語彙や基本的な表現で表すことができるものを指している。例えば,学校の友達や教師,家族,身の回りの物や自分が大切

にしている物，学校や家庭での出来事や日常生活で起こることなどが考えられる。一方，中学校の外国語科では，「日常的な話題や社会的な話題」としており，これらは生徒の日々の生活に関わる話題や社会で起こっている出来事や問題に関わる話題のことを指している。小学校の外国語科で身近で簡単な事柄について十分にコミュニケーションを図っておくことが，中学校の外国語科で話題を広げることにつながっていく。

「推測しながら読んだり，語順を意識しながら書いたり」としているのは，外国語科として言語能力向上の観点から言葉の仕組みの理解などを促すため，英語の文字や単語などの認識，日本語と英語の音声の違いやそれぞれの特徴への気付き，語順の違いなど文構造への気付きなどが求められたことに対応したものである。「推測しながら読む」とは，中学年から単語の綴りが添えられた絵カードを見ながら何度も聞いたり話したりしてその音声に十分に慣れ親しんだ単語が文字のみで提示された場合，その単語の読み方を推測して読むことを表している。また，場面などを活用して読むことも考えられる。例えば，動物園の絵のそばに添えられた zoo という単語があれば，音声で十分慣れ親しんだ語を思い出して，zoo が読めることも考えられる。あるいは，book の b の発音を思い出して，bed を推測しながら発音することも考えられる。

また，「語順を意識しながら書いたり」とは，中学年から何度も聞いたり話したりしてその音声に十分に慣れ親しんでいる基本的な表現を書き写す際に，英語で何かを表す際には，決まった語順があることへの気付きを踏まえ，語と語の区切りに注意してスペースを置き，それを意識しながら書くことを表している。さらに，「自分の考えや気持ちなどを伝え合う」ことについては，聞いたり話したり，推測しながら読んだり語順を意識しながら書いたりして，コミュニケーションを行う目的や場面，状況などに応じて，自分の考えや気持ちなどを伝え合うことの大切さを述べたものである。

このことを踏まえ，未知の状況にも対応できる「思考力，判断力，表現力等」を育成するためには，本解説第2部第2章第2節2(1)「知識及び技能」で解説する言語材料を活用し，本解説第2部第2章第2節2(3)で解説するとおり，言語の使用場面に応じて具体的な言語の働きを取り上げ，言語活動を行うことが必要である。

(3) 外国語の背景にある文化に対する理解を深め，他者に配慮しながら，主体的に外国語を用いてコミュニケーションを図ろうとする態度を養う。

(3)は，外国語科における「どのように社会・世界と関わり，よりよい人生

を送るか」という「学びに向かう力，人間性等」の涵養に関わる目標として掲げたものである。「文化に対する理解」やコミュニケーションの相手となる「他者」に対する「配慮」を伴って，「主体的にコミュニケーションを図ろうとする態度」を身に付けることを目標としている。

中央教育審議会答申では，この「学びを人生や社会に生かそうとする『学びに向かう力・人間性等』の涵養」を重視し，(1)「知識及び技能」や(2)「思考力，判断力，表現力等」の資質・能力をどのような方向性で働かせていくかを決定付ける重要な要素とされている。

外国語教育における「学びに向かう力，人間性等」は，児童が言語活動に主体的に取り組むことが外国語によるコミュニケーションを図る基礎となる資質・能力を身に付ける上で不可欠であるため，極めて重要な観点である。「知識及び技能」を実際のコミュニケーションの場面において活用し，考えを形成・深化させ，話したり書いたりして表現することを繰り返すことで，児童に自信が生まれ，主体的に学習に取り組む態度が一層向上するため，「知識及び技能」及び「思考力，判断力，表現力等」と「学びに向かう力，人間性等」は不可分に結び付いている。児童が興味をもって取り組むことができる言語活動を易しいものから段階的に取り入れたり，自己表現活動の工夫をしたりするなど，様々な手立てを通じて児童の主体的に学習に取り組む態度の育成を目指した指導をすることが大切である。

本目標での「外国語の背景にある文化に対する理解を深め」は，中学年の外国語活動において「言語やその背景にある文化に対する理解を深め」としていることを踏まえたものである。中学年の外国語活動では，学習の対象となる外国語のみならず，日本語も含めた様々な言語そのものへの理解や言語の背景にある文化に対する理解を深めることを求めている。そのような理解が，高学年の外国語科で，対象となる外国語の背景にある文化に対する理解の深まりへとつながる。

ところで，外国語の背景にある文化に対する理解が深まることは，その言語を適切に使うことにつながる。また，言語を学ぶことは，その言語を創造し継承してきた文化や，その言語を母語とする人々の考え方を学ぶことでもある。更に，言葉を通じて他者とコミュニケーションを図り伝え合う力を高めることで，積極的に人や社会と関わり，自己を表現し，他者と共感するなど互いの存在について理解を深め，尊重しようとする態度につながると考えられる。そして，このことは，言語能力の側面から「学びに向かう力，人間性等」を支えることになる。

なお，中学校の外国語科において，改訂前は，「言語や文化に対する理解を

深め」とし，その「文化」を「その言語の背景にある文化」と解説していたが，今回の改訂により，「外国語の背景にある文化」とし，その意味合いを明確にしている。さらに，英語が国際共通語であることを踏まえると，外国語の背景にある文化だけでなく英語を使ってコミュニケーションを図る人々の文化についても理解を深めることが大切である。

「他者に配慮しながら」とは，中学年の外国語活動では，「相手に配慮しながら」としていることを踏まえてのものである。中学年の外国語活動では，「聞くこと」，「話すこと」を中心にコミュニケーションを図る体験をすることから，目の前にいる「相手」が対象となるのに対して，高学年の外国語科では，「読むこと」，「書くこと」も扱い，コミュニケーションを図る対象が必ずしも目の前にいる「相手」とは限らないため，「他者」としている。また，高学年の外国語科における，他者に「配慮しながら」とは，例えば「話すこと」や「聞くこと」の活動であれば，相手の理解を確かめながら話したり，相手が言ったことを共感的に受け止める言葉を返しながら聞いたりすることなどが考えられる。なお，中学校の外国語科では，「聞き手，読み手，話し手，書き手」としているのは，五つの領域にわたってコミュニケーションを図る資質・能力をバランスよく育成することや，領域統合型の言語活動を重視していることなどからである。

また，改訂前の高学年における外国語活動や中学校の外国語科では，「積極的にコミュニケーションを図ろうとする態度」としていたが，今回の改訂で「主体的に外国語を用いてコミュニケーションを図ろうとする態度」としたことに留意する必要がある。「主体的に外国語を用いてコミュニケーションを図ろうとする態度」とは，単に授業等において積極的に外国語を使ってコミュニケーションを図ろうとする態度のみならず，学校教育外においても，生涯にわたって継続して外国語習得に取り組もうとするといった態度を養うことを目標としている。これは，学校教育法において，学力の重要な要素として「生涯にわたり学習する基盤が培われるよう」，「主体的に学習に取り組む態度」を養うことを掲げていることを踏まえたものである。

このことを踏まえ，学びを人生や社会に生かそうとする「学びに向かう力，人間性等」は，(1)「知識及び技能」及び(2)「思考力，判断力，表現力等」の資質・能力を一体的に育成する過程を通して育成する必要がある。

第2節 英語

1 目標

英語では，前述の外国語科の目標を踏まえ，次のように具体的な目標を設定している。

> 第2　各言語の目標及び内容等
>   英　語
> 1　目　標
> 　英語学習の特質を踏まえ，以下に示す，聞くこと，読むこと，話すこと［やり取り］，話すこと［発表］，書くことの五つの領域別に設定する目標の実現を目指した指導を通して，第1の(1)及び(2)に示す資質・能力を一体的に育成するとともに，その過程を通して，第1の(3)に示す資質・能力を育成する。

　領域別の目標は，外国語教育の目標に沿って，外国語で聞いたり読んだりして得た知識や情報，考えなどを的確に理解したり，それらを活用して適切に表現し伝え合ったりすることで育成される「知識及び技能」と「思考力，判断力，表現力等」について，高等学校卒業時において求められる資質・能力を明確にした上で，それぞれの学校段階において設定している。このため，小学校段階から児童の発達の段階に応じて，「聞くこと」，「読むこと」，「話すこと［やり取り］」，「話すこと［発表］」，「書くこと」の五つの領域ごとに，「知識及び技能」と「思考力，判断力，表現力等」を一体的に育成する目標を設定している。

　改訂前の高学年における外国語活動は，「外国語の音声や基本的な表現に慣れ親しむ」ことを目標としており，外国語でのコミュニケーションを体験させる際には音声を中心としていた。本解説第2部第1章2(1)で述べたような成果と課題を踏まえ，中学年から「聞くこと」，「話すこと」を中心とした外国語活動を通して外国語に慣れ親しみ外国語学習への動機付けを高めた上で，高学年から発達の段階に応じて段階的に文字を「読むこと」及び「書くこと」を加えて総合的・系統的に扱う教科学習を行うこととした。また，教科に位置付けるに当たり，新たに活字体で書かれた文字や単語などの認識，日本語と英語の音声の違いやそれぞれの特徴への気付き，語順の違い等の文構造への気付きなど，言語能力向上の観点から言葉の仕組みの理解などを促す指導を行うこととした。

また，本解説第2部第2章第1節で述べたとおり，「知識及び技能」及び「思考力，判断力，表現力等」の資質・能力を一体的に育成する過程を通して「学びに向かう力，人間性等」の資質・能力を育成することを目指す必要があり，このことを明確に示した。

　なお，以下の五つの領域別の目標に記されている「簡単な語句や基本的な表現」とは，第2の2（1）に示されている語や連語，慣用表現，文を指している。

(1) 聞くこと

> ア　ゆっくりはっきりと話されれば，自分のことや身近で簡単な事柄について，簡単な語句や基本的な表現を聞き取ることができるようにする。

　この目標では，中学年の外国語活動で音声に十分慣れ親しんだことを踏まえて，簡単な語句や基本的な表現を聞き取ることができるようにすることを示している。

　中学校の外国語科の「聞くこと」の目標では「はっきり話されれば」とされているのに対し，小学校の外国語科の「聞くこと」の目標では，「ゆっくりはっきりと話されれば」としているのは，明瞭な音声で聞き取りやすく話されることを前提条件として聞き取るということである。

　また，高学年の外国語科では，自分のことや身近で簡単な事柄については，簡単な語句にとどまらず，基本的な表現で話されたことについても聞き取ることができるようにすることを求めている。これは，前述のように中学年の外国語活動で音声に十分慣れ親しんできていることを踏まえてのものである。

　また，中学年の外国語活動の「聞き取るようにする」段階から進み，高学年の外国語科では「聞き取ることができるようにする」段階まで求めている。これは，第1の目標の（1）にも示されているとおり，「活用できる基礎的な技能を身に付けるようにする」ことが求められているためである。ただし，初めて教科として外国語学習に取り組むことから，イラストや写真と結び付けるなどして，自分のことや身近で簡単な事柄について聞き取ることができたという達成感を十分味わわせるようにすることが大切である。

> イ　ゆっくりはっきりと話されれば，日常生活に関する身近で簡単な事柄について，具体的な情報を聞き取ることができるようにする。

　この目標では，アの項目を踏まえた上で，日常生活に関する身近で簡単な事

柄について，具体的な情報を聞き取ることができるようにすることとしている。その際，初めて教科として外国語学習に取り組むことから，アと同様，「ゆっくりはっきりと話されれば」という前提条件のもと，あくまで高学年の児童にとっての日常生活に関する事柄を扱うことが重要であり，その具体的な情報について聞き取ることとしている。なお，「日常生活に関する身近で簡単な事柄」とは，例えば，食べることや食べ物，衣類を着ることや衣類，遊ぶことや遊びの道具など，児童が日々の生活の中で繰り返す出来事や習慣的なこと，あるいはその中で用いたり，接したりするものなどを指している。

また，ここでいう「具体的な情報」とは，誕生日や時刻，値段など児童の日常生活と密接に関連した内容であることに留意する必要がある。そうした児童の日常生活における身近な事柄であるからこそ，さらに情報を聞いてみたいという意欲につながっていくのである。中学年の外国語活動で，簡単な語句を聞き取ったり，基本的な表現の意味が分かったりすることが，高学年の外国語科で，具体的な情報まで聞き取ることにつながっていくのである。また，このことは，中学校の外国語科での(1)「聞くこと」アの必要な情報を聞き取る項目につながっていくものである。

> ウ　ゆっくりはっきりと話されれば，日常生活に関する身近で簡単な事柄について，短い話の概要を捉えることができるようにする。

この目標では，ア及びイの項目を踏まえた上で，日常生活に関する身近で簡単な事柄について，短い話や説明であれば，その概要を捉えることができるようにすることとしている。

ここでは，簡単な語句や基本的な表現で話される短い会話や説明を聞いて，一語一語や一文一文の意味などにとらわれることなく，話されること全体の大まかな内容が分かることを求めている。児童の発達の段階を踏まえ「日常生活に関する身近で簡単な事柄」について「短い話の概要を捉えることができるようにする」ことが，中学校の外国語科(1)「聞くこと」イの「日常的な話題について，話の概要を捉えることができる」ことにつながる。ただし，中学校の外国語科(1)「聞くこと」イと異なり，音声だけで情報を捉えるのではなく，イラストや写真などの視覚的な情報も参考にしながら話の概要を捉えることができるようにするとしている。

(2) 読むこと

> ア　活字体で書かれた文字を識別し，その読み方を発音することができるようにする。

　この目標は，活字体で書かれた文字の形の違いを識別し，文字を見てその名称を発音できることを示している。英語の文字には，名称以外に，語の中で用いられる場合の文字が示す音がある。例えば，aやcという文字は，/ei/ や /si:/ という名称があると同時に，語の中では /æ/（例：b<u>a</u>g, <u>a</u>pple）や /ei/（例：st<u>a</u>tion, br<u>a</u>ve），/s/（例：<u>c</u>ircle, <u>c</u>ity）や /k/（例：<u>c</u>ap, musi<u>c</u>）という音をもっている。この目標における「読み方」とは，音ではなく，文字の名称の読み方を指していることに留意する必要がある。これは，中学年の外国語活動において，文字の読み方が発音されるのを聞いて，どの文字であるかが分かるようにすることが目標とされていることを踏まえてのものである。

> イ　音声で十分に慣れ親しんだ簡単な語句や基本的な表現の意味が分かるようにする。

　この目標は，中学年の外国語活動の「聞くこと」，「話すこと」の学習活動を通して，音声で十分に慣れ親しんだ簡単な語句や基本的な表現の意味が分かるようにすることを示している。日常生活に関する身近で簡単な事柄について，掲示，パンフレットなどから自分が必要とする情報を得たり，絵本などに書かれている簡単な語句や基本的な表現を識別したりするなど，言語外情報を伴って示された語句や表現を推測して読むようにすることを示している。

　アの項目で示したように，英語の文字には，名称と音がある。児童が語句や表現の意味が分かるようになるためには，当然のことながらその語句や表現を発音する必要があり，文字の音の読み方は，そのための手掛かりとなる。したがって，ここで示された目標に関して指導する際には，児童の学習の段階に応じて，語の中で用いられる場合の文字が示す音の読み方を指導することとする。その際，中学校で発音と綴りとを関連付けて指導することに留意し，小学校では音声と文字とを関連付ける指導に留めることに留意する必要がある。

(3) 話すこと［やり取り］

> ア　基本的な表現を用いて指示，依頼をしたり，それらに応じたりすること

> ができるようにする。

　この目標では，中学年の外国語活動での(2)「話すこと［やり取り］」アの項目の指導を踏まえて，基本的な表現を用いて指示，依頼をしたり，それらに応じたりすることができるようにすることを示している。

　中学年の外国語活動では知り合いとの挨拶であったのに対して，ここでは，クラス替えによる新しい友達や新しく赴任したＡＬＴ等の初対面の人に対しても，物怖じしないで，挨拶ができるようにすることを想定している。

　また，中学年の外国語活動では指示や依頼に応じる活動であったが，ここでは，応じたり断ったりすることもできるようになることを求めている。相手の依頼に対して，自分で考え判断して，伝えるといったことを大切にしたやり取りが求められる。

> イ　日常生活に関する身近で簡単な事柄について，自分の考えや気持ちなどを，簡単な語句や基本的な表現を用いて伝え合うことができるようにする。

　この目標では，(1)「聞くこと」イの項目と同様に，児童にとっての日常生活に関する事柄を扱うこととしており，それらについて自分の考えや気持ちを伝え合うことができるようにすることを示している。

　高学年の外国語科での「話すこと［やり取り］」では，中学年の身の回りのことから発展して，日常生活に関する身近で簡単な事柄について，自分の考えや気持ちなどを伝え合うことを求めている。ここでの「日常生活に関する身近で簡単な事柄」とは，(1)「聞くこと」イと同様に，日々の生活の中で児童が繰り返す出来事や習慣的なこと，あるいはその中で用いたり，接したりするものなどを指している。そのような事柄について，自分の考えや気持ちなどを伝え合う必然性のある活動となるよう工夫する必要がある。

> ウ　自分や相手のこと及び身の回りの物に関する事柄について，簡単な語句や基本的な表現を用いてその場で質問をしたり質問に答えたりして，伝え合うことができるようにする。

　この目標では，ア及びイの項目を踏まえた上で，自分のことや身の回りの物に関する事柄について，その場で質問したり，質問に答えたりして，伝え合うことができるようにすることを示している。

　中学年では，外国語学習を開始したばかりであるため，まずは英語を使って

やり取りができたという達成感をもたせるために，教師や友達のサポートを受けながら，やり取りを進めていく。それに対して，高学年の外国語科では，中学年での２年間のやり取りの経験やア及びイを踏まえ，質問したいことを自分で考えて質問したり，質問に対して自分で考えて答えたりし，自分の力で伝え合うことを目指している。その際，簡単な語句や基本的な表現を用いてのやり取りではあるが，その場で質問したり，答えたりすることができるようになることを求めている。「その場で」というのは，相手とのやり取りの際，それまでの学習や経験で蓄積した英語での話す力・聞く力を駆使して，自分の力で質問したり，答えたりすることができるようになることを指している。また，ここでのやり取りが，中学校の外国語科での簡単な語句や文を用いて即興で話すことへとつながっていく。

(4) 話すこと［発表］

> ア　日常生活に関する身近で簡単な事柄について，簡単な語句や基本的な表現を用いて話すことができるようにする。

　この目標では，中学年の外国語活動での(3)「話すこと［発表］」アの項目を踏まえて，日常生活に関する身近で簡単な事柄について，簡単な語句や基本的な表現を用いて話すことができるようにすることを示している。その際，あくまで高学年の児童にとっての日常生活に関する事柄を内容としており，中学年の外国語活動での「外国語を使って人前で実物などを見ながら話す活動に十分慣れ親しむ」経験を踏まえていることが重要である。

　また，簡単な語句や基本的な表現を用いて英語で発表したことが，高学年の児童にとっての大きな喜びとなり，ひいては外国語学習の意欲につながることが期待される。

> イ　自分のことについて，伝えようとする内容を整理した上で，簡単な語句や基本的な表現を用いて話すことができるようにする。

　この目標では，アの項目を踏まえた上で，自分のことについて，伝えようとすることを整理して，簡単な語句や基本的な表現を用いて話すことができるようにすることを示している。

　中学年の外国語活動の(3)「話すこと［発表］」イの項目を踏まえ，高学年の外国語科では，例えば自己紹介等で，趣味や得意なことなど，伝える事項が複

数あるとき，伝えたいことを整理して話すことができるようにすることを求めている。ここでいう「整理」とは，聞き手に分かりやすく伝わるように複数あるものの順番を決めたり，選んだりすることを表している。

> ウ　身近で簡単な事柄について，伝えようとする内容を整理した上で，自分の考えや気持ちなどを，簡単な語句や基本的な表現を用いて話すことができるようにする。

この目標では，ア及びイの項目を踏まえた上で，身近で簡単な事柄について，伝えようとすることを整理した上で，自分の考えや気持ちなどを，簡単な語句や基本的な表現を用いて話すことができるようにすることを示している。

中学年の外国語活動の(3)「話すこと［発表］」ウの項目では，人前で実物を見せながら，自分の考えや気持ちなどを簡単な語句や基本的な表現を用いて話すことを目指しているが，これを受けて高学年の外国語科では，学校生活や地域に関することで伝えたいことを整理して話すことができることに発展している。

ここでは，単に学校生活や地域に関する事実などを発表するだけではなく，簡単な語句や基本的な表現であっても自分の考えや気持ちなどを聞き手に分かりやすく整理して，人前で話す場合も含めて，話すことができることを目指している。

また，この項目は，中学校の外国語科での(4)「話すこと［発表］」イ「日常的な話題について，事実や考えや気持ちなどを整理し，簡単な語句や文を用いてまとまりのある内容を話すことができるようにする」につながるものである。

(5) 書くこと

> ア　大文字，小文字を活字体で書くことができるようにする。また，語順を意識しながら音声で十分に慣れ親しんだ簡単な語句や基本的な表現を書き写すことができるようにする。

この目標は，大文字及び小文字を正しく書き分けること，語順を意識しながら，語と語の区切りに注意して，音声で十分に慣れ親しんだ簡単な語句や基本的な表現を書き写すことができるようにすることを示している。

文字を書く指導に当たり，大文字，小文字を活字体で書かせる際には，「a, c, e」，「f, l」，「g, y」など文字の高さの違いを意識させたり，「p, q」，「b, d」

など紛らわしい形などを意識させたりするなど,指導の工夫をする必要がある。また,Aaからアルファベット順に指導すべきものと考えるのではなく,どの文字から書く指導をした方が児童にとって効果的であるかを考えることも大切である。例えば,A, H, I などの左右対称の文字,Cc, Jj, Kk などの大文字と小文字の形がほぼ同じ文字等,文字の形の特徴を捉えて指導するなど工夫することが大切である。

　また,「語順を意識しながら」としたのは,"Sakura pushed Taku."を,"Taku pushed Sakura."と語の順序を替えれば,意味が大きく異なってしまうように,英語では意味の伝達において語順が重要な役割を担っているからである。なお,児童に英語の文構造を理解させるために,語の配列等の特徴を日本語との比較の中で捉えて指導を行うことも有効である。

イ　自分のことや身近で簡単な事柄について,例文を参考に,音声で十分に慣れ親しんだ簡単な語句や基本的な表現を用いて書くことができるようにする。

　この目標は,英語で書かれた文,又はまとまりのある文章を参考にして,その中の一部の語,あるいは一文を自分が表現したい内容のものに置き換えて文や文章を書くことができるようにすることを示している。

　例えば,名前や年齢,趣味,好き嫌いなど自分に関する事柄について,英語で書かれた文,又はまとまりのある文章の一部を,例示された語句,あるいは文の中から選んだものに置き換えて,自分に関する文や文章を書く活動が考えられる。その際,例示された中に児童の表現したい語句,又は文がない場合は,指導者が個別に書きたい語句を英語で提示するなど,児童の積極的に書こうとする気持ちに柔軟に対応する必要がある。

2 内容

〔第5学年及び第6学年〕
〔知識及び技能〕
(1) 英語の特徴やきまりに関する事項

> (1) 英語の特徴やきまりに関する事項
>   実際に英語を用いた言語活動を通して，次に示す言語材料のうち，1に示す五つの領域別の目標を達成するのにふさわしいものについて理解するとともに，言語材料と言語活動とを効果的に関連付け，実際のコミュニケーションにおいて活用できる技能を身に付けることができるよう指導する。

　前述のように，高学年では，外国語科において身に付けるべき資質・能力として，コミュニケーションを図る基礎を育成することを目標としており，「知識及び技能」としては，「外国語の音声や文字，語彙，表現，文構造，言語の働きなどについて，日本語と外国語との違いに気付き，これらの知識を理解するとともに，読むこと，書くことに慣れ親しみ，聞くこと，読むこと，話すこと，書くことによる実際のコミュニケーションにおいて活用できる基礎的な技能を身に付けるようにする」としている。これらの内容としては，英語の特徴やきまりに関する事項として，言語材料を示している。これらは，中学年の外国語活動において「言語を用いて主体的にコミュニケーションを図ることの楽しさや大切さを知ること」，「日本と外国の言語や文化について理解すること」に分けて示されている「知識及び技能」が身に付いていることを踏まえてのものである。

　これらの言語材料のうち，1に示した五つの領域のそれぞれの目標を達成するのに適切なものを選択して理解させるとともに，個別の知識や技能としてのみならず，獲得した知識や技能が実際のコミュニケーションで活用できるように指導することが大切である。なお，その際，言語材料を言語活動と切り離して，「知識及び技能」として個別に指導するのではなく，常に言語活動と併せて指導することが大切であることから，「言語材料と言語活動とを効果的に関連付け」て指導することとしている。

　また，次に示す言語材料は，引き続き中学校の外国語科においても言語活動を通して，実際のコミュニケーションにおいて活用できる技能を身に付けることができるよう指導することとしている。

ア 音声

> 次に示す事項のうち基本的な語や句，文について取り扱うこと。
> (ア) 現代の標準的な発音

英語は世界中で広く日常的なコミュニケーションの手段として使用され，その使われ方も様々であり，発音や用法などの多様性に富んだ言語である。その多様性に富んだ現代の英語の発音の中でも，特定の地域やグループの人々の発音に偏ったり，口語的過ぎたりしない，いわゆる標準的な発音を指導するものとし，多様な人々とのコミュニケーションが可能となる発音を身に付けさせることを示している。その際，cat の母音や math の th の子音など日本語の発音にはない母音や子音があること，また，日本語とは異なり，like や music のように発音が子音で終わったりすることなど，日本語と英語の音声の特徴や違いに気付かせることに十分留意する必要がある。例えば，singer や six, easy などの語の /si/ や /zi/ を，日本語の「し」や「じ」と同じように，/ʃi/ や /dʒi/ と発音しないように注意する必要がある。

小学校の外国語科では，第2の1(1)「聞くこと」，(3)「話すこと[やり取り]」及び(4)「話すこと[発表]」で示された領域別の目標を達成するのにふさわしい語の発音を扱うものとする。また，第2の1(2)「読むこと」アの項目で，「活字体で書かれた文字を識別し，その読み方を発音することができるようにする」と示されていることを踏まえて，F や K という文字を見て /ef/ や /kei/ と発音するといった文字の名称の読み方を扱うものとする。文字の名称の読み方を指導する際には，小学校第3学年の国語科において日本語のローマ字表記が扱われていることを踏まえ，特に a, e, i, o, u などの母音字について，日本語のローマ字表記の読み方と英語の文字の名称の読み方が異なることに留意して指導することが必要である。

なお，中学校の外国語科においても同じ指導事項が挙げられているが，中学校段階では，母音や子音の種類や数が英語と日本語では異なっていることや，例えば school や street, books などのように英語では子音が続いたりすることなど，日本語と英語の音声の特徴や違いに十分留意して指導することが求められている。

> (イ) 語と語の連結による音の変化

英語を話すときには，一語一語を切り離して発音せず，複数の語を連続して

発音することが多い。このように語と語を連結させることによって英語を滑らかにかつリズミカルに話すことができる。一方，このような音の連続が英語の聞き取りを難しくしている面もあり，英語を聞くときもこの音変化に慣れておくことが必要である。

以下に語と語の連結による音変化の例を示す。

- 2語が連結する場合

    I have a pen.（have と a が連結）　It is good.（it と is が連結）

- 2語が連結するとき，一部の音が脱落する場合

    Good morning.（good の /d/ が脱落）　I like cats.（like の /k/ が脱落）

- 2語が連結するとき，二つの音が影響し合う場合

    Nice to meet you.（/t/ と /j/ が /tʃ/ になる）

    What would you like?（/d/ と /j/ が /dʒ/ になる）

音の変化の指導に当たっては，音声で十分に慣れ親しんだ表現として繰り返し触れさせるとともに，英語のリズムを大切にしながら発音させるようにすることが重要である。音声で慣れ親しんでいる表現や文について，文字を示しながら音の変化についての指導をすることは中学校段階で行うものとする。

> (ウ) 語や句，文における基本的な強勢

英語の語や句，文にはそれぞれ強く発音される部分とそうでない部分がある。強く発音される部分は大きく長めに，そうでない部分は弱くすばやく発音されることから強勢がほぼ等間隔に置かれることになり，英語特有のリズムが生まれる。英語は日本語と違って強弱によってアクセントを付ける場合が多い。このような日本語とは異なる英語のリズムを理解させ，習得させることが重要である。名詞や動詞，形容詞などの内容語には強勢が置かれ強く発音されることが多い。ここでは語や句，文におけるそれぞれの基本的な強勢を取り上げている。

語における強勢には次のようなものがある。

　　ápple　thirtéen　fávorite

句における強勢には次のようなものがある。

　　on Mónday　for my bírthday

文における強勢には次のようなものがあり，重要な情報に強勢が置かれることも指導する。

　　I gó to schóol.　Whát do you líke?

小学校の外国語科においては，音声で十分慣れ親しませることを通して，強

勢があることによって英語特有のリズムが生まれることに気付かせることが重要である。

なお，中学校の外国語科においては，中学校で扱う語や句，文について強勢を指導するとともに，recórd（動詞）récord（名詞）のように品詞によって強勢の位置が異なるものや，néwspàper のように一番強い強勢だけでなく二番目に強い強勢をもつ語があることなどを指導する。

(エ) 文における基本的なイントネーション

イントネーションは話者の気持ちや意図，相手との関係など，その場の状況などによって変化するが，英語の文には文がもつ基本的なイントネーションがある。

下降調のイントネーションは平叙文や命令文に見られることが多い。また，wh- 疑問文も原則としてこのイントネーションが用いられる。

 I like soccer very much. ↘

 Go straight. ↘

 Where do you want to go? ↘

一方，上昇調のイントネーションは yes-no 疑問文や言葉を列挙するときなどに見られることが多い。

 Are you a baseball player? ↗

 Do you have P.E. on Mondays? ↗

 I like English, ↗ Japanese, ↗ and math. ↘

音声で十分に慣れ親しんだ表現について，基本的なイントネーションに気付き，話す場合に用いることができるように指導することが必要である。

なお，中学校の外国語科においては，書かれたものを読む際にも基本的なイントネーションを活用できるように指導したり，or を含む選択疑問文では上昇調と下降調が組み合わされて用いられること，平叙文を上昇調のイントネーションで発音して疑問の意味を表すこと，質問された wh- 疑問文を上昇調のイントネーションで発音することで聞き返しを意味することなどを指導したりすることになっている。

 or を含む選択疑問文の例

  Is this your book ↗ or hers? ↘ Is this dictionary new ↗ or old? ↘

 平叙文を疑問の意味で用いる例

  A：Ken can play the guitar? ↗

  B：Yes. He is a good player.

wh- 疑問文を聞き返しで用いる例

　　A：Where did you go? ↘

　　B：Where did I go? ↗ I went to Canada.

> (オ) 文における基本的な区切り

　英語はいくつかのまとまりに区切って話したり読んだりされることがある。特に長い文は文の構成や意味のまとまりを捉えて区切る必要がある。また，文を聞くときにも，区切りに注意すると意味を捉えることに役立つ。このように，区切りは，理解する場合にも表現する場合にも重要な役割を果たしており，文を適切に区切りながら話すことができるように指導する必要がある。

　小学校段階では，基本的な文や文構造を扱うことを考えると，まとまった表現として音声に十分慣れ親しませる中で区切りを扱うことが適切である。過度に意味のまとまりを意識させながら区切って話す練習を行うのではなく，表現に繰り返し触れさせることによって区切りに関する気付きを促すようにする。

　なお，読むことについては，第2の1(2)「読むこと」イ「音声で十分慣れ親しんだ簡単な語句や基本的な表現の意味が分かるようにする」という目標を踏まえて指導を行うこととし，文を適切に区切りながら読ませることは中学校の外国語科の指導内容であることに留意する。

イ　文字及び符号

> (ア) 活字体の大文字，小文字

　英語で書かれた印刷物を読んだり情報機器を通して英語を読み書きしたり，英語でメモや手紙などを書くことができるようにしたりするためには，英語で用いられる文字の活字体を使用できるようにする必要がある。英語で用いられる文字は，ローマ字（あるいはラテン文字）と呼ばれ，大文字及び小文字がある。なお，アルファベットとは，音素などを表す文字の一組のことを指す。英語で用いられるローマ字のほかに，ギリシャ文字やキリル文字などもアルファベットの一種である。

　前述のように，英語の文字の読み方には，名称と音がある。例えば，aやcという文字は，/ei/ や /siː/ という名称があると同時に，語の中では /æ/（例：bag, apple）や /ei/（例：station, brave），/s/（例：circle, city）や /k/（例：cap, music）という音をもつ。小学校段階では，文字の名称を聞いてその文字

を選んだり，文字を見てその名称を発音したりすることができるように指導することとする。なお，中学校の外国語科において，発音と綴りを関連付けて指導することとしている。

　文字の形や長さなどには様々なものがある。文字の細部を指導するのではなく，コミュニケーションを行うために文字を書くことを意識させ，ほかの文字と区別して認識できるように丁寧に書いたり，適度な速さで書いたりすることを意識させることが重要である。文字の書き順については，書きやすさと読みやすさの点から標準的な書き順を扱うこととする。

　文字を指導する際には，小学校第3学年の国語科において日本語のローマ字表記が指導されていることを踏まえ，指導の工夫をすることが必要である。例えば，日本語のローマ字表記で用いられる文字については児童の学習状況を見ながら英語の文字との違いに気付かせながら指導したり，日本語のローマ字表記で用いられない文字については十分触れさせてから書くようにしたりするなどの工夫が考えられる。

　なお，筆記体については，中学校の外国語科において，生徒の学習負担に配慮しながら指導することができるとされており，小学校の外国語科では扱わない。

(イ) 終止符や疑問符，コンマなどの基本的な符号

　符号のうち，基本的な終止符（.）や疑問符（?），コンマ（,）を指導する。指導に当たり指導者が文字を提示する際には，適切に符号を用いるように留意する。

　通常，平叙文の文末には終止符を，疑問文の文末には疑問符を最後の語に付けて用いる。次の文を続けるときには，スペースを空ける。また，挨拶の言い方や慣用表現には文でないものもあるが，終止符や疑問符を用いることがある。

　終止符と疑問符の例

　　This is my hero. He is good at tennis.

　　（hero や tennis と終止符の間にスペースを入れない）

　　Can you sing well?（well と疑問符の間にスペースを入れない）

　挨拶の言い方や慣用表現の例

　　Hello.

　　Thank you.

　　Excuse me?

　そのほか，平叙文を上昇調のイントネーションで発音し，疑問の意味を示す

際には疑問符を用いることがある。

　　A：You like baseball?

　　B：Yes.

　コンマは，語や句，文を区切る記号の一つである。小学校の外国語科においては，単文を扱うこととされている。したがって，小学校の外国語科において扱うコンマは，呼び掛けを示す際，語や句を三つ以上列挙する際に用いられるものである。なお，二つの語や句を and で結ぶ際には，通常コンマを用いない。コンマは，その前の語に続けて用いる。

　コンマを使用する例

　　Hello, Kumi.（Hello とコンマの間にスペースを入れない）

　　I like baseball, tennis, and swimming.（baseball や tennis と，その後のコンマの間にスペースを入れない）

　コンマを使用しない例

　　I like baseball and tennis.

　なお，第2の1(2)「読むこと」や(5)「書くこと」で示されている目標を踏まえて，音声で十分に慣れ親しんだ基本的な表現の中で終止符や疑問符，コンマなどの符号を示したり，児童に書き写させたりするようにする。

ウ　語，連語及び慣用表現

> (ｱ) 1に示す五つの領域別の目標を達成するために必要となる，第3学年及び第4学年において第4章外国語活動を履修する際に取り扱った語を含む600 ～ 700語程度の語

　2学年間に指導する語は，今回の改訂で第3学年及び第4学年において第4章外国語活動を履修する際に取り扱った語を含む600 ～ 700語程度の語とした。また，指導する語彙の質的改善を図り，五つの領域別の目標を達成するために必要となる実際のコミュニケーションにおいて活用されるような語彙へ改善を図っている。

　また，指導する語数については，これまでの実績や諸外国における外国語教育の状況などを参考として，小学校段階で求められる定型の挨拶や，自分や身の回りの物事に関する簡単な描写や質問と応答，自分の考えや気持ちを述べる最も基礎的な言い回しなどに必要な語数を踏まえて設定した。その範囲は中学年の外国語活動で学習する語を含み，中学校の外国語科で学習する内容の基礎となり，かつ中学校に行ってからも繰り返し学ぶことが期待される中心的語彙

を想定しており，中学校の外国語科の学習の土台として十分な600～700語程度の語としている。

小学校では，改訂前の高学年における外国語活動で既に400語前後の語が導入されており，それらの語と関連付けるなどしながら200～300語程度の語彙を更に増やしていくことが想定される。

また，小学校では，第3学年及び第4学年においては外国語活動として2年間，計70単位時間，第5学年及び第6学年においては教科として2年間，計140単位時間，合計210単位時間をかけて指導することとなり，この中で600～700語程度の語を扱うことは，国際的な基準に照らしても妥当な数字である。

なお，この600～700語というのは後述する発信語彙と受容語彙の両方を含めた語彙サイズであり，これらの全てを覚えて使いこなさなければならない，ということではない。また，「600～700語程度」としている語数について，「600語」とは小学校の外国語活動及び外国語科で指導する語数の下限を，「700語」とは指導で取り扱う一定の目安となる語数を示したものであり，700語程度を上限とするという趣旨ではない。

「3 指導計画の作成と内容の取扱い」(2)アにあるように，児童の発達の段階に応じて，聞いたり読んだりすることを通して意味が理解できるように指導すべき語彙（受容語彙）と，話したり書いたりして表現できるように指導すべき語彙（発信語彙）とがあることに留意する必要がある。ただし，小学校段階では，初めて英語に触れるため，「聞くこと」，「話すこと」と「読むこと」，「書くこと」とでは求めるレベルが違うことを踏まえると，聞いて意味を理解できるようにする語彙と，話して表現できるようにする語彙が中心となると考えることができる。

このような語彙の質的な面と量的な面を考慮した上で，学習語彙をしっかり規定し，明確なイメージをもって指導計画を立てることが望まれる。また，小学校中学年の外国語活動から中学校の外国語科までの間に指導した内容を，中学校の外国語科の言語活動において繰り返し活用することによって，生徒が自分の考えなどを表現する際に，話したり書いたりして表現できるような段階まで確実に定着させることが重要である。こうして，各学校段階を通じて習得させていく過程が重要である。

さらに，従来の教科書や教材の語彙選定の方法に関しても質的改善を求めるという意図が込められている。

なお語数については，綴りが同じ語は，品詞に関わりなく1語と数え，動詞の活用形，名詞の単数・複数形，形容詞や副詞の比較変化などのうち規則的に変化するものは原則として辞書の見出し語を代表させて1語とみなすことがで

きる。

> (イ) 連語のうち，get up, look at などの活用頻度の高い基本的なもの

　ここでいう「連語」とは，get up, look at などのように，二つ以上の語が結び付いて，まとまった意味を表すものを指している。

　連語の選択に当たっては，連語のうち活用頻度の高い基本的なものから，五つの領域別の目標を達成するためにふさわしいものを取り上げることとする。

　学習指導要領に挙げられている連語はあくまでも例示であり，例えば，stand up, be good at, how much など，例示されている以外の連語を取り上げることも考えられる。

> (ウ) 慣用表現のうち，excuse me, I see, I'm sorry, thank you, you're welcome などの活用頻度の高い基本的なもの

　ここでいう「慣用表現」とは，ある特定の場面で用いる定型的な表現を指している。コミュニケーションを図る基礎となる資質・能力を育成するためには，日常生活でよく用いられる様々な慣用表現を身に付けさせることも重要である。これらの慣用表現を場面に応じて使用することによって，円滑なコミュニケーションが可能となる。

　慣用表現の選択に当たっては，慣用表現のうち活用頻度の高い基本的のものから五つの領域別の目標を達成するためにふさわしいものを取り上げることとする。

　学習指導要領に挙げられている慣用表現はあくまでも例示であり，例えば，"I got it." "I have no idea." "No problem." など，例示されている以外の慣用表現を取り上げることも考えられる。

エ　文及び文構造

> 　次に示す事項について，日本語と英語の語順の違い等に気付かせるとともに，基本的な表現として，意味のある文脈でのコミュニケーションの中で繰り返し触れることを通して活用すること。

　文とは主語と述語から成るまとまりである。文は語や句によって構成される。文の種類として，平叙文や疑問文，命令文などがある。文構造とは文の構成要

素の関係を示したものである。文構造の記述には，文の構成要素を示すために主語や動詞，目的語，補語の用語を用いる。

「文型」ではなく「文構造」という用語を用いているが，これは，文を「文型」という型によって分類するような指導に陥らないよう配慮し，また，文の構造自体に目を向けることを意図してより広い意味で「文構造」という用語を用いたものである。

文及び文構造については，第2の2(3)①で示すような言語活動の中で，文法の用語や用法の指導を行うのではなく日本語と英語の語順の違い等の気付きを促すようにしたり，基本的な表現として繰り返し聞いたり話したりするなどして活用したりすることが求められる。繰り返し触れることによって英語の語順に気付かせ，その規則性を内在化させたり，自ら話したり書いたりする中でどのように語と語を組み合わせれば自分の伝えたいことが表現できるのかということに意識を向けさせたりするようにする。

中学校の外国語科においては，「文及び文構造」に文法事項が加えられ「文，文構造及び文法事項」として指導することとしているが，小学校の外国語科においては，示されている文及び文構造について基本的な表現として指導することが意図されている。例えば，小学校の外国語科においては，得意なものを紹介し合う活動において I am good at playing tennis. という表現に触れて，その意味を把握したり，自ら活用したりするが，「代名詞」の用法や「動名詞」の用法について理解し活用するのは中学校の段階で扱う。

---

(7) 文

文は以下に示すものを扱うこととする。

---

a　単文

文は，単文を指導する。

文の中に主語と述語の関係が一つだけ含まれるものが単文である。以下に単文の例を示す。

　　I want a new ball.

　　I'm happy.

　　She can play baseball well.

高学年の外国語科においては，中学年の外国語活動において慣れ親しんだ基本的な表現を含む単文を繰り返し指導することとする。

重文と複文は主語と述語の関係が文の中に複数存在し，複雑な構造であるため，小学校の外国語科においては取り扱わず，中学校の外国語科において指導する内容とする。重文は単文と単文が and，but，or などの接続詞によって並列的に結ばれた文であり，複文は because，when，that などの接続詞を含む従属節を含む文である。

　重文の例

　　I went to Okinawa with my family, and we enjoyed swimming.

　　I don't like baseball, but I like soccer.

　複文の例

　　I want to be a vet because I like animals.

　　When I visited Tomoko, she was listening to music.

　　I think that you like baseball.

---

b　肯定，否定の平叙文

　肯定，否定の平叙文を指導する。平叙文は，通常，事実などを伝える文であり，文末に終止符を付ける文である。

　肯定文は英語の基本的な語順を学ぶ上で基礎となるものであり，その特徴を十分理解させる必要がある。

　否定文は否定語や語形の変化などを伴うことが多いので，肯定文との違いを理解させるように指導する必要がある。

　肯定文の例

　　I play baseball.

　　He is a good soccer player.

　　She can swim fast.

　否定文の例

　　I don't like soccer very much.

　　She isn't a teacher.

　　I can't play the piano.

---

c　肯定，否定の命令文

　命令文についても肯定文と否定文を指導する。肯定の命令文は，主語を示さず，動詞の原形を使用する。また，否定の命令文は，主語を示さず，Don't の後に動詞の原形を使用する。be 動詞の場合には，is, am, are ではなく，原形

の be が用いられる。

　小学校の外国語科においては，一般動詞と be 動詞の用法の点から命令文の特徴を理解させるのではなく，命令文を基本的な表現として扱い，繰り返し触れさせたり，活用させたりするようにする。その際，第2の1(3)「話すこと［やり取り］」アで示されている「基本的な表現を用いて指示，依頼をしたり，それらに応じたりすることができるようにする」という目標を達成するのにふさわしいものを扱うようにする。

　肯定文の例
　　Go straight for three blocks.
　　Please be quiet, David.
　否定文の例
　　Don't run here.
　　Don't be noisy, Ken.

　命令文は，丁寧さに欠けた表現であると聞き手に受け止められることもあるため，使用する場面の設定に配慮する必要がある。

---

　d　疑問文のうち，be 動詞で始まるものや助動詞（can, do など）で始まるもの，疑問詞（who, what, when, where, why, how）で始まるもの

　疑問文のうち，be 動詞で始まるものや助動詞（can, do など）で始まるもの，疑問詞（who, what, when, where, why, how）で始まるものとは，yes-no 疑問文と wh- 疑問文のことである。

　yes-no 疑問文は，一般動詞の文の場合には do を文頭に付ける。動詞の形の変形が必要なこともある。be 動詞や助動詞の場合には，主語と be 動詞若しくは助動詞を倒置させる。

　yes-no 疑問文の例
　　例1　A：Do you like blue?
　　　　 B：Yes, I do.
　　例2　A：Are you from Canada?
　　　　 B：No, I'm not. I'm from Australia.
　　例3　A：Can you dance well?
　　　　 B：Yes, I can.

wh- 疑問文は，疑問詞を文頭に付けて，通常，文を疑問文の語順にする。
　wh- 疑問文の例
　　例1　A：When is your birthday?

　　　　B：It is March 10th.
例2　A：What time do you get up?
　　　　B：I usually get up at 6:00.

第2の1(3)「話すこと［やり取り］」アで示されている目標を達成するのにふさわしい，自分や相手のこと及び身の回りの物に関する事柄についての疑問文を取り扱うようにする。

音声で十分に慣れ親しませた上で疑問文とその応答の仕方などを言語活動の中で活用できるようにする。第2の2(1)ア(エ)「文における基本的なイントネーション」で解説したとおり，通常，yes-no疑問文は上昇調のイントネーションで発音され，wh-疑問文は下降調のイントネーションで発音されることに留意する。

小学校の外国語科では，orを含む選択疑問文，mayやwillなどの助動詞で始まる疑問文，doesやdidで始まる疑問文、whichやwhoseなどの疑問詞で始まる疑問文は扱わない。

---

e　代名詞のうち，I，you，he，sheなどの基本的なものを含むもの

代名詞のうち基本的なものを含む文とは，I，you，he，sheなどの基本的な人称代名詞を含む文のことである。代名詞を含む文は，基本的な表現として扱い，代名詞を独立して指導することはしない。

代名詞を含む文の例
例1　I want a new ball.
例2　A：Where do you want to go?
　　　　B：I want to go to Italy.
例3　This is my hero. She can swim fast. She is cool.

なお，heやsheなどの人称代名詞を含む文を扱う際には，児童の発達の段階を考慮して，その場にいない人を話題にするなどの場面設定をし，児童がhe，sheなどの使い方を言語活動を通して分かるようにするとともに，文法の解説をしたり複雑な文になったりしないように留意する必要がある。

---

f　動名詞や過去形のうち，活用頻度の高い基本的なものを含むもの

動名詞や過去形のうち，活用頻度の高い基本的なものを含む文とは，動名詞や過去形を含む文のうち，五つの領域別の目標を達成するのにふさわしい表現のことである。小学校の外国語科においては基本的な表現として動名詞や過去

形を含む文を指導する。

動名詞や過去形を含む文の例

例1　I am good at swimming.

例2　I enjoyed fishing.

例3　I went to Okinawa. I saw the blue sea. It was beautiful.

小学校の外国語科においては，動名詞や過去形を文から取り出して指導することはしない。例えば，好きなものを伝えるときに，"I like playing tennis."と表現することを指導するが，playing tennisの部分に焦点をあてて，動名詞の使い方を理解させ，"Playing tennis is fun."などの異なる表現の中で活用することを指導するわけではない。一方，中学校の外国語科においては，動名詞や過去形は「文法事項」として扱われ，使い方の理解を深めると同時に，別の場面や異なる表現の中で活用できるように指導することとしている。

(イ) 文構造

文構造はここに示すものを扱うこととする。

文構造の記述には，文の構成要素を示すために主語や動詞，目的語，補語の用語を用いている。

a　[主語＋動詞]

[主語＋動詞]の文は，構成要素が二つの単純な文構造であるが，副詞句や前置詞句などが加わると意味の理解が難しくなる場合がある。主語と動詞を的確に捉えることができるよう指導する必要がある。

例1　I sometimes get up at 6：00.

例2　I went to Okinawa.

b　[主語＋動詞＋補語]のうち，

主語＋be動詞＋ { 名詞 / 代名詞 / 形容詞 }

[主語＋動詞]に補語が加わった文構造のうち，動詞がbe動詞の場合の文構造を扱う。

主語＋be動詞＋名詞

My name is Sakura.

David is a good tennis player.

My best memory is our school trip.

主語＋be 動詞＋代名詞

This is me.

主語＋be 動詞＋形容詞

I am happy.

Ken is strong.

It was fun.

中学校の外国語科においては，［主語＋動詞＋補語］の文のうち，be 動詞以外の動詞を用いた文構造を扱う。

主語＋be 動詞以外の動詞＋名詞

The boy became an astronaut.

The girl became a pianist.

主語＋be 動詞以外の動詞＋形容詞

You look nice in that jacket.

Tsuyoshi felt happy when a lot of people came to his concert.

---

c ［主語＋動詞＋目的語］のうち，

主語＋動詞＋ { 名詞 / 代名詞 }

これは，［主語＋動詞］に目的語が加わった文構造である。

(a) 主語＋動詞＋名詞

I like apples very much.

I usually wash the dishes.

(b) 主語＋動詞＋代名詞

This is my cap. <u>I like it.</u>

I like baseball. <u>I play it on Saturdays.</u>

そのほかに，第2の2(1)エ(ア)で示すように，基本的な表現として，動名詞などを含んだ文や，動詞が過去形である文も扱う。

主語＋動詞＋動名詞

I like playing the piano.

I enjoyed swimming.

また，動詞がwantであるとき，目的語として，名詞だけではなく，名詞的扱いとなるto不定詞をとることがある。want＋to不定詞を取り扱う場合には，児童の発達の段階を考慮して，五つの領域別の目標を達成するのにふさわしい表現として指導するように留意する。

　　　I want to go to Italy.
　　　I want to be a vet.

〔思考力，判断力，表現力等〕
(2) 情報を整理しながら考えなどを形成し，英語で表現したり，伝え合ったりすることに関する事項

> 具体的な課題等を設定し，コミュニケーションを行う目的や場面，状況などに応じて，情報を整理しながら考えなどを形成し，これらを表現することを通して，次の事項を身に付けることができるよう指導する。

　外国語教育における学習過程では，児童が，①設定されたコミュニケーションを行う目的や場面，状況等を理解する，②目的に応じて情報や意見などを発信するまでの方向性を決定し，コミュニケーションの見通しを立てる，③目的達成のため，具体的なコミュニケーションを行う，④言語面・内容面で自ら学習のまとめと振り返りを行うというプロセスを経ることで，学んだことの意味付けを行ったり，既得の知識や経験と，新たに得られた知識を言語活動へつなげ，「思考力，判断力，表現力等」を高めたりすることが大切になる。

　小学校の外国語科では，外国語教育において育成を目指す三つの資質・能力を児童が身に付けることができるよう指導する際，中学校で学ぶ内容を前倒しするのではなく，身近なことに関する基本的な表現によって各領域の言語活動を行うこととしている。

　「思考力，判断力，表現力等」としては，外国語を通じて，身近で簡単な事柄について，音声で十分に慣れ親しんだ外国語の語彙や基本的な表現を推測しながら読んだり，語順を意識しながら書いたりするとともに，聞いたり話したりして自分の考えや気持ちなどを伝え合う基礎的な力を養うことが求められる。

　そのためには，具体的な課題を設定し，コミュニケーションを行う目的や場面，状況等に応じて，既得の知識や経験と，他者から聞き取ったり，掲示やポスター等から読み取ったりした情報を整理しながら自分の考えなどを形成することが必要である。このようにして形成された考えなどを表現することを通して，次のア及びイの事項を身に付けることができるように指導する。

> ア　身近で簡単な事柄について，伝えようとする内容を整理した上で，簡単な語句や基本的な表現を用いて，自分の考えや気持ちなどを伝え合うこと。

　この指導事項は，「聞くこと」，「話すこと［やり取り］」，「話すこと［発表］」の領域に関するものである。自分のこと，友達や家族，学校生活など身近で簡単な事柄について，コミュニケーションを行う目的や場面，状況等に応じて内容を整理した上で，簡単な語句や基本的な表現の中から適切なものを選び，自分の考えや気持ちなどを伝え合うことを示している。

　ここで重要なことは，コミュニケーションを行う際，英語で伝え合うだけでなく，自分の考えと，コミュニケーションする相手の考えを比較したり，新たな考えを知識として取り入れたりしながら，自分の考えを再構築することである。

　また，こうした言語活動の質の高まりによる自分の考えの変容について，自ら学習のまとめを行ったり，振り返りを行ったりすることで，「思考力，判断力，表現力等」を高める必要がある。

> イ　身近で簡単な事柄について，音声で十分に慣れ親しんだ簡単な語句や基本的な表現を推測しながら読んだり，語順を意識しながら書いたりすること。

　この指導事項は，「読むこと」，「書くこと」の領域に関するものであり，自分のこと，友達や家族，日常生活について，絵や写真等，言語外情報を伴って示された簡単な語句や基本的な表現を推測しながら読んだり，語順を意識しながら書いたりすることを示している。

　その際，単に絵や写真と結び付けて英語の意味を推測して読むことを目的とするのではなく，例えば，外国の友達の日課について送られてきた写真を伴う英文のメールを読み，自分の日課との共通点と相違点を捉え，返事をどのように書くのかを考えながら絵や写真と結び付けて英語の意味を推測して読むことだけでなく，音声で十分に慣れ親しんだ語句が文字のみで示された場合，文字の音を頼りに，その語句の読み方を推測して読むなど，児童が「思考力，判断力，表現力等」を働かせてコミュニケーションを行うことができるような目的や場面，状況等を明確に設定する必要がある。

　また，「語順を意識しながら」とは，文を書く際に，どのように語を並べると自分の伝えたいことが適切に伝わるかを考えることが重要であることを示し

ている。

　英語では意味の伝達において語順が重要な役割を担っており，例えば，"Sakura pushed Taku."を，"Taku pushed Sakura."と語の順序を替えれば，意味が大きく異なってしまう。そのため，児童に英語の文構造を理解させるために，語の配列等の特徴を日本語との比較の中で捉えて指導を行うなどの工夫も考えられる。

　また，単に，語順を意識して英語を書くだけでなく，例えば，外国の姉妹校の同年代の児童とメールや手紙で「将来の夢」について伝え合い，自分たちの夢との共通点や相違点を知ることで，多様な考え方や価値観に触れ，様々な国の人々とのコミュニケーションへの意欲を高めるなど，主体的な学びにつながる学習活動を展開する必要がある。

(3) 言語活動及び言語の働きに関する事項

> ① 言語活動に関する事項
> 　(2)に示す事項については，(1)に示す事項を活用して，例えば，次のような言語活動を通して指導する。

　本解説第2部第1章2(2)①で述べたとおり，外国語学習においては，語彙や文法等の個別の知識がどれだけ身に付いたかに主眼が置かれるのではなく，児童生徒の学びの過程全体を通じて，知識・技能が，実際のコミュニケーションにおいて活用され，思考・判断・表現することを繰り返すことを通じて獲得され，学習内容の理解が深まるなど，資質・能力が相互に関係し合いながら育成されることが必要である。

　このため，(3)の「言語活動及び言語の働きに関する事項」においては，(2)に示す「思考力，判断力，表現力等」を育成するに当たり，(1)の「知識及び技能」に示す事項を活用して，英語の目標に掲げられた「聞くこと」，「読むこと」，「話すこと[やり取り]」，「話すこと[発表]」及び「書くこと」の五つの領域ごとの具体的な「①言語活動に関する事項」に示された言語活動を通して指導することや，「②言語の働きに関する事項」を適切に取り上げて指導が行われる必要があることを整理している。

　ここで示されている言語活動は，中学年の外国語活動での学びを踏まえて設定されている。なお，中学校においては，小学校の外国語科で提示された言語活動のうち，小学校で学習した内容の定着の状況などの生徒の実態を踏まえながら，中学校の初年次の導入段階から必要な言語活動を通して学習を繰り返し

行い，小学校からの学びを中学校段階へ接続させる指導を行うことを求めている。

また，言語活動を行う際は，単に繰り返し活動を行うのではなく，児童が言語活動を行う目的や言語の使用場面を意識して行うことができるよう，具体的な課題等を設定し，その目的を達成するために，必要な言語材料を取捨選択して活用できるようにすることが必要である。このような言語活動を通じて，児童の「学びに向かう力，人間性等」を涵養することが重要である。なお，今回の改訂では，内容に示されていた言語の取扱いの一部について，「3 指導計画の作成と内容の取扱い」にまとめて整理をしている。

ア 聞くこと

> (ｱ) 自分のことや学校生活など，身近で簡単な事柄について，簡単な語句や基本的な表現を聞いて，それらを表すイラストや写真などと結び付ける活動。

　　この事項では，例えば，ＡＬＴが，"We have a fireworks festival in my country. It is not in summer. It is in winter." などと自国で行われている花火大会のことを紹介する英語を聞いて，そのＡＬＴの国で花火大会が行われる月を表すカレンダーの絵を選ぶ活動など，聞いて理解した内容とイラストや写真に描かれている非言語情報とを照らし合わせる活動のことを示している。ほかには，持っているものを紹介する英語を聞いて絵に丸を付け，自分と相手との共通点を探す活動等が考えられる。また，施設が描かれている異なる町の絵を見ながら，"In my city, we have a swimming pool." という英語を聞いて，「my city」が描かれた絵を選ぶ活動などを行うことも考えられる。

　　この活動を行う際の留意点は，「自分のことや学校生活など，身近で簡単な事柄」を取り扱うことである。また，ゆっくりはっきりと話される英語を聞くことができるようにすることである。児童は，中学年の外国語活動において，「聞くこと」の活動に取り組んでいるため，簡単な語句や基本的な表現を聞くことについて慣れ親しんでいる。ただし，全ての児童が「聞くこと」において同じ学習状況にあるとは限らない。五つの領域の中で基盤となる領域が「聞くこと」であることを踏まえ，どの児童も自信をもってこの活動に取り組むことができるよう，聞かせる事柄や聞かせる英語の速さに留意するなどの配慮をすることが大切である。

> (イ) 日付や時刻，値段などを表す表現など，日常生活に関する身近で簡単な
> 　事柄について，具体的な情報を聞き取る活動。

　この事項において児童が聞き取る内容は，日常生活に関する身近で簡単な事柄についての事実や出来事などの具体的な情報である。したがって，例えば，自己紹介の場面で，学級の友達の誕生日や好きな季節などを聞き取ったり，「話すこと［やり取り］」(イ)に取り組む中で，話し手が先週の休日に行った場所やそこでしたことなどを聞き取ったりする活動も，この事項で行うことが考えられる。

　日付や時刻，値段などの日常生活に関する身近な事柄を表す語句等は，中学校以降の英語学習において何度も触れることになる汎用性の高いものである。したがって，これらを表す語句や英語表現について，音声で十分に慣れ親しみ，聞いてその意味が分かるようにしておくことは大変重要なことである。

　なお，この事項で取り扱うものに数字がある。中学年の外国語活動で児童が慣れ親しんでいる数字が何かを把握し，桁の多い数字についても活動を通して少しずつ聞き取ることができるように，段階的かつ繰り返しの指導を行うようにすることが大切である。

> (ウ) 友達や家族，学校生活など，身近で簡単な事柄について，簡単な語句や
> 　基本的な表現で話される短い会話や説明を，イラストや写真などを参考に
> 　しながら聞いて，必要な情報を得る活動。

　この事項では，短い会話や説明などある程度まとまりのある英語を聞いて必要な情報を得る活動に取り組むことを示している。したがって，例えば，教師が，"Hello. I want to be a pilot. I want to visit many countries. …" などと話している英語を，その内容に関係するイラストや写真を見ながら聞き，就きたい職業，その理由などの情報を聞き取り，その話し手が誰なのかを選ぶ活動が考えられる。

　この事項における活動に取り組ませる際も，視覚資料を見ながら聞くことができるようにするなど，内容理解の助けとなる支援を行うことが必要である。

　また，「聞くこと」(イ)が，「具体的な情報」であることに対して，この事項で聞き取る内容は，「必要な情報」である。そのため，この活動に取り組む前には，何を聞き取ればよいのか，また何を聞き取りたいのかを明らかにし，目的意識をもった聞き方ができるように指導することが肝要である。一語一句全てを詳細に聞き取ろうとするのではなく，自分にとって必要な情報を得ようと

する聞き方を身に付けることは，中学校以降，徐々に多くの英文を聞く活動に取り組むようになることを見通したとき，大変重要である。

イ 読むこと

> (ア) 活字体で書かれた文字を見て，どの文字であるかやその文字が大文字であるか小文字であるかを識別する活動。

この事項における「識別する」とは，活字体で書かれた文字の中から，例えばA，Bやa，bという文字を見て，それらが，/ei/, /biː/ を表した文字であると認識することである。

活動としては，例えば，自己紹介の場面で，自分の名前を"My name is Haruna."と紹介した後，"H, a, r, u, n, a."と自分の名前の綴りを言って，自分の名前を相手にしっかりと伝える活動等が考えられる。この活動を行うために，例えば，文字を一文字ずつ読んで音声に慣れ親しんだ後，a p c d o g u w c a t x p などと不規則に並んで書かれた活字体の文字を見ながら，" d /diː/, o /ou/, g /dʒíː/. Dog."という音声を聞いて該当する箇所（dog）を丸で囲むなどの活動に取り組むことが考えられる。

この事項は「読むこと」の活動のうち最も基本的なものであり，丁寧で確実な指導が必要である。例えば，歌やチャンツなどでまずは音声に十分に慣れ親しませたり，身近な場所にある看板や持ち物に記されている活字体で書かれた文字に意識を向けたり，先に示したような活動に取り組ませたりすることを，単元を通して複数の授業において繰り返し取り扱うことが大切である。

> (イ) 活字体で書かれた文字を見て，その読み方を適切に発音する活動。

この事項における活動は，(ア)の活動と併せて行うこともできる。例えば，(ア)で示した自己紹介の場面における活動において，"My name is Haruna. H, a, r, u, n, a."と児童が自分の名前の綴りを発音する活動がそれに相当する。

この事項における「読み方」とは，文字そのものを表す際の文字の名称の読み方を指す。例えば，aやbであれば，/ei/ や /biː/ という発音のことである。

なお，第2の1(2)「読むこと」イで述べたとおり，英語の文字には，名称以外に，語の中で用いられる場合の文字が示す音がある。文字の音の読み方は，(ウ)や(エ)の言語活動を行う際に，文字を識別し，語句の意味を捉えることに役立つ。文字の音の読み方を指導する際は，文字の名称の読み方との混同や種類

の多さによる混乱から難しさを感じることがないよう留意する必要がある。また，文字がもつ音のうち代表的なものを取り上げて，歌やチャンツを使って，文字には名称と音があることに気付かせ，次の(ウ)や(エ)の言語活動につなげることが大切である。そのため，例えば，kやtが/k/や/t/と発音することを'koala'や'ten'などの簡単な語を使って音声に慣れ親しませた後，kやtで始まる思い付く単語を，ペアやグループで協力しながら制限時間内にできる限り多く言わせる活動などが考えられる。

なお，発音と綴りを関連付けて指導することは，多くの語や文を目にしたとき，苦手意識をもったり学習意欲を低下させたりすることなく，主体的に読もうとするようになる上で大切なことの一つであるが，中学校の外国語科で指導することとされている。

> (ウ) 日常生活に関する身近で簡単な事柄を内容とする掲示やパンフレットなどから，自分が必要とする情報を得る活動。

この事項では，例えば，海外旅行のパンフレットを模した紙面を読んで，行きたい国で有名な食べ物やお勧めの季節などの情報を得る活動や，テレビ番組欄を模した紙面を読み，曜日や見たいスポーツ（スポーツ番組名）などの情報を得る活動に取り組むことを示している。

この事項では，情報を得る際に読ませるものとして，「掲示やパンフレット」という例示をしている。掲示やパンフレットでは，伝えたい情報を読み手に効果的に伝えるために，写真や絵などの視覚材料を示した上で，当該情報が語句や短い文で分かりやすく示されていることが多い。つまり，この活動において児童に読ませる英語は，語句や1～2文程度の単文を示しているということである。また，理解の助けとなるよう，その英語が表す内容と関連した絵や写真などを付記することも必要である。

また，簡単な語句や基本的な表現を読むということは，それらの語句等を音声化することが含有されている。したがって，例えば"We have a snow festival in a city."という文を読ませる活動に取り組ませる場合，その前段階として，それぞれの語（we, have, snowなど）と表現（We have ～ in ～.）について音声で十分に慣れ親しむ活動，(イ)に示した活字体で書かれた文字を見て，その読み方を適切に発音する活動，絵カードに語を書き添えてそれを使用し続けるなどにより，語を一つのまとまりとして徐々に認識する活動などに取り組ませておくことが，推測しながら読ませる上でも必要である。

> (エ) 音声で十分に慣れ親しんだ簡単な語句や基本的な表現を，絵本などの中から識別する活動。

　この事項においては，「絵本」という例示をしている。絵本には，内容理解を促すための絵や写真がふんだんに使用されているということのほか，主題やストーリーがはっきりしているという特徴がある。したがって，「絵本」という例示により，児童に複数の文を読ませる際は，何らかのテーマについて話の展開が分かりやすく書かれているものを読ませることの必要性を示している。加えて，絵本には，同じ表現が意図的に繰り返し示されているという特徴もある。したがって，児童には，例えば，将来の夢について書かれた英語を読む活動の場合であれば，複数の登場人物が，どの人も，"I want to be a ～."（就きたい職業），"I can ～."（その職業に就きたい理由），"I want to ～."（その職業に就いてしたいこと）などと言っている英文を読ませるなど，同じ表現を繰り返し使って書かれている英文を読ませることの大切さも示している。

　以上のことから，この事項における活動で読ませるテキストタイプとしては，絵本のほか，日記や身近な事柄についての紹介文なども考えられる。

　また，この事項が示している活動には大きく二種類ある。

　一つ目は，文を読んで，その中から音声で十分に慣れ親しんだ簡単な語句や基本的な表現を識別する活動である。この活動を行う前段階として行う基礎的な活動としては，次のようなものが考えられる。絵本の読み聞かせを，児童とやり取りしながら行う中で，"What color is this? Yes! It's red."と色に着目させるやり取りをする。この段階では多くの児童は絵本の絵を見ながら答えていると思われるため，先の質問に答えさせた後，絵本の文を指しながら，"Where is 'red'? Red, red, red …"と問い掛ける。そのことで絵ではなく文に着目させ，文中にある 'red' を見つけさせる。

　二つ目は，音声で十分に慣れ親しんだ簡単な語句や基本的な表現で書かれた文を読んで，その意味を捉える活動である。活動としては次のようなものが考えられる。小学校生活の思い出アルバムを作成し，互いのアルバムを読んで，相手の思い出が何なのかを理解する活動を設定する。理解を助ける写真などとともに，"I enjoyed jumping rope. It was exciting."という2文の英文を読ませる。そして，書き手の一番心に残っている学校行事は何で，その行事で楽しかったことは何かなどの主な内容を捉えさせる。

　どちらの活動に取り組ませる場合も，その前段階として，読ませる語句や表現に音声で十分に慣れ親しませることは必須である。また，活字体の読み方を想起させたり，児童の実態によっては，第3学年の国語科で日本語のローマ字

表記を学習していることを踏まえ，例えば「カ」が ka と書かれていることから /k/ の音など，英語の文字の音を想起させたりすることは，読み方を推測させる上で有効な支援といえる。

ウ　話すこと［やり取り］

> (ア) 初対面の人や知り合いと挨拶を交わしたり，相手に指示や依頼をして，それらに応じたり断ったりする活動。

この事項では，例えば，年度初めに学級の友達と行う自己紹介や，道案内，レストランで客と店員になりきって行う活動などに取り組むことを示している。例えばレストランでの会話であれば，次のようなやり取りが考えられる。

　　A：What would you like?
　　B：I'd like pizza.
　　A：OK. How about drinks?
　　B：No, thank you.

この事項における活動は，「挨拶」，「自己紹介」，「買物」，「食事」，「道案内」，「旅行」など，第2の2(3)②で示す「特有の表現がよく使われる場面」を設定して行われることが多くなると考えられる。換言すると，この事項は，これらの表現を活動において使用させることに適しているといえる。

なお，自己紹介については，「話すこと［発表］」(イ)でも取り上げている。自己紹介の活動を，一方向的な活動として取り組ませるのか双方向的な活動として取り組ませるのかによって事項が異なるが，まず自己紹介をし，その後その内容についてやり取りをするという活動にすれば，二つの事項を併せて指導できることになる。

> (イ) 日常生活に関する身近で簡単な事柄について，自分の考えや気持ちなどを伝えたり，簡単な質問をしたり質問に答えたりして伝え合う活動。

この事項では，例えば，自分が好きな日本の食文化について互いの考えや気持ちを伝え合う活動に取り組むことを示している。この活動においては，次のようなやり取りが考えられる。

　　A：I like *sushi* very much. It's delicious.
　　B：You like *sushi*. Me, too. *Sushi* is delicious. I like salmon.
　　　　Do you like it (salmon)?

A：Yes. I like tuna, too. How about you?

　次の(ウ)が即興的な活動を示していることに対して，この事項における活動には，必ずしも即興性が求められているわけではない。したがって，日常生活に関する身近で簡単な事柄について，児童が自分の考えをもつことができるようになる指導を，単元や授業の中で必要に応じて行うことが考えられる。先に示した活動であれば，日本の食文化としてどのようなものがあるかを知ったり，それらを説明したりそれらに対する気持ちを伝えるための表現を言うことができるようになったりするための指導を行うことが考えられるということである。

　また，やり取りがある程度は継続するように，相手が言ったことを繰り返したり，応答したり，質問したりすることができるようになるための指導も必要である。上記の例であれば，"You like *sushi*."（繰り返し）"Me, too."（応答）"Do you like it（salmon）?" "How about you?"（質問）がそれらに相当する。これらの表現をやり取りの中で自然に使えるようになるために，まずは，教師が児童と身近な話題について英語を使って簡単なやり取りをすること，そのようなやり取りの機会を継続的にもつこと，そして，そのやり取りの中で，教師が当該表現を意識的に繰り返し使用するといった「やってみせる指導」が大切である。そして，段階的に児童同士がやり取りをする機会をもてるようにし，そのやり取りの中で児童に当該表現を継続的に使用することで活用できるようにすることが肝要である。

> (ウ) 自分に関する簡単な質問に対してその場で答えたり，相手に関する簡単な質問をその場でしたりして，短い会話をする活動。

　この事項では，「質問に対してその場で答えたり」，「質問をその場でしたり」する即興的な活動に取り組むことを示している。ただし，即興的といっても，学習の段階を考慮し，話題を「自分に関する」ことに，そして質問は「簡単な」ものにそれぞれ限定し，児童が行う会話は「短い」ものとしている。なお，「自分に関する」こととしているのは，そのような事柄についてであれば，その場で質問に答えたり質問したりすることが比較的容易であると考えられるからである。

　本活動においては，例えば，次のようなやり取りが考えられる。

　　A：What sports do you like?
　　B：I like baseball.
　　A：Do you like 〜（野球選手の名前）?
　　B：Yes.

児童がこのようなやり取りに主体的に取り組むことができるようになるためには，(イ)と同様に，「やってみせる」指導から始めることが大切である。その際，教師の質問は，"Do you ～?" "Are you ～?" "Can you ～?" "What ～ do you ～?"など，児童が音声で十分に慣れ親しんでいる疑問文を使うことが肝要である。また，教師の話に対して児童に質問をさせる機会を全体の場で設け，必要に応じて「今なら"Do you like ～?"を使って質問できると思うよ。どんな質問ができそうですか」などと既習表現を想起させるなどの指導も，この活動に至るまでに行う指導として効果的であると思われる。

児童は，その場で質問したり，その場でその質問に答えたりすることについて，最初は難しさを感じたり，質問や答えをすぐに言えなかったりする場合があるかもしれない。しかし，すぐにできないのは自然なことだと考えられる。まずは教師が，児童の話す内容に共感したり驚いたり喜んだりするなど，言葉が正しく使えていたかだけではなく，話されている内容そのものにも意識を向けることを大切にする。その上で，児童の可能性を信じて，長いスパンで本活動に取り組ませたり上述したような指導を行ったりし続けることに努めたい。なお，すぐにできないのは自然なことであるため，この活動に取り組ませた後すぐに，「質問できましたか」「質問に答えることができましたか」などと活動の成果を確認することは避けた方がよい。このことは，(イ)の事項でも同様である。

エ　話すこと［発表］

> (ア) 時刻や日時，場所など，日常生活に関する身近で簡単な事柄を話す活動。

この事項では，例えば，自分の休日の過ごし方について説明する活動に取り組むことを示している。この活動においては，次のような発表が考えられる。

"On Sunday, I usually get up at seven. I always walk with my dog. I usually eat breakfast at eight."

この事項における活動では，ほかの事項における活動以上に多様な語句を扱うことができる。

まず，数字や月，曜日，場所を表す前置詞などの語句である。これらは，ほかの事項における活動においても使用する可能性のある汎用性が高い語句である。

次に，get, walk, do, brush, check などの動詞である。これらのうちいくつかは，例えば get up「起床する」，do my homework「宿題をする」，brush my teeth「歯を磨く」などのように，動詞単独ではなく使用頻度の高い連語として自然に使用させることができる。

次に，always, usually, sometimes などの頻度を表す副詞である。これらの語の意味は，日本語の意味と一対一対応で理解しようとしても難しい場合があるが，この事項の活動のように，自分が実際に日常的に行っていることを思い浮かべながら，それらを表現するために使用させることで，より一層活用できるようになることが期待できる。

これらの多様な語句は，一度に限って指導するのではなく，視聴覚教材などを活用しながら聞かせることで意味を捉えることができるようにし，その後，例えば同じ動詞や連語を複数回の授業で繰り返し使用するなど，何度も聞いたり言ったりすることができるような指導を行うことが必要である。

> (イ) 簡単な語句や基本的な表現を用いて，自分の趣味や得意なことなどを含めた自己紹介をする活動。

自己紹介で使用することが想定される語句や英語表現としては，"My name is 〜." "My birthday is 〜." "I like/have/play/watch 〜." "I can 〜." "I'm good at 〜." "I want to 〜." などが考えられる。

年度初めに，学級の児童一人一人が自己紹介をし合うことは，お互いを知り合うよい機会になる。また，自分自身のことを表現することになるため，話す内容を伝えたい欲求をもたせやすい。

一方で，学校によっては，年度初めで新しい学級になったとしても構成メンバーが同じであったり，多くは知っている者同士であったりすることも珍しくない。そのような場合，知っていることを伝え合うことになってしまい，活動に取り組む必然性がなくなり，活動に対する意欲をもたせにくくなる。

そこで，学校の状況や児童の実態に応じた工夫をすることが必要になる。例えば，自己紹介の内容が少しでも豊かになるよう，(ア)の事項と関連付けて，いくつかの動詞や頻度を表す副詞を使って自己紹介をさせることが考えられる。また，「話すこと［やり取り］」(ウ)の事項と関連付けて，まずは複数人と自己紹介をし合い，そこで得た情報を踏まえて，自己紹介し合った中の誰かになりきって話し，誰になりきっているかを当てるという活動を行うことも考えられる。

> (ウ) 簡単な語句や基本的な表現を用いて，学校生活や地域に関することなど，身近で簡単な事柄について，自分の考えや気持ちなどを話す活動。

この事項では，例えば，中学校生活への期待等を学級全体の前やグループの中で話す活動に取り組むことを示している。この活動においては，次のような発表が考えられる。

"Hello, everyone. I want to join the badminton team. I like badminton very much. I want to make many friends. Thank you."

この事項で扱う事柄は，「学校生活や地域に関することなど，身近で簡単な事柄」であるため，児童はそれらに対する自分の考えや気持ちを既にもっていたり，もたせやすかったりすると思われる。一方で，「話すこと［やり取り］」(イ)において述べたように，全ての児童が自分の考えをもったり，それを伝えるための英語表現を言うことができるようになったりするための指導を，単元や単位時間の授業の中で行うことも必要である。

また，「話すこと［発表］」の活動では，話すための準備や練習をさせることが想定されているため，児童が自信をもって話す活動に取り組めるようにさせやすい。また，練習する時間を設けることを考えると，発音やイントネーションなどの音声に関する指導も行うことが望ましい。

オ　書くこと

> (ア) 文字の読み方が発音されるのを聞いて，活字体の大文字，小文字を書く活動。

本解説第2部第2章第2節の1(2)アで述べたとおり，英語の文字の「読み方」には，名称の読み方と音の読み方の二種類があるが，この事項における「読み方」とは文字の名称の読み方を指す。

例えば，電話でのやり取りの場面において，活字体によるメールアドレスをお互いに伝え合い，それを書くという活動が考えられる。

この事項は「書くこと」の指導事項のうち最も基本的なものであり，最終的には，児童が何も見ることなく自分の力で活字体の大文字，小文字を書くことができるように指導する必要がある。「書くこと」は個人差が大きく出やすい領域であり一層の丁寧な指導が求められる。他方，書いたものは残るため，児童に自身の成長を認識させやすく英語学習に対する自信をもたせるきっかけになり得るという側面もある。

以上のことを踏まえ，以下のことに留意して指導に当たることを大切にしたい。

・「聞くこと」の活動により文字の読み方について十分慣れ親しませ，「読む

こと」(ｱ)及び(ｲ)の活動により文字を識別したり発音したりさせ，その後，この事項の活動に取り組ませるという順序性を踏まえた指導を行う。

- 活字体の大文字，小文字を一度に全て取り扱うのではなく，児童の実態に応じて一度に取り扱う文字の数や種類に配慮する。
- いわゆる「ドリル学習」のような，単調な繰り返しの学習に終始するのではなく，何らかの書く目的をもたせたり，ゲーム的要素を取り入れたりするなど，児童の学習意欲を高める工夫をする。
- 「書くこと」の活動は教師が想像する以上に時間がかかる場合がある。授業においては十分な時間を確保するとともに，四線上に正しく書くことができるようにする。
- 年間を通じて，全ての「書くこと」の活動において，文字を書くことができているか，できるようになってきているかを丁寧に見届け，指導に生かす。

(ｲ) 相手に伝えるなどの目的をもって，身近で簡単な事柄について，音声で十分に慣れ親しんだ簡単な語句を書き写す活動。

次の(ｳ)が「基本的な表現」を書き写すことを示していることに対して，この事項で書き写すものは，「簡単な語句」である。

具体的には，例えば次のような活動が考えられる。まず，諸外国の魅力などについて話される英語を聞いて，内容や使用されている表現を知る。その後，それらの表現に音声で十分に慣れ親しませてから，当該表現を使って，自分が行ってみたい国についてその国の魅力だと思うことを互いに伝え合う「話すこと［やり取り］」の活動に取り組ませる。そして，「読むこと」の活動により，国名を表す名詞を読んで意味が分かるようにした後，国名一覧を見ながら，自分が行きたい国の国名を表す語を書き写す。

また，この事項では，「相手に伝えるなどの目的をもって」書き写すように明記している。これは，「書き写す活動」という言葉から，ややもすると意味を考えさせたり目的をもたせたりすることなく，機械的に書かせるだけの指導に終始する可能性を危惧したためである。したがって，例えば先に例示した活動であれば，カードを作って行ってみたい国を紹介するといった目的をもたせ，装飾枠やイラストを付した国紹介カードに書かせるなどの工夫をすることが考えられる。

この事項は，(ｱ)に示した「活字体の大文字，小文字を書く活動」の延長線上にある事項と考えられる。したがって，アに示した，順序性を踏まえること，

十分な時間を確保して四線上に書かせるようにすること，丁寧に見届け指導に生かすことなどは，この事項においても重要である。なお，これらのことは，(ウ)及び(エ)においても基本的に同様である。

> (ウ) 相手に伝えるなどの目的をもって，語と語の区切りに注意して，身近で簡単な事柄について，音声で十分に慣れ親しんだ基本的な表現を書き写す活動。

(イ)が「簡単な語句」を書き写すことを示していることに対して，この事項で書き写すものは，「基本的な表現」である。

具体的には，例えば次のような活動が考えられる。まず，一日の学校生活について話される英語を聞いて，内容や使用されている英語表現を知る。その後，それらの英語表現に音声で十分に慣れ親しませ，当該表現を使った「話すこと［やり取り］」の活動に取り組ませる。そして，紙面上で何人かの登場人物が書いている英文（We study/have English on Monday and Wednesday. We study/have English on Tuesday and Thursday. など）を読み，自分自身の学級で英語の授業がある曜日を表現できるよう，書かれている英文を見ながら一文を書き写す。

この事項においても，(イ)と同様，「相手に伝えるなどの目的をもって」取り組むことができるようにする。したがって，先に例示した活動であれば，何曜日に英語の授業があるとよいと思うか，体育や音楽の授業は何曜日がよいか又は何時間目がよいかなど，自分が理想とする時間割を書かせたり，自分と同じ時間割にした人を探したりするなどの目的をもたせる工夫をすることが考えられる。

また，この事項では，語と語の区切りに注意させることも指導する。英語では単語を一つずつ区切って書くことが日本語の表記方法と異なる点の一つである。日本語の表記方法に慣れている児童は，語と語を続けて書いてしまう場合が少なくない。また，区切りについて指導を受けると，語と語の間のスペースを不自然に長く取って書く児童もいる。(ア)で示したように，一人一人の筆記の状況を丁寧に見届け，個別の指導に生かすことが肝要である。

> (エ) 相手に伝えるなどの目的をもって，名前や年齢，趣味，好き嫌いなど，自分に関する簡単な事柄について，音声で十分に慣れ親しんだ簡単な語句や基本的な表現を用いた例の中から言葉を選んで書く活動。

この事項について，(ア)～(ウ)との相違点や共通点について二点説明する。

一つ目は,「書き写す」と「書く」についてである。

　(イ)及び(ウ)が「書き写す」としていることに対して,この事項では「書く」としている。「書き写す」とは,語句や文を見ながらそれらをそのまま書くことである。一方で,「書く」とは,例となる文を見ながら,自分の考えや気持ちを表現するために,例となる文の一部を別の語に替えて書くことである。例えば,自分が好きな人やことを他者に紹介する活動において,"I like baseball. My favorite baseball player is ～."を例としながら,自分の考えや気持ちを表現するために,語順を意識しながら,baseballなどの語を替えて,"I like music. My favorite musician is ～."と書くことである。

　二つ目は,(ア)とこの事項の関係についてである。

　(ア)もこの事項も,「書き写す活動」ではなく「書く活動」としている。しかし,(ア)は,何も見ることなく児童が自分の力で書くことができるようになることを求めている。一方で,この事項では,「例の中から言葉を選んで」と示していることからも分かるように,その段階までは求めていない。換言すれば,この事項における活動に取り組ませる際は,児童が言葉を選んで書くことができるよう,例となる語句や表現を示すことが必須となる。

　最後に,児童が書く又は書き写す英語についてである。

　(ア)は活字体を,(イ)は語句を,(ウ)は文を,それぞれ書いたり書き写したりすることを示している。この事項における活動においては,主に文を書くことを示している。

　なお,名前を書かせる際には,第3学年の国語科において日本語のローマ字表記が指導されていることを踏まえた工夫を行うこととする。例えば,日本語のローマ字表記の知識を活用して,"My name is ～."や"I am from ～."などの表現など,人名や地名などの固有名詞を含む表現を書き写させるようにするなど,学習のしやすさを促す工夫が考えられる。その際,人名や地名のローマ字表記は英語の中でも用いることを指導するようにする。

　日本語のローマ字表記については,「ローマ字のつづり方」(昭和29年内閣告示)を踏まえて指導することとなっている。ここでは,「一般に国語を書き表す際には第1表に掲げたつづり方によるものと」し,「従来の慣例をにわかに改めがたい事情にある場合に限り,第2表に掲げたつづり方によっても差し支えない」こととされている。第3学年の国語科においては,第1表(いわゆる訓令式)により,日本語の音が子音と母音の組み合わせで成り立っていることを理解すること,第2表(いわゆるヘボン式と日本式)により,例えばパスポートにおける氏名の記載など,外国の人たちとコミュニケーションを行う際に用いられることが多い表記の仕方を理解することが重視されている。このこ

とを踏まえ，高学年の外国語科においては，国際的な共通語として英語を使用する観点から，できるだけ日本語の原音に近い音を英語を使用する人々に再現してもらうために，第2表に掲げた綴り方のうち，いわゆる「ヘボン式ローマ字」で表記することを指導する。

> ② 言語の働きに関する事項
> 　言語活動を行うに当たり，主として次に示すような言語の使用場面や言語の働きを取り上げるようにする。

ここでは「言語の使用場面」や「言語の働き」について特に具体例を示している。これは，日常の授業において実際的な言語の使用場面の設定や，言語の働きを意識した指導において手掛かりとなるよう考慮したものである。

言語の使用場面については，「児童の身近な暮らしに関わる場面」と「特有の表現がよく使われる場面」の二つに分けて示した。これらの例については，以下に示すとおりである。なお，言語の使用場面については，「児童の身近な暮らしに関わる場面」を先に示し，「特有の表現がよく使われる場面」を後に示している。これは，言語の使用場面としては前者が主であり，様々な場面が想定されるからである。

言語の働きについては，小学校中学年や中・高等学校における分類との対応関係を分かりやすくするために統一を図り，「コミュニケーションを円滑にする」，「気持ちを伝える」，「事実・情報を伝える」，「考えや意図を伝える」及び「相手の行動を促す」の五つに整理して，それぞれ代表的な例を示した。

なお，中学校第1学年において言語活動を行う際には，小学校でも慣れ親しんだことのあるような身近な言語の使用場面や言語の働きを取り上げることで，中学校における外国語の学習の円滑な導入を図ることとしている。

ア　言語の使用場面の例

> (ア) 児童の身近な暮らしに関わる場面
> 　・　家庭での生活　　　　・　学校での学習や活動
> 　・　地域の行事　など

以下にそれぞれの場面における特有の表現例を示す。
・家庭での生活
　例1　A：What time do you get up?

　　　　B：I usually get up at six.
　　例2　A：Do you like soccer?
　　　　B：Yes, I do. I like playing soccer. What do you like?
　　　　A：I like fishing. I enjoy it on Sundays.
・学校での学習や活動
　　例1　A：Do you have Japanese class on Wednesdays?
　　　　B：Yes, I do.（No, I don't. I have math on Wednesdays.）
　　例2　A：What is your best memory in your school life?
　　　　B：My best memory is our school trip. We went to Okinawa. It was exciting.
・地域の行事
　　例1　A：Let's go to the summer festival.
　　　　B：Yes, let's.（I'm sorry. I can't.）
　　例2　A：I like my town. We have a big park. We don't have a gym. I want a gym.

　上記の場面を設定して言語活動を行う際には，表現の文構造などを指導することなどはせず，児童に示された場面で活用する表現の音声を意識させ，コミュニケーションを通して表現の意味や働きを体験的に理解させていく指導が大切である。

　これにより，中学校段階で具体的に文の構造を生徒に指導したりする際に，比較的抵抗なく理解を促し，より活用できるようにすることが期待できると思われる。

(イ) 特有の表現がよく使われる場面
　・　挨拶　　　・　自己紹介　　・　買物
　・　食事　　　・　道案内　　　・　旅行　　など

以下にそれぞれの場面における特有の表現例を示す。
・挨拶
　　例1　A：Good morning, everyone.
　　　　B：Good morning,（Ms. Komatsu）.
　　例2　A：Hello,（Takeshi）. How are you?
　　　　B：I'm fine, thank you. How are you?
・自己紹介
　　例1　A：Hello, my name is（　）. Nice to meet you.

　　　　B：Hello, my name is (　). Nice to meet you, too.

　例2　A：Hi, I'm (　). I'm from Brazil.

　　　　　　I like soccer.

　　　　B：Oh, you can play soccer very well.

・買物

　例1　客　：How much is the bag?

　　　　店員：It's nine hundred yen.

　例2　店員：What fruits do you want?

　　　　客　：I want apples and bananas.

・食事

　例1　A：What would you like?

　　　　B：I'd like pizza.

　例2　A：How much is it?

　　　　B：It's two hundred yen.

・道案内

　例1　A：Where is the treasure box?

　　　　B：Go straight. Turn left. You can see a house. It's in the house.

　例2　A：Where is the park?

　　　　B：Go straight for three blocks. Turn right.

　　　　　　You can see it on your right.

・旅行

　例1　Brazil is a nice country. You can see Iguazu Falls.

　例2　A：Where do you want to go?

　　　　B：I want to go to Australia.

　上記に示す表現を扱う際には，まず，身近な町や地域での場面設定を工夫し，場面を意識させながら特有の表現を聞いたり話したりする言語活動を，繰り返し行わせることが大切となる。このような活動を行うことで，生活の中で出会う言語の使用場面を児童自ら適切に判断し，場面に合った表現の音声が想起できるようになることが期待できる。

　次に音声を重視した活動で十分慣れさせた上で，単元の学習課題解決に向けて，特有の表現を読んだり書いたりする活動を通して慣れ親しませていくことが大切である。

　このように，聞いたり，話したり，読んだり，書いたりする経験は，児童の記憶に刻まれ，中学校段階で，そのような場面の語句や表現，文構造等を本格的に学習する際に，生徒の深い理解や運用能力につながっていくことが期待で

きると考えられる。

　したがって，小学校段階では，十分に音声で慣れ親しんだ語句や表現を，細かな段階を踏んで読んだり書いたりして慣れ親しませる活動を通して，児童が「読むこと」や「書くこと」の有用性を感じ，読んでみたい，書いてみたいと思わせるような授業展開の工夫が求められる。

イ　言語の働きの例

> (ア) コミュニケーションを円滑にする
> ・挨拶をする　・呼び掛ける　・相づちを打つ
> ・聞き直す　・繰り返す　など

　「コミュニケーションを円滑にする」働きとは，相手との関係を築きながらコミュニケーションを開始したり維持したりする働きである。以下にそれぞれの働きについての表現例を示す。

- 挨拶をする
    - 例1　Good morning.
    - 例2　Good afternoon.
- 呼び掛ける
    - 例1　Hello, Ken.
    - 例2　Excuse me.
- 相づちを打つ
    - 例1　A：I want to be a vet.
        - B：Oh, I see.
    - 例2　A：He is a good baseball player.
        - B：Right.
- 聞き直す
    - 例1　Sorry?
    - 例2　A：I always wash the dishes.
        - B：Always?
- 繰り返す
    - 例1　A：I have a dog.
        - B：Oh, a dog.
    - 例2　A：I went to Osaka.
        - B：Osaka. I see.

この事項の指導の際には，表現を教えるだけではなく，挨拶をしたり，話し掛けたり，相づちを打ったりすることなどによって，他者とのコミュニケーションが円滑になることに気付かせることが重要である。また，他者との円滑なコミュニケーションのためには，身振りや表情，ジェスチャーなどの非言語的要素の活用も重要であることを指導する。

　中学校の外国語科においては，「話し掛ける」，「相づちを打つ」，「聞き直す」，「繰り返す」などが挙げられている。「挨拶をする」働きは，小学校段階において指導する内容となっていることに留意する必要がある。そのほかの項目は，小学校と中学校において共通しているが，中学校段階では複雑な表現を用いたり，同じ表現でも異なる場面において活用したりするように指導することとなっている。

(イ) 気持ちを伝える
　・ 礼を言う　　・ 褒める　　・ 謝る　など

　「気持ちを伝える」働きとは，相手との信頼関係を築いたり，良好な関係でコミュニケーションを行ったりするために，自分の気持ちを伝えることを示している。小学校の外国語科においては，他者に配慮しながら，自分の気持ちや感情を伝えられるよう指導する。以下にそれぞれの働きについての表現例を示す。

　・礼を言う
　　例1　Thank you very much.
　　例2　Thanks.
　・褒める
　　例1　Great.
　　例2　Good job.
　・謝る
　　例1　Sorry.
　　例2　I'm sorry.

　この事項の指導の際には，表現を教えるだけではなく，礼を言ったり，褒めたりすることなどによって，自分の気持ちを他者に伝えることができることに気付かせることが重要である。また，気持ちを伝える際には，身振りや表情，ジェスチャーなどの非言語的要素の活用も重要であることを指導する。

　中学校の外国語科においては，「気持ちを伝える」という言語の働きの例として，「礼を言う」，「苦情を言う」，「褒める」，「謝る」，「歓迎する」などが挙

げられている。小学校では,まとまった表現として扱えるものを中心とする。例えば,"Thank you very much." や "I'm sorry." という表現を扱うが,中学校段階では,"Thank you for your help." や "I'm sorry to be late." というように具体的に礼を言ったり,謝ったりする。

> (ｳ) 事実・情報を伝える
> ・ 説明する　　・ 報告する　　・ 発表する　など

「事実・情報を伝える」働きとは,コミュニケーションを行う相手に事実や情報を伝達する働きである。以下にそれぞれの働きについての表現例を示す。

- 説明する
  - 例1　This is my favorite place.
  - 例2　She is a good tennis player.
- 報告する
  - 例1　She can play volleyball well.
  - 例2　We went to Kyoto.
- 発表する
  - 例1　This is my hero. He is my brother.
  - 例2　My best memory is our school trip. We went to Nara.

この事項の指導の際には,事実や情報を伝えるために,身振りや表情,ジェスチャーなどの非言語的要素の活用も重要であることを指導する。

中学校の外国語科においては,ここで示す「説明する」,「報告する」,「発表する」の例のほかに,「描写する」が加えられている。事実や情報を正しく伝えるためには,正確な表現,客観的な構成,論理的な展開などが重要である。中学校においては,適切な表現を選択し,客観性や論理性を意識して事実や情報を有効に伝えることができるよう指導することとされている。

> (ｴ) 考えや意図を伝える
> ・ 申し出る　　・ 意見を言う　　・ 賛成する
> ・ 承諾する　　・ 断る　など

「考えや意図を伝える」働きとは,コミュニケーションを行う相手に自分の考えや意図を伝達する働きである。以下にそれぞれの働きについての表現例を示す。

- 申し出る
    - 例1　May I help you?
    - 例2　It's my turn.
- 意見を言う
    - 例1　I want to watch wheelchair basketball on TV.
    - 例2　It is exciting.
- 賛成する
    - 例1　Yes, let's.
    - 例2　That's a good idea.
- 承諾する
    - 例1　A：Let's play baseball.
      B：O.K.
    - 例2　A：I want to play basketball.
      B：Me, too.
- 断る
    - 例1　A：May I help you?
      B：No, thank you.
    - 例2　A：Let's play basketball.
      B：Sorry.　I can't play basketball.

　この事項の指導の際には，考えや意図を伝えるために，身振りや表情，ジェスチャーなどの非言語的要素の活用も重要であることを指導する。

　中学校の外国語科においては，ここで示す例に加えて，「約束する」，「反対する」，「仮定する」の例が加えられている。

(オ) 相手の行動を促す
- 質問する　・依頼する　・命令する　など

　「相手の行動を促す」働きとは，相手に働き掛け，相手の言語的・非言語的行動を引き出す働きを示している。以下にそれぞれの働きについての表現例を示す。

- 質問する
    - 例1　A：What sport do you like?
      B：I like soccer.
    - 例2　A：Can you sing well?
      B：Yes, I can.

- 依頼する

　例1　Come here, please.

　例2　I'd like spaghetti.

- 命令する

　例1　Go straight.

　例2　Turn right at the third corner.

この事項の指導の際には，表現を教えるだけではなく，質問したり，依頼したりすることなどによって，他者に働きかけて相手の行動を促すことができることに気付かせることが重要である。また，相手の行動を促す際には，身振りや表情，ジェスチャーなどの非言語的要素の活用も重要であることを指導する。

中学校の外国語科においては，ここで示す例に加えて，「招待する」の例が加えられている。

3　指導計画の作成と内容の取扱い

(1) 指導計画の作成上の配慮事項

> (1) 指導計画の作成に当たっては，第3学年及び第4学年並びに中学校及び高等学校における指導との接続に留意しながら，次の事項に配慮するものとする。

指導計画の作成に当たっては，小・中・高等学校を通じた領域別の目標の設定という観点を踏まえ，中学年の外国語活動や中・高等学校における指導との接続に留意した上で，以下の事項に配慮することとしている。

> ア　単元など内容や時間のまとまりを見通して，その中で育む資質・能力の育成に向けて，児童の主体的・対話的で深い学びの実現を図るようにすること。その際，具体的な課題等を設定し，児童が外国語によるコミュニケーションにおける見方・考え方を働かせながら，コミュニケーションの目的や場面，状況などを意識して活動を行い，英語の音声や語彙，表現などの知識を，五つの領域における実際のコミュニケーションにおいて活用する学習の充実を図ること。

この事項は，外国語科の指導計画の作成に当たり，児童の主体的・対話的で深い学びの実現を目指した授業改善を進めることとし，外国語科の特質に応じ

て，効果的な学習が展開できるよう配慮すべき内容を示したものである。

　外国語科の指導に当たっては，(1)「知識及び技能」が習得されること，(2)「思考力，判断力，表現力等」を育成すること，(3)「学びに向かう力，人間性等」を涵養することが偏りなく実現されるよう，単元など内容や時間のまとまりを見通しながら，主体的・対話的で深い学びの実現に向けた授業改善を行うことが重要である。

　児童に改訂前の高学年における外国語活動の指導を通して「知識及び技能」や「思考力，判断力，表現力等」の育成を目指す授業改善を行うことはこれまでも多くの実践が重ねられてきている。そのような着実に取り組まれてきた実践を否定し，全く異なる指導方法を導入しなければならないと捉えるのではなく，児童や学校の実態，指導の内容に応じ，「主体的な学び」，「対話的な学び」，「深い学び」の視点から授業改善を図ることが重要である。

　主体的・対話的で深い学びは，必ずしも１単位時間の授業の中で全てが実現されるものではない。単元など内容や時間のまとまりの中で，例えば，主体的に学習に取り組めるよう学習の見通しを立てたり学習したことを振り返ったりして自身の学びや変容を自覚できる場面をどこに設定するか，対話によって自分の考えなどを広げたり深めたりする場面をどこに設定するか，学びの深まりをつくりだすために，児童が考える場面と教師が教える場面をどのように組み立てるか，といった視点で授業改善を進めることが求められる。また，児童や学校の実態に応じ，多様な学習活動を組み合わせて授業を組み立てていくことが重要であり，単元（題材）のまとまりを見通した学習を行うに当たり基礎となる知識及び技能の習得に課題が見られる場合には，それを身に付けるために，児童の主体性を引き出すなどの工夫を重ね，確実な習得を図ることが必要である。

　主体的・対話的で深い学びの実現に向けた授業改善を進めるに当たり，特に「深い学び」の視点に関して，各教科等の学びの深まりの鍵となるのが「見方・考え方」である。各教科等の特質に応じた物事を捉える視点や考え方である「見方・考え方」を，習得・活用・探究という学びの過程の中で働かせることを通じて，より質の高い深い学びにつなげることが重要である。

　次に，「その際」以下において，指導計画の作成に当たっては，中学年で行う外国語活動や中・高等学校における指導と円滑に接続できるよう語彙や表現，練習や活動，題材や場面設定等の配列を工夫したり，系統的な指導が行えるよう，指導方法や学習環境等に配慮したりするなど，児童の発達の段階や学校・地域の実態に応じて適切に作成していく必要性を述べている。ここで「具体的な課題等を設定し」とは，主体的・対話的で深い学びの実現に向けた授業

改善を行うため，教師が単元終末段階の児童に望む具体的な姿のイメージをもち，実態に応じて単元を見通した課題設定をすることを示したものである。これらは，改訂前の高学年における外国語活動の指導など，外国語教育においてこれまでも行われてきた学習活動の質を向上させることを主眼とするものであり，主体的・対話的で深い学びの実現に向けた授業改善が，全く新たな学習活動を取り入れる趣旨ではないことに留意しなければならない。

> イ 学年ごとの目標を適切に定め，2学年間を通じて外国語科の目標の実現を図るようにすること。

　この配慮事項は，2学年間を通じて高学年の外国語科の目標の実現を図るため，各学校における児童の発達の段階と実情を踏まえ，学年ごとの目標を適切に定めることの必要性を述べたものである。

　今回の改訂で領域別の目標が明確に示されたことにより，その目標と関連付けられた学年ごとの「学習到達目標」を各学校において設定する必要がある。このように，学習指導要領が示す目標に基づいて各学校が学習到達目標を定めることには，次のような効果があると考えられる。

- 児童にどのような英語力が身に付くか，英語を用いて何ができるようになるのか，あらかじめ明らかにすることができ，そうした情報を児童や保護者と共有することで授業のねらいが明確になるとともに，児童への適切な指導を行うことができる。
- 「知識及び技能」の習得にとどまらず，それを活用してコミュニケーションが図れるよう，五つの領域にわたる総合的な資質・能力の習得を重視することが期待される。
- 校内でも教師によって指導方法が大きく異なることがある中で，教師間で指導に当たっての共通理解を図り，均質的な指導を行うことができる。

> ウ 実際に英語を使用して互いの考えや気持ちを伝え合うなどの言語活動を行う際は，2の(1)に示す言語材料について理解したり練習したりするための指導を必要に応じて行うこと。また，第3学年及び第4学年において第4章外国語活動を履修する際に扱った簡単な語句や基本的な表現などの学習内容を繰り返し指導し定着を図ること。

　この配慮事項は，言語を使用する場面を設定し，実際に言語を使用して互いの考えや気持ちを伝え合うなどの活動が重要であることを示している。

また，そのような活動を行う際には，単元又は１単位時間の初期段階で言語活動を通して学習内容として設定されている表現の音声を聞いたり話したりするなど，英語の音声に慣れ親しませる活動を展開し，言語の意味や働きなどを理解させることが大切である。その上で，後期段階においては，設定された場面の中で，自分の考えや気持ちを互いに伝え合う言語活動を展開するなどの学習過程の工夫が大切である。

　さらに，中学年の外国語活動で音声を中心にして扱った簡単な語句や基本的な表現などを，文字や文などを読んだり書いたりする高学年の外国語科の言語活動の中で繰り返し扱うことで，より深い理解を促し，表現の運用能力を高めていくことにつながることが期待できる。

> エ　児童が英語に多く触れることが期待される英語学習の特質を踏まえ，必要に応じて，特定の事項を取り上げて第１章総則の第２の３の（２）のウの(イ)に掲げる指導を行うことにより，指導の効果を高めるよう工夫すること。このような指導を行う場合には，当該指導のねらいやそれを関連付けて指導を行う事項との関係を明確にするとともに，単元など内容や時間のまとまりを見通して，資質・能力が偏りなく育成されるよう計画的に指導すること。

　言語習得の特性から，基本的な語句や表現などは，場面や活動などを替えながら，繰り返し学習させることで定着を図ることが期待されることから，各学校においては，児童や学校・地域の実態を踏まえ，朝の時間，昼休み前後の時間，放課後の時間などを活用した，10分から15分の短時間学習の実施，45分と15分を組み合わせた60分授業の実施，さらには長期休業期間の調整や土曜日を活用した授業の実施等により，教育課程内の外国語科の授業時数を確保するなど，「時間」という資源をいかに活用するかという視点で指導計画を見直し，カリキュラム・マネジメントにより計画的・組織的に教育活動の質の向上を図っていくことが求められる。

　具体的には，学校全体で教育課程内における指導体制の確立を図っていくことや，単元や題材などの内容や時間のまとまりを見通した指導計画を作成していくことが必要である。そのためには，管理職を中心として全職員で取り組む校内の体制づくりを進めたり，更には教育委員会など行政機関が主導して体制整備を進めたりするなど，連携して取り組んでいくことが重要である。

　外国語科における短時間または長時間の授業時間の設定に当たっては，第１章総則の第２の３(2)ウ(イ)にあるとおり，「教師が，単元や題材など内容や時

間のまとまりを見通した中で，その指導内容の決定や指導の成果の把握と活用等を責任をもって行う体制が整備されている」ことが必要であり，更に以下の事項にも留意することが求められる。

- 外国語科の特質を踏まえた検討を行うこと
- 単元や題材といった時間や内容のまとまりの中に適切に位置付けることにより，バランスの取れた資質・能力の育成に努めること
- 授業のねらいを明確にして実施すること
- 教科書や，教科書と関連付けた教材を開発するなど，適切な教材を用いること

なお，具体的な学習活動の例としては，短時間（10分から15分）であれば，場面設定をした上で，必要な語句や基本的な表現を繰り返し聞いたり話したりする活動や，文字を読んだり書いたりする活動など，長時間（45分＋15分の60分授業）であれば，単元の最後の時間に，意味のある場面や状況を設定し，深まりのある言語活動を行うなどが考えられるが，まとまりのある学習（45分授業）との関係性を明確にした一定の効果が得られる活動を各学校の創意工夫により設定することが重要である。

オ　言語活動で扱う題材は，児童の興味・関心に合ったものとし，国語科や音楽科，図画工作科など，他の教科等で児童が学習したことを活用したり，学校行事で扱う内容と関連付けたりするなどの工夫をすること。

　この配慮事項は，言語活動で扱う題材について，留意すべき点として，児童が進んでコミュニケーションを図りたいと思うような，興味・関心のある題材や活動を扱うことが大切であるということを述べている。

　高学年の外国語科の目標を実現するためには，児童にコミュニケーションを体験させる必要がある。そこで，児童が興味・関心を示す題材を取り扱い，児童がやってみたいと思うような活動を通して，主体的に英語を用いてコミュニケーションを図ろうとする態度を養うことが大切である。

　また，高学年の外国語科の目標を踏まえると，広く言語教育として，国語科をはじめとした学校における全ての教育活動と積極的に結び付けることが大切である。

　例えば，児童が国語科や音楽科，図画工作科などの他教科等で得た知識や体験などを生かして活動を展開することで，児童の知的好奇心を更に刺激することにもなる。

　国語科は，中学年の外国語活動及び高学年の外国語科と同様，言語を直接の

学習対象としている。高学年の外国語科において，日本語とは異なる英語の音声や基本的な表現を用いてコミュニケーションを図ることは，言葉の大切さや豊かさに気付いたり，言語に対する興味・関心を高めたり，これを尊重する態度を身に付けたりすることにつながるものであることから，国語科の学習にも相乗的に資するように教育内容を組み立てることが求められる。例えば，第3学年及び第4学年の国語科において，相手に伝わるように，理由や事例などを挙げながら，話の中心が明確になるよう話の構成を考える学習をしたことを生かして，高学年の外国語科における自己紹介等で，趣味や得意なことなど，伝える事項が複数あるとき，聞き手に分かりやすく伝わるように複数あるものの順番を決めたり，選んだりして，伝えたいことを整理して話す言語活動が考えられる。このように，国語科の学習や言語活動に結び付くよう指導の時期を工夫したり，関連のある学習内容や言語活動を取り上げた単元の設定を工夫したりすることなどが考えられる。また，第3学年及び第4学年の国語科において，主語と述語との関係について学習したことを踏まえて，高学年の外国語科において，日本語と比較する中で，英語の語順に気付かせることも考えられる。さらに，第3学年の国語科において，ローマ字を学習したことを生かし，例えば「カ」という日本語の音は，ローマ字で＜ka＞と表記されるが，この発音から，/a/という音を省かせることで，/k/という英語の文字であるkの音を意識させることができる。

音楽科では，拍子やリズムの面白さを感じながら，歌ったり打楽器を演奏したりリズムをつくったりしている。例えば，こうした学習がチャンツや歌などの英語の音声やリズムに慣れ親しむ活動の中で生かされることによって，一層英語の音声を意識することができるようにするなどの工夫が考えられる。

また，図画工作科では，絵や立体，工作に表す活動を通して，感じたこと，想像したこと，見たことから，表したいことを見つける学習をしている。そこで，こうした学習を通して児童が作成した作品を，ショー・アンド・テル（発表活動）の中でほかの児童に紹介するなどして，児童の外国語学習への興味・関心を一層高めることができると思われる。

さらに，デジタル教材の中に収められている絵本や図書室にある絵本，国語科の教科書等で取り上げられている物語などを活用して，繰り返しの簡単な語句や表現を使った英語劇を演じるなどの活動を行うことができる。そのような表現活動を，学習発表会のような場で発表するなど学校行事との関連を図ることもできると考えられる。

このように，他教科等の学習の成果を，外国語科の学習の中で適切に生かすためには，相互の関連について検討し，指導計画に位置付けることが必要であ

る。

> カ　障害のある児童などについては，学習活動を行う場合に生じる困難さに応じた指導内容や指導方法の工夫を計画的，組織的に行うこと。

　障害者の権利に関する条約に掲げられたインクルーシブ教育システムの構築を目指し，児童の自立と社会参加を一層推進していくためには，通常の学級，通級による指導，特別支援学級，特別支援学校において，児童の十分な学びを確保し，一人一人の児童の障害の状態や発達の段階に応じた指導や支援を一層充実させていく必要がある。

　通常の学級においても，発達障害を含む障害のある児童が在籍している可能性があることを前提に，全ての教科等において，一人一人の教育的ニーズに応じたきめ細かな指導や支援ができるよう，障害種別の指導の工夫のみならず，各教科等の学びの過程において考えられる困難さに対する指導の工夫の意図，手立てを明確にすることが重要である。

　これを踏まえ，今回の改訂では，障害のある児童などの指導に当たっては，個々の児童によって，見えにくさ，聞こえにくさ，道具の操作の困難さ，移動上の制約，健康面や安全面での制約，発音のしにくさ，心理的な不安定，人間関係形成の困難さ，読み書きや計算等の困難さ，注意の集中を持続することが苦手であることなど，学習活動を行う場合に生じる困難さが異なることに留意し，個々の児童の困難さに応じた指導内容や指導方法を工夫することを，各教科等において示している。

　その際，外国語科の目標や内容の趣旨，学習活動のねらいを踏まえ，学習内容の変更や学習活動の代替を安易に行うことがないよう留意するとともに，児童の学習負担や心理面にも配慮する必要がある。

　例えば，外国語科における配慮として，次のようなものが考えられる。

- 音声を聞き取ることが難しい場合，外国語と日本語の音声やリズムの違いに気付くことができるよう，リズムやイントネーションを，教員が手拍子を打つ，音の強弱を手を上下に動かして表すなどの配慮をする。また，本時の流れが分かるように，本時の活動の流れを黒板に記載しておくなどの配慮をする。
- 1単語当たりの文字数が多い単語や，文などの文字情報になると，読む手掛かりをつかんだり，細部に注意を向けたりするのが難しい児童の場合，語のまとまりや文の構成を見て捉えやすくするよう，外国語の文字を提示する際に字体をそろえたり，線上に文字を書いたり，語彙・表現などを記

したカードなどを黒板に掲示する際には,貼る位置や順番などに配慮する。

なお,学校においては,こうした点を踏まえ,個別の指導計画を作成し,必要な配慮を記載し,翌年度の担任等に引き継ぐことなどが必要である。

> キ 学級担任の教師又は外国語を担当する教師が指導計画を作成し,授業を実施するに当たっては,ネイティブ・スピーカーや英語が堪能な地域人材などの協力を得る等,指導体制の充実を図るとともに,指導方法の工夫を行うこと。

この配慮事項は,専門性を一層重視した指導を行うことができる体制を構築することの重要性を示したものである。

指導計画は,児童の実態を十分理解している学級担任の教師又は外国語を担当する教師により作成されなければならない。実際の授業を実施するに当たっては,学級担任の教師が指導する場合は,専門性を有する教師を校内で「中核教員」として位置付けるなどし,当該教師を中心とした校内研修を充実させることにより学級担任の教師の指導力を向上させることに努めることが求められる。高学年の外国語科においても,中学年の外国語活動と同様に,児童が進んでコミュニケーションを図りたいと思うような,興味・関心のある題材や活動を扱うことが大切であり,このような題材や活動を設定するためには,児童のことをよく理解していることが前提となる。また,児童の不安を取り除き,新しいものへ挑戦する気持ちや失敗を恐れない雰囲気を作り出すためには,豊かな児童理解と高まり合う学習集団づくりとが指導者に求められる。このようなことから,高学年の外国語科においても学級担任の教師の存在は欠かせない。

他方,中・高等学校の英語の教員免許を有する小学校の教師等,専門性を有する教師が専科指導を行うなど,教科化に対応するため専門性を一層重視した校内体制の整備を進めることも大切である。その場合も,学級担任の教師と同様に初等教育や児童を理解し,授業を実施することが大切である。

加えて,ネイティブ・スピーカーや英語が堪能な地域人材などの協力を得ることも考えられる。児童がネイティブ・スピーカーや英語が堪能な地域人材などとのコミュニケーションを通じて,①標準的な英語音声に接し,正確な発音を習得する,②英語で情報や自分の考えを述べるとともに,相手の発話を聞いて理解するための機会が日常的に確保されることが重要である。そうした人材としては,ALTのほかに,地域に住む外国人,外国からの訪問者や留学生,外国生活の経験者,海外の事情に詳しい人など幅広い人々が考えられ,これらの人々の協力を得ることが,児童が英語に触れる機会を充実し,授業を実際の

コミュニケーションの場面とすることに資する。

　そのためには，各学校において，今後一層，家庭や地域の人々と教育活動の方向性を共有し，具体的な役割や責任を明確にしていくことが大切となる。また，教育委員会においては，校区を越えて地域人材を確保し，各学校において効果的に活用が図れるよう体制整備を進めるなど，学校を支援するシステム構築に努めることが求められる。このように，教育行政，学校，家庭，地域社会が連携・協働して児童を育んでいく営みは，「社会に開かれた教育課程」の理念に基づくものでもある。

(2) 内容の取扱い

> (2) 2の内容の取扱いについては，次の事項に配慮するものとする。
> 　ア　2の(1)に示す言語材料については，平易なものから難しいものへと段階的に指導すること。また，児童の発達の段階に応じて，聞いたり読んだりすることを通して意味を理解できるように指導すべき事項と，話したり書いたりして表現できるように指導すべき事項とがあることに留意すること。

　この配慮事項は，学習段階における言語材料の取扱いについて，特に留意すべき点について述べている。

　言語材料の指導については，一般に平易なものから難しいものへと段階的に指導することが大切である。学習の基礎の段階では，単純な文構造を取り上げ，学習が進むにつれて，複雑な文構造を主として取り上げるようにすることが大切である。その際，児童の学習負担や学習の進捗状況を考慮し，必要に応じて平易なものを再学習してから難しいものに取り組むなどの配慮も必要である。

　また，聞いたり読んだりすることを通して意味を捉えることができる言語材料と，話したり書いたりして表現できる言語材料は同一ではない。言語習得においては，意味を捉えることができる段階から，徐々に話したり書いたりできる段階へと進む。このことを踏まえると，第2の2(1)に示す言語材料についてその意味を捉えることができるように指導すると同時に表現できるように指導することは発達の段階の点から適切ではない。意味を捉えることができるようにする段階から，表現できるようにする段階へと時間をかけて指導する必要がある。第2の2(1)ウに示したように語彙には受容語彙と発信語彙があることに留意することと同様に，五つの領域別の目標に応じて，ある言語材料については，その意味を捉えることができるように指導することに留め，表現でき

るようにすることまで求めないことも重要である。

　指導計画を作成するに当たっては，高度な言語活動を目指そうとするあまり，児童に過度の学習負担を強いることのないよう配慮し，２学年間を見通した指導計画を作成することが大切である。

> イ　音声指導に当たっては，日本語との違いに留意しながら，発音練習などを通して２の(1)のアに示す言語材料を指導すること。また，音声と文字とを関連付けて指導すること。

　音声の指導については，繰り返し触れたり活用したりする中で指導する必要がある。その際，英語の音声の特徴に気付かせ，必要に応じて発音練習などを通して指導するようにする。

　また，「音声と文字とを関連付けて指導すること」とは，音声で十分に慣れ親しんだ表現について読んだり書いたりすることの指導を求めたものである。したがって，音声で十分に慣れ親しんでいない語の綴りを提示して音声化する練習をさせるのは不適切である。また，語の中から文字を取り出して行う発音練習は，第２の２(3)①で示す「読むこと」と「書くこと」の言語活動のために行うことに留意する。また，発音と綴りを関連付けて，発音と綴りの規則を指導することを意味するものではないことに留意する。「発音と綴りとを関連付けて指導すること」は，中学校の外国語科における指導事項としている。

> ウ　文や文構造の指導に当たっては，次の事項に留意すること。
> 　(ｱ)　児童が日本語と英語との語順等の違いや，関連のある文や文構造のまとまりを認識できるようにするために，効果的な指導ができるよう工夫すること。

　この配慮事項は，児童が言語活動の中で，効果的に日本語と英語の違いに気付いたり，英語の文や文構造を学んだりするために工夫することを求めた事項である。例えば，主語＋動詞＋補語という文構造を用いて人物を紹介する際，次のように音声とともに英文を列挙して提示することで，is が共通して用いられることや，is の後ろに説明する語句が続くことなどに気付かせることができる。

　　This is my hero.
　　He is a good tennis player.
　　He is cool.

(イ) 文法の用語や用法の指導に偏ることがないよう配慮して，言語活動と効果的に関連付けて指導すること。

　この事項は，小学校の外国語科においては，文法の用語や用法の指導を行うのではなく，言語活動の中で用いられる表現として聞いたり話したりして活用できるようにすることが重要であることを意味している。例えば，第2の2(1)エ「文及び文構造」(ア)の中で，動名詞や過去形が挙げられているが，「動名詞」や「過去形」という用語を指導することを求めるものではない。動名詞や過去形の変形の練習をするのではなく，"I like playing soccer."のように自分の好きなことを紹介したり，"I enjoyed fishing."や"I saw the blue sea."のように自分の経験したことを伝えたりする表現として言語活動の中で活用できるように指導することを求めるものである。

エ　身近で簡単な事柄について，友達に質問をしたり質問に答えたりする力を育成するため，ペア・ワーク，グループ・ワークなどの学習形態について適宜工夫すること。その際，他者とコミュニケーションを行うことに課題がある児童については，個々の児童の特性に応じて指導内容や指導方法を工夫すること。

　指導に当たっては，ペア・ワークやグループ・ワークなどの学習形態を適宜取り入れ，自分から話を切り出したり，相手の発話に即座に反応したりしながらやり取りを行う活動を行う。
　その際，機械的な練習にならないよう，多様な言語の使用場面を設定したり，既得の語句や表現を使用して，会話を広げるよう促したりする指導の工夫が考えられる。他者とコミュニケーションを行うことに課題がある児童については，その児童が日頃から関わることのできる児童をペアの相手やグループのメンバーに意図的に配置したり，教師やＡＬＴ等とペアを組んだりするなど，個々の児童の特性に応じて指導方法を工夫する必要がある。

オ　児童が身に付けるべき資質・能力や児童の実態，教材の内容などに応じて，視聴覚教材やコンピュータ，情報通信ネットワーク，教育機器などを有効活用し，児童の興味・関心をより高め，指導の効率化や言語活動の更なる充実を図るようにすること。

指導に当たり，児童の関心を高め，主体的・対話的で深い学びの実現に向けた授業改善につながるよう，活動に応じたデジタル教材等の活用が考えられる。例えば，児童がコミュニケーションを行う目的や場面，状況などを意識した活動を行うことが重要であるが，その際，視聴覚教材などを用いて，実際にコミュニケーションが行われている様子を示すことは，活動を行う際の生きたモデルとなることに加え，コミュニケーションの働きも意識できるため，児童の興味・関心を高める上でも極めて有効である。また，ネイティブ・スピーカーや英語が堪能な人の協力が得にくい学校や地域もありうることや，ジェスチャーや表情などの非言語的視覚情報もコミュニケーションを図る際には大切な要素となってくることを踏まえると，ＣＤやＤＶＤなどの視聴覚教材の積極的な活用も有効である。その際，様々な機器や教材が手に入ることを考えると，それらを使う目的を明確にし，児童や学校及び地域の実態に応じたものを選択することが大切である。例えば，外国語の背景にある文化に対する理解を深めるためには，様々な国や地域の行事等を紹介した教材を活用することも考えられる。また，学校間で集合学習や交流学習を行う際には，情報通信ネットワークを用いることで，実際の学習はもとより，事前に打合せや顔合わせをしておくことも可能である。さらに，短時間学習を行う際にも，指導を効率化し，児童の興味・関心を高めるために，デジタル教材等の活用が考えられる。

「読むこと」や「書くこと」を指導する際には，教室用デジタル教材などを活用し，読み聞かせなどの効果を高めたり，文を書き写す際にはその意味をイラストで添え，語順意識の高まりを期待したりすることなども考えられる。これらにより，過度に暗記させることが目的の，単なるドリル的な反復練習を避けることができる。

> カ　各単元や各時間の指導に当たっては，コミュニケーションを行う目的，場面，状況などを明確に設定し，言語活動を通して育成すべき資質・能力を明確に示すことにより，児童が学習の見通しを立てたり，振り返ったりすることができるようにすること。

この配慮事項は，児童が目的をもって学習に取り組み，学んだことの意味付けを行ったり，既得の知識や経験と新たに得られた知識を言語活動へつなげ，「思考力，判断力，表現力等」を高めていったりするための各単元や各時間の指導におけるプロセスを示している。

各単元や各時間の学習活動を行う際に，単に繰り返し活動を行うのではなく，各学校で設定した学習到達目標を踏まえ，児童がコミュニケーションを行う目

的や場面,状況などを意識して学習に臨むことができるよう,どのような言語活動を行うのかを明確に示す必要がある。こうしたことにより,児童自らが,学習の見通しを立て,主体的に学習活動に取り組み,言語活動の質の高まりによる自分の考えの変容について,自ら学習のまとめを行ったり,振り返りを行ったりすることが促される。

(3) 教材選定の観点

> (3) 教材については,次の事項に留意するものとする。
> ア 教材は,聞くこと,読むこと,話すこと[やり取り],話すこと[発表],書くことなどのコミュニケーションを図る基礎となる資質・能力を総合的に育成するため,1に示す五つの領域別の目標と2に示す内容との関係について,単元など内容や時間のまとまりごとに各教材の中で明確に示すとともに,実際の言語の使用場面や言語の働きに十分配慮した題材を取り上げること。

英語の学習において,教材は重要な役割を果たすものであり,教材の選定については十分な配慮が必要である。教材の選定においては,まず,「聞くこと」,「読むこと」,「話すこと[やり取り]」,「話すこと[発表]」,「書くこと」の五つの領域別の言語活動を通して,コミュニケーションを図る基礎となる資質・能力を総合的に育成するためのものであることに留意することが必要である。その際に,第2の1に示す五つの領域別の目標と,第2の2に示す内容との関係が,単元など内容や時間のまとまりごとに明確になっている必要がある。例えば,第2の1(1)「聞くこと」アにおいては,「ゆっくりはっきりと話されれば,自分のことや身近で簡単な事柄について,簡単な語句や基本的な表現を聞き取ることができるようにする」とあるが,それは第2の2(1)に示す内容,例えば,アの音声については,(ア)現代の標準的な発音,(イ)語と語の連結による音の変化,(ウ)語や句,文における基本的な強勢,(エ)文における基本的なイントネーション,(オ)文における基本的な区切りなどの条件を満たす内容の音声教材であることが必要となる。

また,第2の1に示す目標や第2の2に示す内容は,第2の2(3)の「言語活動及び言語の働きに関する事項」に示されている②の「ア 言語の使用場面の例」や「イ 言語の働きの例」などに十分配慮したものを取り上げていることが大切である。第2の1に示す目標や第2の2に示す内容は,「使用場面」や「働き」と切り離して指導するのではなく,「使用場面」や「働き」と併せ

て指導されることがコミュニケーションを図る基礎となる資質・能力を総合的に育成する観点からは重要で，こうした指導に資する教材を選定することが求められる。

> イ　英語を使用している人々を中心とする世界の人々や日本人の日常生活，風俗習慣，物語，地理，歴史，伝統文化，自然などに関するものの中から，児童の発達の段階や興味・関心に即して適切な題材を変化をもたせて取り上げるものとし，次の観点に配慮すること。

　題材としては，英語を使用している人々の日常生活等を取り上げるとともに，英語以外の言語を使う人々の日常生活も取り上げることにも配慮することが求められている。世界には英語以外の言語を話す人々も多い。そのことから，世界の人々を理解するには，英語以外の言語を使う人々の日常生活も取り上げることが大切である。また，それに加えて，ここでは，日本人の日常生活等も取り上げることが大切であると述べている。日本人の日常生活を取り上げることにより，日本人との比較の中で，世界の人々の日常生活に関する理解が深まり，また，日本人のことについても，世界の人々の日常生活と比較することで，より深い理解につながることをねらっている。

　日常生活，風俗習慣，物語，地理，歴史，伝統文化，自然などを取り上げる際は，児童の発達の段階に配慮し，それぞれの地域の家庭や学校生活などを中心としたもの，また，例えば他教科等で学んだ歴史上の人物や建造物，伝統文化，自然等を取り上げ，児童が興味・関心をもって取り組めるような題材を選択することが大切である。

　以下に題材の選択に関する三つの観点が示されている。

> (ア)　多様な考え方に対する理解を深めさせ，公正な判断力を養い豊かな心情を育てることに役立つこと。

　グローバル化が進展する中で，児童は多様な文化や価値観をもった人々と出会うことになる。そのような社会で生きていくためには，多様な考え方を理解し，柔軟に対応することや，公正な判断力を養い，相手の状況や立場を共感的に理解できる心情を育てることが大切である。そのためには，児童が，様々な人々の行動や考え方等が示された事例などに接することが大切となる。それらの事例を通して，相手の状況や立場を共感的に理解できる心情を育てていくことが可能となる。児童の発達の段階に配慮し，分かりやすい事例や活動を含む

教材を選ぶことが大切になる。

> (イ) 我が国の文化や，英語の背景にある文化に対する関心を高め，理解を深めようとする態度を養うことに役立つこと。

　英語の学習を通して，我が国の文化と，英語の背景にある文化との共通点や相違点を知るようになるとともに，そうしたことに関心をもち，理解を深めようとする態度やお互いの文化を尊重する態度を育成することが大切である。複数の文化に触れることが，我が国の伝統文化についての理解を深め，文化の多様性に対してより寛容になることに資するとともに，英語によるコミュニケーションの中で我が国の文化を発信することにもつながっていくことが考えられる。また，児童の発達の段階に配慮して，海外や我が国の文化を扱った教材の選定が求められる。

> (ウ) 広い視野から国際理解を深め，国際社会と向き合うことが求められている我が国の一員としての自覚を高めるとともに，国際協調の精神を養うことに役立つこと。

　国際社会と向き合って生きていくためには，多様な価値観や考え方をもった人々を理解し，我が国の一員としての自覚をもち，積極的に交流を図り，協調，協力していく必要がある。

　題材の選択に当たっては，広い視野から国際理解を深め，国際協調の精神を養うことに役立つもので，かつ，日本の文化や価値観，考え方などについての自覚を高めることができるようなものを選択する必要がある。

第3節 その他の外国語

外国語科では,次のように目標を設定した。

> その他の外国語については,英語の1に示す五つの領域別の目標,2に示す内容及び3に示す指導計画の作成と内容の取扱いに準じて指導を行うものとする。

英語ではなくほかの外国語を指導する場合については英語に準じて行うことを示したものである。

グローバル化が進展する中,日本の子供たちや若者に多様な外国語を学ぶ機会を提供することは,言語やその背景にある文化を理解することにつながるため,中央教育審議会答申においては,英語以外の外国語教育の必要性を更に明確にすることが指摘された。

外国語科で育成を目指す三つの資質・能力に関する目標に基づき,英語の目標及び内容に準じて指導を行うことが必要である。このため,当該外国語の五つの領域別の目標,内容及び指導計画の作成と内容の取扱いについては,「第2　各言語の目標及び内容等」の英語を参考にして,目標及び内容を適切に設定した上で,適切な指導計画の作成と内容の取扱いを行うことが必要である。

第3章　指導計画の作成と内容の取扱い

> 1　外国語科においては，英語を履修させることを原則とすること。

　小学校の外国語科では，英語が世界で広くコミュニケーションの手段として用いられている実態や，改訂前の高学年における外国語活動においても英語を取り扱ってきたこと，中学校の外国語科は英語を履修することが原則とされていることなどを踏まえ，英語を取り扱うことを原則とすることを示したものである。

　「原則とする」とは，学校の創設の趣旨や地域の実情，児童の実態などによって，英語以外の外国語を取り扱うこともできるということである。

> 2　第1章総則の第1の2の(2)に示す道徳教育の目標に基づき，道徳科などとの関連を考慮しながら，第3章特別の教科道徳の第2に示す内容について，外国語科の特質に応じて適切な指導をすること。

　外国語科の指導においては，その特質に応じて，道徳について適切に指導する必要があることを示すものである。

　第1章総則の第1の2(2)においては，「学校における道徳教育は，特別の教科である道徳（以下「道徳科」という。）を要として学校の教育活動全体を通じて行うものである。道徳の時間はもとより，各教科，外国語活動，総合的な学習の時間及び特別活動のそれぞれの特質に応じて，児童の発達の段階を考慮して，適切な指導を行わなければならない」と規定されている。

　外国語科における道徳教育の指導においては，学習活動や学習態度への配慮，教師の態度や行動による感化とともに，以下に示すような外国語科と道徳教育との関連を明確に意識しながら，適切な指導を行う必要がある。

　外国語科においては，第1の目標(3)として「外国語の背景にある文化に対する理解を深め，他者に配慮しながら，主体的に外国語を用いてコミュニケーションを図ろうとする態度を養う」と示している。「外国語の背景にある文化に対する理解を深める」ことは，世界の中の日本人としての自覚をもち，国際的視野に立って，世界の平和と人類の幸福に貢献することにつながるものである。また，「他者に配慮する」ことは，外国語の学習を通して，他者を配慮し受け入れる寛容の精神や平和・国際貢献などの精神を獲得し，多面的思考ができるような人材を育てることにつながる。

　次に，道徳教育の要としての道徳科の指導との関連を考慮する必要がある。

外国語科で扱った内容や教材の中で適切なものを，道徳科に活用することが効果的な場合もある。また，道徳科で取り上げたことに関係のある内容や教材を外国語科で扱う場合には，道徳科における指導の成果を生かすように工夫することも考えられる。そのためにも，外国語科の年間指導計画の作成などに際して，道徳教育の全体計画との関連，指導の内容及び時期等に配慮し，両者が相互に効果を高め合うようにすることが大切である。

付録

目次

- 付録1：学校教育法施行規則（抄）
- 付録2：小学校学習指導要領　第1章　総則
- 付録3：小学校学習指導要領　第4章　外国語活動
- 付録4：小学校学習指導要領　第2章　第10節　外国語
- 付録5：中学校学習指導要領　第2章　第9節　外国語
- 付録6：「外国語活動・外国語の目標」の学校段階別一覧表
- 付録7：「外国語の言語材料」の学校段階別一覧表
- 付録8：「外国語活動・外国語の言語活動の例」の学校段階別一覧表
- 付録9：小学校学習指導要領　第2章　第1節　国語
- 付録10：小学校学習指導要領　第3章　特別の教科　道徳
- 付録11：「道徳の内容」の学年段階・学校段階の一覧表
- 付録12：幼稚園教育要領

学校教育法施行規則（抄）

昭和二十二年五月二十三日文部省令第十一号
一部改正：平成二十九年三月三十一日文部科学省令第二十号
平成三十年八月二十七日文部科学省令第二十七号

第四章　小学校

第二節　教育課程

第五十条　小学校の教育課程は，国語，社会，算数，理科，生活，音楽，図画工作，家庭，体育及び外国語の各教科（以下この節において「各教科」という。），特別の教科である道徳，外国語活動，総合的な学習の時間並びに特別活動によつて編成するものとする。

2　私立の小学校の教育課程を編成する場合は，前項の規定にかかわらず，宗教を加えることができる。この場合においては，宗教をもつて前項の特別の教科である道徳に代えることができる。

第五十一条　小学校（第五十二条の二第二項に規定する中学校連携型小学校及び第七十九条の九第二項に規定する中学校併設型小学校を除く。）の各学年における各教科，特別の教科である道徳，外国語活動，総合的な学習の時間及び特別活動のそれぞれの授業時数並びに各学年におけるこれらの総授業時数は，別表第一に定める授業時数を標準とする。

第五十二条　小学校の教育課程については，この節に定めるもののほか，教育課程の基準として文部科学大臣が別に公示する小学校学習指導要領によるものとする。

第五十三条　小学校においては，必要がある場合には，一部の各教科について，これらを合わせて授業を行うことができる。

第五十四条　児童が心身の状況によつて履修することが困難な各教科は，その児童の心身の状況に適合するように課さなければならない。

第五十五条　小学校の教育課程に関し，その改善に資する研究を行うため特に必要があり，かつ，児童の教育上適切な配慮がなされていると文部科学大臣が認める場合においては，文部科学大臣が別に定めるところにより，第五十条第一項，第五十一条（中学校連携型小学校にあつては第五十二条の三，第七十九条の九第二項に規定する中学校併設型小学校にあつては第七十九条の十二において準用する第七十九条の五第一項）又は第五十二条の規定によらないことができる。

第五十五条の二　文部科学大臣が，小学校において，当該小学校又は当該小学校が設置されている地域の実態に照らし，より効果的な教育を実施するため，当該小学校又は当該地域の特色を生かした特別の教育課程を編成して教育を実施する必要があり，かつ，当該特別の教育課程について，教育基本法（平成十八年法律第百二十号）及び学校教育法第三十条第一項の規定等に照らして適切であり，児童の教育上適切な配慮がなされているものとして文部科学大臣が定める基準を満たしていると認める場合においては，文部科学大臣が別に定めるところにより，第五十条第一項，第五十一条（中学校連携型小学校にあつては第五十二条の三，第七十九条の九第二項に規定する中学校併設型小学校にあつては第七十九条の十二において準用する第七十九条の五第一項）又は第五十二条の規定の全部又は一部によらないことができる。

第五十六条　小学校において，学校生活への適応が困難であるため相当の期間小学校を欠席

し引き続き欠席すると認められる児童を対象として，その実態に配慮した特別の教育課程を編成して教育を実施する必要があると文部科学大臣が認める場合においては，文部科学大臣が別に定めるところにより，第五十条第一項，第五十一条（中学校連携型小学校にあつては第五十二条の三，第七十九条の九第二項に規定する中学校併設型小学校にあつては第七十九条の十二において準用する第七十九条の五第一項）又は第五十二条の規定によらないことができる。

第五十六条の二　小学校において，日本語に通じない児童のうち，当該児童の日本語を理解し，使用する能力に応じた特別の指導を行う必要があるものを教育する場合には，文部科学大臣が別に定めるところにより，第五十条第一項，第五十一条（中学校連携型小学校にあつては第五十二条の三，第七十九条の九第二項に規定する中学校併設型小学校にあつては第七十九条の十二において準用する第七十九条の五第一項）及び第五十二条の規定にかかわらず，特別の教育課程によることができる。

第五十六条の三　前条の規定により特別の教育課程による場合においては，校長は，児童が設置者の定めるところにより他の小学校，義務教育学校の前期課程又は特別支援学校の小学部において受けた授業を，当該児童の在学する小学校において受けた当該特別の教育課程に係る授業とみなすことができる。

第五十六条の四　小学校において，学齢を経過した者のうち，その者の年齢，経験又は勤労の状況その他の実情に応じた特別の指導を行う必要があるものを夜間その他特別の時間において教育する場合には，文部科学大臣が別に定めるところにより，第五十条第一項，第五十一条（中学校連携型小学校にあつては第五十二条の三，第七十九条の九第二項に規定する中学校併設型小学校にあつては第七十九条の十二において準用する第七十九条の五第一項）及び第五十二条の規定にかかわらず，特別の教育課程によることができる。

第三節　学年及び授業日

第六十一条　公立小学校における休業日は，次のとおりとする。ただし，第三号に掲げる日を除き，当該学校を設置する地方公共団体の教育委員会（公立大学法人の設置する小学校にあつては，当該公立大学法人の理事長。第三号において同じ。）が必要と認める場合は，この限りでない。
一　国民の祝日に関する法律（昭和二十三年法律第百七十八号）に規定する日
二　日曜日及び土曜日
三　学校教育法施行令第二十九条第一項の規定により教育委員会が定める日

第六十二条　私立小学校における学期及び休業日は，当該学校の学則で定める。

第八章　特別支援教育

第百三十四条の二　校長は，特別支援学校に在学する児童等について個別の教育支援計画（学校と医療，保健，福祉，労働等に関する業務を行う関係機関及び民間団体（次項において「関係機関等」という。）との連携の下に行う当該児童等に対する長期的な支援に関する計画をいう。）を作成しなければならない。
2　校長は，前項の規定により個別の教育支援計画を作成するに当たつては，当該児童等又

はその保護者の意向を踏まえつつ，あらかじめ，関係機関等と当該児童等の支援に関する必要な情報の共有を図らなければならない。

第百三十八条　小学校，中学校若しくは義務教育学校又は中等教育学校の前期課程における特別支援学級に係る教育課程については，特に必要がある場合は，第五十条第一項（第七十九条の六第一項において準用する場合を含む。），第五十一条，第五十二条（第七十九条の六第一項において準用する場合を含む。），第五十二条の三，第七十二条（第七十九条の六第二項及び第百八条第一項において準用する場合を含む。），第七十三条，第七十四条（第七十九条の六第二項及び第百八条第一項において準用する場合を含む。），第七十四条の三，第七十六条，第七十九条の五（第七十九条の十二において準用する場合を含む。）及び第百七条（第百十七条において準用する場合を含む。）の規定にかかわらず，特別の教育課程によることができる。

第百三十九条の二　第百三十四条の二の規定は，小学校，中学校若しくは義務教育学校又は中等教育学校の前期課程における特別支援学級の児童又は生徒について準用する。

第百四十条　小学校，中学校，義務教育学校，高等学校又は中等教育学校において，次の各号のいずれかに該当する児童又は生徒（特別支援学級の児童及び生徒を除く。）のうち当該障害に応じた特別の指導を行う必要があるものを教育する場合には，文部科学大臣が別に定めるところにより，第五十条第一項（第七十九条の六第一項において準用する場合を含む。），第五十一条，第五十二条（第七十九条の六第一項において準用する場合を含む。），第五十二条の三，第七十二条（第七十九条の六第二項及び第百八条第一項において準用する場合を含む。），第七十三条，第七十四条（第七十九条の六第二項及び第百八条第一項において準用する場合を含む。），第七十四条の三，第七十六条，第七十九条の五（第七十九条の十二において準用する場合を含む。），第八十三条及び第八十四条（第百八条第二項において準用する場合を含む。）並びに第百七条（第百十七条において準用する場合を含む。）の規定にかかわらず，特別の教育課程によることができる。

一　言語障害者
二　自閉症者
三　情緒障害者
四　弱視者
五　難聴者
六　学習障害者
七　注意欠陥多動性障害者
八　その他障害のある者で，この条の規定により特別の教育課程による教育を行うことが適当なもの

第百四十一条　前条の規定により特別の教育課程による場合においては，校長は，児童又は生徒が，当該小学校，中学校，義務教育学校，高等学校又は中等教育学校の設置者の定めるところにより他の小学校，中学校，義務教育学校，高等学校，中等教育学校又は特別支援学校の小学部，中学部若しくは高等部において受けた授業を，当該小学校，中学校，義務教育学校，高等学校又は中等教育学校において受けた当該特別の教育課程に係る授業とみなすことができる。

第百四十一条の二　第百三十四条の二の規定は，第百四十条の規定により特別の指導が行われている児童又は生徒について準用する。

附 則（平成二十九年三月三十一日文部科学省令第二十号）

この省令は，平成三十二年四月一日から施行する。

別表第一（第五十一条関係）

区分			第1学年	第2学年	第3学年	第4学年	第5学年	第6学年
各教科の授業時数	国	語	306	315	245	245	175	175
	社	会			70	90	100	105
	算	数	136	175	175	175	175	175
	理	科			90	105	105	105
	生	活	102	105				
	音	楽	68	70	60	60	50	50
	図画工作		68	70	60	60	50	50
	家	庭					60	55
	体	育	102	105	105	105	90	90
	外 国 語						70	70
特別の教科である道徳の授業時数			34	35	35	35	35	35
外国語活動の授業時数					35	35		
総合的な学習の時間の授業時数					70	70	70	70
特別活動の授業時数			34	35	35	35	35	35
総授業時数			850	910	980	1015	1015	1015

備考
一　この表の授業時数の一単位時間は，四十五分とする。
二　特別活動の授業時数は，小学校学習指導要領で定める学級活動（学校給食に係るものを除く。）に充てるものとする。
三　第五十条第二項の場合において，特別の教科である道徳のほかに宗教を加えるときは，宗教の授業時数をもつてこの表の特別の教科である道徳の授業時数の一部に代えることができる。（別表第二及び別表第四の場合においても同様とする。）

小学校学習指導要領　第1章　総則

● 第1　小学校教育の基本と教育課程の役割

1　各学校においては，教育基本法及び学校教育法その他の法令並びにこの章以下に示すところに従い，児童の人間として調和のとれた育成を目指し，児童の心身の発達の段階や特性及び学校や地域の実態を十分考慮して，適切な教育課程を編成するものとし，これらに掲げる目標を達成するよう教育を行うものとする。

2　学校の教育活動を進めるに当たっては，各学校において，第3の1に示す主体的・対話的で深い学びの実現に向けた授業改善を通して，創意工夫を生かした特色ある教育活動を展開する中で，次の(1)から(3)までに掲げる事項の実現を図り，児童に生きる力を育むことを目指すものとする。

(1)　基礎的・基本的な知識及び技能を確実に習得させ，これらを活用して課題を解決するために必要な思考力，判断力，表現力等を育むとともに，主体的に学習に取り組む態度を養い，個性を生かし多様な人々との協働を促す教育の充実に努めること。その際，児童の発達の段階を考慮して，児童の言語活動など，学習の基盤をつくる活動を充実するとともに，家庭との連携を図りながら，児童の学習習慣が確立するよう配慮すること。

(2)　道徳教育や体験活動，多様な表現や鑑賞の活動等を通して，豊かな心や創造性のかん（かん育）養を目指した教育の充実に努めること。

　　学校における道徳教育は，特別の教科である道徳（以下「道徳科」という。）を要として学校の教育活動全体を通じて行うものであり，道徳科はもとより，各教科，外国語活動，総合的な学習の時間及び特別活動のそれぞれの特質に応じて，児童の発達の段階を考慮して，適切な指導を行うこと。

　　道徳教育は，教育基本法及び学校教育法に定められた教育の根本精神に基づき，自己の生き方を考え，主体的な判断の下に行動し，自立した人間として他者と共によりよく生きるための基盤となる道徳性を養うことを目標とすること。

　　道徳教育を進めるに当たっては，人間尊重の精神と生命に対する畏敬の念を家庭，学校，その他社会における具体的な生活の中に生かし，豊かな心をもち，伝統と文化を尊重し，それらを育んできた我が国と郷土を愛し，個性豊かな文化の創造を図るとともに，平和で民主的な国家及び社会の形成者として，公共の精神を尊び，社会及び国家の発展に努め，他国を尊重し，国際社会の平和と発展や環境の保全に貢献し未来を拓く主体性のある日本人の育成に資することとなるよう特に留意すること。

(3)　学校における体育・健康に関する指導を，児童の発達の段階を考慮して，学校の教育活動全体を通じて適切に行うことにより，健康で安全な生活と豊かなスポーツライフの実現を目指した教育の充実に努めること。特に，学校における食育の推進並びに体力の向上に関する指導，安全に関する指導及び心身の健康の保持増進に関する指導については，体育科，家庭科及び特別活動の時間はもとより，各教科，道徳科，外国語活動及び総合的な学習の時間などにおいてもそれぞれの特質に応じて適切に行うよう努めること。また，それらの指導を通して，家庭や地域社会との連携を図りながら，日常生活において適切な体育・健康に関する活動の実践を促し，生涯を通じて健康・安全で活力ある生活を送るための基礎が培われるよう配慮すること。

3　2の(1)から(3)までに掲げる事項の実現を図り，豊かな創造性を備え持続可能な社会の創り手となることが期待される児童に，生きる力を育むことを目指すに当たっては，学校教育全体並びに各教科，道徳科，外国語活動，総合的な学習の時間及び特別活動（以下「各教科等」という。ただし，第2の3の(2)のア及びウにおいて，特別活動については学級活動（学校給食に係るもの

を除く。) に限る。) の指導を通してどのような資質・能力の育成を目指すのかを明確にしながら，教育活動の充実を図るものとする。その際，児童の発達の段階や特性等を踏まえつつ，次に掲げることが偏りなく実現できるようにするものとする。
(1) 知識及び技能が習得されるようにすること。
(2) 思考力，判断力，表現力等を育成すること。
(3) 学びに向かう力，人間性等を涵養（かん）すること。
4 各学校においては，児童や学校，地域の実態を適切に把握し，教育の目的や目標の実現に必要な教育の内容等を教科等横断的な視点で組み立てていくこと，教育課程の実施状況を評価してその改善を図っていくこと，教育課程の実施に必要な人的又は物的な体制を確保するとともにその改善を図っていくことなどを通して，教育課程に基づき組織的かつ計画的に各学校の教育活動の質の向上を図っていくこと（以下「カリキュラム・マネジメント」という。）に努めるものとする。

● 第2　教育課程の編成

1　各学校の教育目標と教育課程の編成
　　教育課程の編成に当たっては，学校教育全体や各教科等における指導を通して育成を目指す資質・能力を踏まえつつ，各学校の教育目標を明確にするとともに，教育課程の編成についての基本的な方針が家庭や地域とも共有されるよう努めるものとする。その際，第5章総合的な学習の時間の第2の1に基づき定められる目標との関連を図るものとする。
2　教科等横断的な視点に立った資質・能力の育成
(1) 各学校においては，児童の発達の段階を考慮し，言語能力，情報活用能力（情報モラルを含む。），問題発見・解決能力等の学習の基盤となる資質・能力を育成していくことができるよう，各教科等の特質を生かし，教科等横断的な視点から教育課程の編成を図るものとする。
(2) 各学校においては，児童や学校，地域の実態及び児童の発達の段階を考慮し，豊かな人生の実現や災害等を乗り越えて次代の社会を形成することに向けた現代的な諸課題に対応して求められる資質・能力を，教科等横断的な視点で育成していくことができるよう，各学校の特色を生かした教育課程の編成を図るものとする。
3　教育課程の編成における共通的事項
(1) 内容等の取扱い
　ア　第2章以下に示す各教科，道徳科，外国語活動及び特別活動の内容に関する事項は，特に示す場合を除き，いずれの学校においても取り扱わなければならない。
　イ　学校において特に必要がある場合には，第2章以下に示していない内容を加えて指導することができる。また，第2章以下に示す内容の取扱いのうち内容の範囲や程度等を示す事項は，全ての児童に対して指導するものとする内容の範囲や程度等を示したものであり，学校において特に必要がある場合には，この事項にかかわらず加えて指導することができる。ただし，これらの場合には，第2章以下に示す各教科，道徳科，外国語活動及び特別活動の目標や内容の趣旨を逸脱したり，児童の負担過重となったりすることのないようにしなければならない。
　ウ　第2章以下に示す各教科，道徳科，外国語活動及び特別活動の内容に掲げる事項の順序は，特に示す場合を除き，指導の順序を示すものではないので，学校においては，その取扱いについて適切な工夫を加えるものとする。
　エ　学年の内容を2学年まとめて示した教科及び外国語活動の内容は，2学年間かけて指導する事項を示したものである。各学校においては，これらの事項を児童や学校，地域の実態に応じ，2学年間を見通して計画的に指導することとし，特に示す場合を除き，いずれかの学

年に分けて，又はいずれの学年においても指導するものとする。
- オ 学校において2以上の学年の児童で編制する学級について特に必要がある場合には，各教科及び道徳科の目標の達成に支障のない範囲内で，各教科及び道徳科の目標及び内容について学年別の順序によらないことができる。
- カ 道徳科を要として学校の教育活動全体を通じて行う道徳教育の内容は，第3章特別の教科道徳の第2に示す内容とし，その実施に当たっては，第6に示す道徳教育に関する配慮事項を踏まえるものとする。

(2) 授業時数等の取扱い
- ア 各教科等の授業は，年間35週（第1学年については34週）以上にわたって行うよう計画し，週当たりの授業時数が児童の負担過重にならないようにするものとする。ただし，各教科等や学習活動の特質に応じ効果的な場合には，夏季，冬季，学年末等の休業日の期間に授業日を設定する場合を含め，これらの授業を特定の期間に行うことができる。
- イ 特別活動の授業のうち，児童会活動，クラブ活動及び学校行事については，それらの内容に応じ，年間，学期ごと，月ごとなどに適切な授業時数を充てるものとする。
- ウ 各学校の時間割については，次の事項を踏まえ適切に編成するものとする。
  - (ｱ) 各教科等のそれぞれの授業の1単位時間は，各学校において，各教科等の年間授業時数を確保しつつ，児童の発達の段階及び各教科等や学習活動の特質を考慮して適切に定めること。
  - (ｲ) 各教科等の特質に応じ，10分から15分程度の短い時間を活用して特定の教科等の指導を行う場合において，教師が，単元や題材など内容や時間のまとまりを見通した中で，その指導内容の決定や指導の成果の把握と活用等を責任をもって行う体制が整備されているときは，その時間を当該教科等の年間授業時数に含めることができること。
  - (ｳ) 給食，休憩などの時間については，各学校において工夫を加え，適切に定めること。
  - (ｴ) 各学校において，児童や学校，地域の実態，各教科等や学習活動の特質等に応じて，創意工夫を生かした時間割を弾力的に編成できること。
- エ 総合的な学習の時間における学習活動により，特別活動の学校行事に掲げる各行事の実施と同様の成果が期待できる場合においては，総合的な学習の時間における学習活動をもって相当する特別活動の学校行事に掲げる各行事の実施に替えることができる。

(3) 指導計画の作成等に当たっての配慮事項

各学校においては，次の事項に配慮しながら，学校の創意工夫を生かし，全体として，調和のとれた具体的な指導計画を作成するものとする。
- ア 各教科等の指導内容については，(1)のアを踏まえつつ，単元や題材など内容や時間のまとまりを見通しながら，そのまとめ方や重点の置き方に適切な工夫を加え，第3の1に示す主体的・対話的で深い学びの実現に向けた授業改善を通して資質・能力を育む効果的な指導ができるようにすること。
- イ 各教科等及び各学年相互間の関連を図り，系統的，発展的な指導ができるようにすること。
- ウ 学年の内容を2学年まとめて示した教科及び外国語活動については，当該学年間を見通して，児童や学校，地域の実態に応じ，児童の発達の段階を考慮しつつ，効果的，段階的に指導するようにすること。
- エ 児童の実態等を考慮し，指導の効果を高めるため，児童の発達の段階や指導内容の関連性等を踏まえつつ，合科的・関連的な指導を進めること。

4 学校段階等間の接続

教育課程の編成に当たっては，次の事項に配慮しながら，学校段階等間の接続を図るものとする。

(1) 幼児期の終わりまでに育ってほしい姿を踏まえた指導を工夫することにより，幼稚園教育要領等に基づく幼児期の教育を通して育まれた資質・能力を踏まえて教育活動を実施し，児童が主体的に自己を発揮しながら学びに向かうことが可能となるようにすること。

また，低学年における教育全体において，例えば生活科において育成する自立し生活を豊かにしていくための資質・能力が，他教科等の学習においても生かされるようにするなど，教科等間の関連を積極的に図り，幼児期の教育及び中学年以降の教育との円滑な接続が図られるよう工夫すること。特に，小学校入学当初においては，幼児期において自発的な活動としての遊びを通して育まれてきたことが，各教科等における学習に円滑に接続されるよう，生活科を中心に，合科的・関連的な指導や弾力的な時間割の設定など，指導の工夫や指導計画の作成を行うこと。

(2) 中学校学習指導要領及び高等学校学習指導要領を踏まえ，中学校教育及びその後の教育との円滑な接続が図られるよう工夫すること。特に，義務教育学校，中学校連携型小学校及び中学校併設型小学校においては，義務教育9年間を見通した計画的かつ継続的な教育課程を編成すること。

第3　教育課程の実施と学習評価

1　主体的・対話的で深い学びの実現に向けた授業改善

各教科等の指導に当たっては，次の事項に配慮するものとする。

(1) 第1の3の(1)から(3)までに示すことが偏りなく実現されるよう，単元や題材など内容や時間のまとまりを見通しながら，児童の主体的・対話的で深い学びの実現に向けた授業改善を行うこと。

特に，各教科等において身に付けた知識及び技能を活用したり，思考力，判断力，表現力等や学びに向かう力，人間性等を発揮させたりして，学習の対象となる物事を捉え思考することにより，各教科等の特質に応じた物事を捉える視点や考え方（以下「見方・考え方」という。）が鍛えられていくことに留意し，児童が各教科等の特質に応じた見方・考え方を働かせながら，知識を相互に関連付けてより深く理解したり，情報を精査して考えを形成したり，問題を見いだして解決策を考えたり，思いや考えを基に創造したりすることに向かう過程を重視した学習の充実を図ること。

(2) 第2の2の(1)に示す言語能力の育成を図るため，各学校において必要な言語環境を整えるとともに，国語科を要としつつ各教科等の特質に応じて，児童の言語活動を充実すること。あわせて，(7)に示すとおり読書活動を充実すること。

(3) 第2の2の(1)に示す情報活用能力の育成を図るため，各学校において，コンピュータや情報通信ネットワークなどの情報手段を活用するために必要な環境を整え，これらを適切に活用した学習活動の充実を図ること。また，各種の統計資料や新聞，視聴覚教材や教育機器などの教材・教具の適切な活用を図ること。

あわせて，各教科等の特質に応じて，次の学習活動を計画的に実施すること。

ア　児童がコンピュータで文字を入力するなどの学習の基盤として必要となる情報手段の基本的な操作を習得するための学習活動

イ　児童がプログラミングを体験しながら，コンピュータに意図した処理を行わせるために必要な論理的思考力を身に付けるための学習活動

(4) 児童が学習の見通しを立てたり学習したことを振り返ったりする活動を，計画的に取り入れるように工夫すること。

付録2

(5) 児童が生命の有限性や自然の大切さ,主体的に挑戦してみることや多様な他者と協働することの重要性などを実感しながら理解することができるよう,各教科等の特質に応じた体験活動を重視し,家庭や地域社会と連携しつつ体系的・継続的に実施できるよう工夫すること。

(6) 児童が自ら学習課題や学習活動を選択する機会を設けるなど,児童の興味・関心を生かした自主的,自発的な学習が促されるよう工夫すること。

(7) 学校図書館を計画的に利用しその機能の活用を図り,児童の主体的・対話的で深い学びの実現に向けた授業改善に生かすとともに,児童の自主的,自発的な学習活動や読書活動を充実すること。また,地域の図書館や博物館,美術館,劇場,音楽堂等の施設の活用を積極的に図り,資料を活用した情報の収集や鑑賞等の学習活動を充実すること。

2 学習評価の充実

学習評価の実施に当たっては,次の事項に配慮するものとする。

(1) 児童のよい点や進歩の状況などを積極的に評価し,学習したことの意義や価値を実感できるようにすること。また,各教科等の目標の実現に向けた学習状況を把握する観点から,単元や題材など内容や時間のまとまりを見通しながら評価の場面や方法を工夫して,学習の過程や成果を評価し,指導の改善や学習意欲の向上を図り,資質・能力の育成に生かすようにすること。

(2) 創意工夫の中で学習評価の妥当性や信頼性が高められるよう,組織的かつ計画的な取組を推進するとともに,学年や学校段階を越えて児童の学習の成果が円滑に接続されるように工夫すること。

● 第4 児童の発達の支援

1 児童の発達を支える指導の充実

教育課程の編成及び実施に当たっては,次の事項に配慮するものとする。

(1) 学習や生活の基盤として,教師と児童との信頼関係及び児童相互のよりよい人間関係を育てるため,日頃から学級経営の充実を図ること。また,主に集団の場面で必要な指導や援助を行うガイダンスと,個々の児童の多様な実態を踏まえ,一人一人が抱える課題に個別に対応した指導を行うカウンセリングの双方により,児童の発達を支援すること。

あわせて,小学校の低学年,中学年,高学年の学年の時期の特長を生かした指導の工夫を行うこと。

(2) 児童が,自己の存在感を実感しながら,よりよい人間関係を形成し,有意義で充実した学校生活を送る中で,現在及び将来における自己実現を図っていくことができるよう,児童理解を深め,学習指導と関連付けながら,生徒指導の充実を図ること。

(3) 児童が,学ぶことと自己の将来とのつながりを見通しながら,社会的・職業的自立に向けて必要な基盤となる資質・能力を身に付けていくことができるよう,特別活動を要としつつ各教科等の特質に応じて,キャリア教育の充実を図ること。

(4) 児童が,基礎的・基本的な知識及び技能の習得も含め,学習内容を確実に身に付けることができるよう,児童や学校の実態に応じ,個別学習やグループ別学習,繰り返し学習,学習内容の習熟の程度に応じた学習,児童の興味・関心等に応じた課題学習,補充的な学習や発展的な学習などの学習活動を取り入れることや,教師間の協力による指導体制を確保することなど,指導方法や指導体制の工夫改善により,個に応じた指導の充実を図ること。その際,第3の1の(3)に示す情報手段や教材・教具の活用を図ること。

2 特別な配慮を必要とする児童への指導
　(1) 障害のある児童などへの指導
　　ア　障害のある児童などについては，特別支援学校等の助言又は援助を活用しつつ，個々の児童の障害の状態等に応じた指導内容や指導方法の工夫を組織的かつ計画的に行うものとする。
　　イ　特別支援学級において実施する特別の教育課程については，次のとおり編成するものとする。
　　　(ｱ)　障害による学習上又は生活上の困難を克服し自立を図るため，特別支援学校小学部・中学部学習指導要領第7章に示す自立活動を取り入れること。
　　　(ｲ)　児童の障害の程度や学級の実態等を考慮の上，各教科の目標や内容を下学年の教科の目標や内容に替えたり，各教科を，知的障害者である児童に対する教育を行う特別支援学校の各教科に替えたりするなどして，実態に応じた教育課程を編成すること。
　　ウ　障害のある児童に対して，通級による指導を行い，特別の教育課程を編成する場合には，特別支援学校小学部・中学部学習指導要領第7章に示す自立活動の内容を参考とし，具体的な目標や内容を定め，指導を行うものとする。その際，効果的な指導が行われるよう，各教科等と通級による指導との関連を図るなど，教師間の連携に努めるものとする。
　　エ　障害のある児童などについては，家庭，地域及び医療や福祉，保健，労働等の業務を行う関係機関との連携を図り，長期的な視点で児童への教育的支援を行うために，個別の教育支援計画を作成し活用することに努めるとともに，各教科等の指導に当たって，個々の児童の実態を的確に把握し，個別の指導計画を作成し活用することに努めるものとする。特に，特別支援学級に在籍する児童や通級による指導を受ける児童については，個々の児童の実態を的確に把握し，個別の教育支援計画や個別の指導計画を作成し，効果的に活用するものとする。
　(2) 海外から帰国した児童などの学校生活への適応や，日本語の習得に困難のある児童に対する日本語指導
　　ア　海外から帰国した児童などについては，学校生活への適応を図るとともに，外国における生活経験を生かすなどの適切な指導を行うものとする。
　　イ　日本語の習得に困難のある児童については，個々の児童の実態に応じた指導内容や指導方法の工夫を組織的かつ計画的に行うものとする。特に，通級による日本語指導については，教師間の連携に努め，指導についての計画を個別に作成することなどにより，効果的な指導に努めるものとする。
　(3) 不登校児童への配慮
　　ア　不登校児童については，保護者や関係機関と連携を図り，心理や福祉の専門家の助言又は援助を得ながら，社会的自立を目指す観点から，個々の児童の実態に応じた情報の提供その他の必要な支援を行うものとする。
　　イ　相当の期間小学校を欠席し引き続き欠席すると認められる児童を対象として，文部科学大臣が認める特別の教育課程を編成する場合には，児童の実態に配慮した教育課程を編成するとともに，個別学習やグループ別学習など指導方法や指導体制の工夫改善に努めるものとする。

● 第5　学校運営上の留意事項

1　教育課程の改善と学校評価等
　ア　各学校においては，校長の方針の下に，校務分掌に基づき教職員が適切に役割を分担しつつ，相互に連携しながら，各学校の特色を生かしたカリキュラム・マネジメントを行うよう努めるものとする。また，各学校が行う学校評価については，教育課程の編成，実施，改善が教育活動や学校運営の中核となることを踏まえ，カリキュラム・マネジメントと関連付けながら実施

するよう留意するものとする。
　　イ　教育課程の編成及び実施に当たっては，学校保健計画，学校安全計画，食に関する指導の全体計画，いじめの防止等のための対策に関する基本的な方針など，各分野における学校の全体計画等と関連付けながら，効果的な指導が行われるように留意するものとする。
　2　家庭や地域社会との連携及び協働と学校間の連携
　　教育課程の編成及び実施に当たっては，次の事項に配慮するものとする。
　　ア　学校がその目的を達成するため，学校や地域の実態等に応じ，教育活動の実施に必要な人的又は物的な体制を家庭や地域の人々の協力を得ながら整えるなど，家庭や地域社会との連携及び協働を深めること。また，高齢者や異年齢の子供など，地域における世代を越えた交流の機会を設けること。
　　イ　他の小学校や，幼稚園，認定こども園，保育所，中学校，高等学校，特別支援学校などとの間の連携や交流を図るとともに，障害のある幼児児童生徒との交流及び共同学習の機会を設け，共に尊重し合いながら協働して生活していく態度を育むようにすること。

第6　道徳教育に関する配慮事項

　道徳教育を進めるに当たっては，道徳教育の特質を踏まえ，前項までに示す事項に加え，次の事項に配慮するものとする。
1　各学校においては，第1の2の(2)に示す道徳教育の目標を踏まえ，道徳教育の全体計画を作成し，校長の方針の下に，道徳教育の推進を主に担当する教師（以下「道徳教育推進教師」という。）を中心に，全教師が協力して道徳教育を展開すること。なお，道徳教育の全体計画の作成に当たっては，児童や学校，地域の実態を考慮して，学校の道徳教育の重点目標を設定するとともに，道徳科の指導方針，第3章特別の教科道徳の第2に示す内容との関連を踏まえた各教科，外国語活動，総合的な学習の時間及び特別活動における指導の内容及び時期並びに家庭や地域社会との連携の方法を示すこと。
2　各学校においては，児童の発達の段階や特性等を踏まえ，指導内容の重点化を図ること。その際，各学年を通じて，自立心や自律性，生命を尊重する心や他者を思いやる心を育てることに留意すること。また，各学年段階においては，次の事項に留意すること。
　(1)　第1学年及び第2学年においては，挨拶などの基本的な生活習慣を身に付けること，善悪を判断し，してはならないことをしないこと，社会生活上のきまりを守ること。
　(2)　第3学年及び第4学年においては，善悪を判断し，正しいと判断したことを行うこと，身近な人々と協力し助け合うこと，集団や社会のきまりを守ること。
　(3)　第5学年及び第6学年においては，相手の考え方や立場を理解して支え合うこと，法やきまりの意義を理解して進んで守ること，集団生活の充実に努めること，伝統と文化を尊重し，それらを育んできた我が国と郷土を愛するとともに，他国を尊重すること。
3　学校や学級内の人間関係や環境を整えるとともに，集団宿泊活動やボランティア活動，自然体験活動，地域の行事への参加などの豊かな体験を充実すること。また，道徳教育の指導内容が，児童の日常生活に生かされるようにすること。その際，いじめの防止や安全の確保等にも資することとなるよう留意すること。
4　学校の道徳教育の全体計画や道徳教育に関する諸活動などの情報を積極的に公表したり，道徳教育の充実のために家庭や地域の人々の積極的な参加や協力を得たりするなど，家庭や地域社会との共通理解を深め，相互の連携を図ること。

小学校学習指導要領　第4章　外国語活動

● 第1　目標

　外国語によるコミュニケーションにおける見方・考え方を働かせ，外国語による聞くこと，話すことの言語活動を通して，コミュニケーションを図る素地となる資質・能力を次のとおり育成することを目指す。
　(1) 外国語を通して，言語や文化について体験的に理解を深め，日本語と外国語との音声の違い等に気付くとともに，外国語の音声や基本的な表現に慣れ親しむようにする。
　(2) 身近で簡単な事柄について，外国語で聞いたり話したりして自分の考えや気持ちなどを伝え合う力の素地を養う。
　(3) 外国語を通して，言語やその背景にある文化に対する理解を深め，相手に配慮しながら，主体的に外国語を用いてコミュニケーションを図ろうとする態度を養う。

● 第2　各言語の目標及び内容等

英　語

1　目　標

　英語学習の特質を踏まえ，以下に示す，聞くこと，話すこと［やり取り］，話すこと［発表］の三つの領域別に設定する目標の実現を目指した指導を通して，第1の(1)及び(2)に示す資質・能力を一体的に育成するとともに，その過程を通して，第1の(3)に示す資質・能力を育成する。
　(1) 聞くこと
　　ア　ゆっくりはっきりと話された際に，自分のことや身の回りの物を表す簡単な語句を聞き取るようにする。
　　イ　ゆっくりはっきりと話された際に，身近で簡単な事柄に関する基本的な表現の意味が分かるようにする。
　　ウ　文字の読み方が発音されるのを聞いた際に，どの文字であるかが分かるようにする。
　(2) 話すこと［やり取り］
　　ア　基本的な表現を用いて挨拶，感謝，簡単な指示をしたり，それらに応じたりするようにする。
　　イ　自分のことや身の回りの物について，動作を交えながら，自分の考えや気持ちなどを，簡単な語句や基本的な表現を用いて伝え合うようにする。
　　ウ　サポートを受けて，自分や相手のこと及び身の回りの物に関する事柄について，簡単な語句や基本的な表現を用いて質問をしたり質問に答えたりするようにする。
　(3) 話すこと［発表］
　　ア　身の回りの物について，人前で実物などを見せながら，簡単な語句や基本的な表現を用いて話すようにする。
　　イ　自分のことについて，人前で実物などを見せながら，簡単な語句や基本的な表現を用いて話すようにする。
　　ウ　日常生活に関する身近で簡単な事柄について，人前で実物などを見せながら，自分の考えや気持ちなどを，簡単な語句や基本的な表現を用いて話すようにする。

2　内　容

　〔第3学年及び第4学年〕

〔知識及び技能〕
(1) 英語の特徴等に関する事項

　実際に英語を用いた言語活動を通して，次の事項を体験的に身に付けることができるよう指導する。

　ア　言語を用いて主体的にコミュニケーションを図ることの楽しさや大切さを知ること。
　イ　日本と外国の言語や文化について理解すること。
　　(ｱ)　英語の音声やリズムなどに慣れ親しむとともに，日本語との違いを知り，言葉の面白さや豊かさに気付くこと。
　　(ｲ)　日本と外国との生活や習慣，行事などの違いを知り，多様な考え方があることに気付くこと。
　　(ｳ)　異なる文化をもつ人々との交流などを体験し，文化等に対する理解を深めること。

〔思考力，判断力，表現力等〕
(2) 情報を整理しながら考えなどを形成し，英語で表現したり，伝え合ったりすることに関する事項

　具体的な課題等を設定し，コミュニケーションを行う目的や場面，状況などに応じて，情報や考えなどを表現することを通して，次の事項を身に付けることができるよう指導する。

　ア　自分のことや身近で簡単な事柄について，簡単な語句や基本的な表現を使って，相手に配慮しながら，伝え合うこと。
　イ　身近で簡単な事柄について，自分の考えや気持ちなどが伝わるよう，工夫して質問をしたり質問に答えたりすること。

(3) 言語活動及び言語の働きに関する事項
① 言語活動に関する事項

　(2)に示す事項については，(1)に示す事項を活用して，例えば，次のような言語活動を通して指導する。

　ア　聞くこと
　　(ｱ)　身近で簡単な事柄に関する短い話を聞いておおよその内容が分かったりする活動。
　　(ｲ)　身近な人や身の回りの物に関する簡単な語句や基本的な表現を聞いて，それらを表すイラストや写真などと結び付ける活動。
　　(ｳ)　文字の読み方が発音されるのを聞いて，活字体で書かれた文字と結び付ける活動。

　イ　話すこと［やり取り］
　　(ｱ)　知り合いと簡単な挨拶を交わしたり，感謝や簡単な指示，依頼をして，それらに応じたりする活動。
　　(ｲ)　自分のことや身の回りの物について，動作を交えながら，好みや要求などの自分の考えや気持ちなどを伝え合う活動。
　　(ｳ)　自分や相手の好み及び欲しい物などについて，簡単な質問をしたり質問に答えたりする活動。

　ウ　話すこと［発表］
　　(ｱ)　身の回りの物の数や形状などについて，人前で実物やイラスト，写真などを見せながら話す活動。
　　(ｲ)　自分の好き嫌いや，欲しい物などについて，人前で実物やイラスト，写真などを見せながら話す活動。
　　(ｳ)　時刻や曜日，場所など，日常生活に関する身近で簡単な事柄について，人前で実物やイラスト，写真などを見せながら，自分の考えや気持ちなどを話す活動。

② 言語の働きに関する事項

　言語活動を行うに当たり，主として次に示すような言語の使用場面や言語の働きを取り上げるようにする。

　ア　言語の使用場面の例
　　(ｱ) 児童の身近な暮らしに関わる場面
　　　　・家庭での生活　　・学校での学習や活動
　　　　・地域の行事　　　・子供の遊び　など
　　(ｲ) 特有の表現がよく使われる場面
　　　　・挨拶　　・自己紹介　　・買物
　　　　・食事　　・道案内　など
　イ　言語の働きの例
　　(ｱ) コミュニケーションを円滑にする
　　　　・挨拶をする　　・相づちを打つ　など
　　(ｲ) 気持ちを伝える
　　　　・礼を言う　　・褒める　など
　　(ｳ) 事実・情報を伝える
　　　　・説明する　　・答える　など
　　(ｴ) 考えや意図を伝える
　　　　・申し出る　　・意見を言う　など
　　(ｵ) 相手の行動を促す
　　　　・質問する　　・依頼する　　・命令する　など

3　指導計画の作成と内容の取扱い

(1) 指導計画の作成に当たっては，第5学年及び第6学年並びに中学校及び高等学校における指導との接続に留意しながら，次の事項に配慮するものとする。

　ア　単元など内容や時間のまとまりを見通して，その中で育む資質・能力の育成に向けて，児童の主体的・対話的で深い学びの実現を図るようにすること。その際，具体的な課題等を設定し，児童が外国語によるコミュニケーションにおける見方・考え方を働かせながら，コミュニケーションの目的や場面，状況などを意識して活動を行い，英語の音声や語彙，表現などの知識を，三つの領域における実際のコミュニケーションにおいて活用する学習の充実を図ること。

　イ　学年ごとの目標を適切に定め，2学年間を通じて外国語活動の目標の実現を図るようにすること。

　ウ　実際に英語を用いて互いの考えや気持ちを伝え合うなどの言語活動を行う際は，2の(1)に示す事項について理解したり練習したりするための指導を必要に応じて行うこと。また，英語を初めて学習することに配慮し，簡単な語句や基本的な表現を用いながら，友達との関わりを大切にした体験的な言語活動を行うこと。

　エ　言語活動で扱う題材は，児童の興味・関心に合ったものとし，国語科や音楽科，図画工作科など，他教科等で児童が学習したことを活用したり，学校行事で扱う内容と関連付けたりするなどの工夫をすること。

　オ　外国語活動を通して，外国語や外国の文化のみならず，国語や我が国の文化についても併せて理解を深めるようにすること。言語活動で扱う題材についても，我が国の文化や，英語の背景にある文化に対する関心を高め，理解を深めようとする態度を養うのに役立つものと

付録3

すること。
　カ　障害のある児童などについては，学習活動を行う場合に生じる困難さに応じた指導内容や指導方法の工夫を計画的，組織的に行うこと。
　キ　学級担任の教師又は外国語活動を担当する教師が指導計画を作成し，授業を実施するに当たっては，ネイティブ・スピーカーや英語が堪能な地域人材などの協力を得る等，指導体制の充実を図るとともに，指導方法の工夫を行うこと。
(2) 2の内容の取扱いについては，次の事項に配慮するものとする。
　ア　英語でのコミュニケーションを体験させる際は，児童の発達の段階を考慮した表現を用い，児童にとって身近なコミュニケーションの場面を設定すること。
　イ　文字については，児童の学習負担に配慮しつつ，音声によるコミュニケーションを補助するものとして取り扱うこと。
　ウ　言葉によらないコミュニケーションの手段もコミュニケーションを支えるものであることを踏まえ，ジェスチャーなどを取り上げ，その役割を理解させるようにすること。
　エ　身近で簡単な事柄について，友達に質問をしたり質問に答えたりする力を育成するため，ペア・ワーク，グループ・ワークなどの学習形態について適宜工夫すること。その際，相手とコミュニケーションを行うことに課題がある児童については，個々の児童の特性に応じて指導内容や指導方法を工夫すること。
　オ　児童が身に付けるべき資質・能力や児童の実態，教材の内容などに応じて，視聴覚教材やコンピュータ，情報通信ネットワーク，教育機器などを有効活用し，児童の興味・関心をより高め，指導の効率化や言語活動の更なる充実を図るようにすること。
　カ　各単元や各時間の指導に当たっては，コミュニケーションを行う目的，場面，状況などを明確に設定し，言語活動を通して育成すべき資質・能力を明確に示すことにより，児童が学習の見通しを立てたり，振り返ったりすることができるようにすること。

● 第3　指導計画の作成と内容の取扱い

1　外国語活動においては，言語やその背景にある文化に対する理解が深まるよう指導するとともに，外国語による聞くこと，話すことの言語活動を行う際は，英語を取り扱うことを原則とすること。
2　第1章総則の第1の2の(2)に示す道徳教育の目標に基づき，道徳科などとの関連を考慮しながら，第3章特別の教科道徳の第2に示す内容について，外国語活動の特質に応じて適切な指導をすること。

小学校学習指導要領　第2章　第10節　外国語

● 第1　目標

　外国語によるコミュニケーションにおける見方・考え方を働かせ，外国語による聞くこと，読むこと，話すこと，書くことの言語活動を通して，コミュニケーションを図る基礎となる資質・能力を次のとおり育成することを目指す。

(1) 外国語の音声や文字，語彙，表現，文構造，言語の働きなどについて，日本語と外国語との違いに気付き，これらの知識を理解するとともに，読むこと，書くことに慣れ親しみ，聞くこと，読むこと，話すこと，書くことによる実際のコミュニケーションにおいて活用できる基礎的な技能を身に付けるようにする。

(2) コミュニケーションを行う目的や場面，状況などに応じて，身近で簡単な事柄について，聞いたり話したりするとともに，音声で十分に慣れ親しんだ外国語の語彙や基本的な表現を推測しながら読んだり，語順を意識しながら書いたりして，自分の考えや気持ちなどを伝え合うことができる基礎的な力を養う。

(3) 外国語の背景にある文化に対する理解を深め，他者に配慮しながら，主体的に外国語を用いてコミュニケーションを図ろうとする態度を養う。

● 第2　各言語の目標及び内容等

英　語
1　目　標

　英語学習の特質を踏まえ，以下に示す，聞くこと，読むこと，話すこと［やり取り］，話すこと［発表］，書くことの五つの領域別に設定する目標の実現を目指した指導を通して，第1の(1)及び(2)に示す資質・能力を一体的に育成するとともに，その過程を通して，第1の(3)に示す資質・能力を育成する。

(1) 聞くこと
　ア　ゆっくりはっきりと話されれば，自分のことや身近で簡単な事柄について，簡単な語句や基本的な表現を聞き取ることができるようにする。
　イ　ゆっくりはっきりと話されれば，日常生活に関する身近で簡単な事柄について，具体的な情報を聞き取ることができるようにする。
　ウ　ゆっくりはっきりと話されれば，日常生活に関する身近で簡単な事柄について，短い話の概要を捉えることができるようにする。

(2) 読むこと
　ア　活字体で書かれた文字を識別し，その読み方を発音することができるようにする。
　イ　音声で十分に慣れ親しんだ簡単な語句や基本的な表現の意味が分かるようにする。

(3) 話すこと［やり取り］
　ア　基本的な表現を用いて指示，依頼をしたり，それらに応じたりすることができるようにする。
　イ　日常生活に関する身近で簡単な事柄について，自分の考えや気持ちなどを，簡単な語句や基本的な表現を用いて伝え合うことができるようにする。
　ウ　自分や相手のこと及び身の回りの物に関する事柄について，簡単な語句や基本的な表現を用いてその場で質問をしたり質問に答えたりして，伝え合うことができるようにする。

(4) 話すこと［発表］

ア 日常生活に関する身近で簡単な事柄について，簡単な語句や基本的な表現を用いて話すことができるようにする。

イ 自分のことについて，伝えようとする内容を整理した上で，簡単な語句や基本的な表現を用いて話すことができるようにする。

ウ 身近で簡単な事柄について，伝えようとする内容を整理した上で，自分の考えや気持ちなどを，簡単な語句や基本的な表現を用いて話すことができるようにする。

(5) 書くこと

ア 大文字，小文字を活字体で書くことができるようにする。また，語順を意識しながら音声で十分に慣れ親しんだ簡単な語句や基本的な表現を書き写すことができるようにする。

イ 自分のことや身近で簡単な事柄について，例文を参考に，音声で十分に慣れ親しんだ簡単な語句や基本的な表現を用いて書くことができるようにする。

2 内 容

〔第5学年及び第6学年〕

〔知識及び技能〕

(1) 英語の特徴やきまりに関する事項

実際に英語を用いた言語活動を通して，次に示す言語材料のうち，1に示す五つの領域別の目標を達成するのにふさわしいものについて理解するとともに，言語材料と言語活動とを効果的に関連付け，実際のコミュニケーションにおいて活用できる技能を身に付けることができるよう指導する。

ア 音声

次に示す事項のうち基本的な語や句，文について取り扱うこと。

(ア) 現代の標準的な発音

(イ) 語と語の連結による音の変化

(ウ) 語や句，文における基本的な強勢

(エ) 文における基本的なイントネーション

(オ) 文における基本的な区切り

イ 文字及び符号

(ア) 活字体の大文字，小文字

(イ) 終止符や疑問符，コンマなどの基本的な符号

ウ 語，連語及び慣用表現

(ア) 1に示す五つの領域別の目標を達成するために必要となる，第3学年及び第4学年において第4章外国語活動を履修する際に取り扱った語を含む600〜700語程度の語

(イ) 連語のうち，get up, look at などの活用頻度の高い基本的なもの

(ウ) 慣用表現のうち，excuse me, I see, I'm sorry, thank you, you're welcome などの活用頻度の高い基本的なもの

エ 文及び文構造

次に示す事項について，日本語と英語の語順の違い等に気付かせるとともに，基本的な表現として，意味のある文脈でのコミュニケーションの中で繰り返し触れることを通して活用すること。

(ア) 文

a 単文

b 肯定，否定の平叙文

c　肯定，否定の命令文
　　　d　疑問文のうち，be 動詞で始まるものや助動詞（can, do など）で始まるもの，疑問詞（who, what, when, where, why, how）で始まるもの
　　　e　代名詞のうち，I, you, he, she などの基本的なものを含むもの
　　　f　動名詞や過去形のうち，活用頻度の高い基本的なものを含むもの
　　(イ)　文構造
　　　a　［主語＋動詞］
　　　b　［主語＋動詞＋補語］のうち，

主語 ＋ be 動詞 ＋ $\left\{\begin{array}{l}名詞\\代名詞\\形容詞\end{array}\right\}$

　　　c　［主語＋動詞＋目的語］のうち，

主語 ＋ 動詞 ＋ $\left\{\begin{array}{l}名詞\\代名詞\end{array}\right\}$

〔思考力，判断力，表現力等〕
(2)　情報を整理しながら考えなどを形成し，英語で表現したり，伝え合ったりすることに関する事項
　　具体的な課題等を設定し，コミュニケーションを行う目的や場面，状況などに応じて，情報を整理しながら考えなどを形成し，これらを表現することを通して，次の事項を身に付けることができるよう指導する。
　ア　身近で簡単な事柄について，伝えようとする内容を整理した上で，簡単な語句や基本的な表現を用いて，自分の考えや気持ちなどを伝え合うこと。
　イ　身近で簡単な事柄について，音声で十分に慣れ親しんだ簡単な語句や基本的な表現を推測しながら読んだり，語順を意識しながら書いたりすること。
(3)　言語活動及び言語の働きに関する事項
①　言語活動に関する事項
　　(2)に示す事項については，(1)に示す事項を活用して，例えば，次のような言語活動を通して指導する。
　ア　聞くこと
　　(ア)　自分のことや学校生活など，身近で簡単な事柄について，簡単な語句や基本的な表現を聞いて，それらを表すイラストや写真などと結び付ける活動。
　　(イ)　日付や時刻，値段などを表す表現など，日常生活に関する身近で簡単な事柄について，具体的な情報を聞き取る活動。
　　(ウ)　友達や家族，学校生活など，身近で簡単な事柄について，簡単な語句や基本的な表現で話される短い会話や説明を，イラストや写真などを参考にしながら聞いて，必要な情報を得る活動。
　イ　読むこと
　　(ア)　活字体で書かれた文字を見て，どの文字であるかやその文字が大文字であるか小文字であるかを識別する活動。
　　(イ)　活字体で書かれた文字を見て，その読み方を適切に発音する活動。
　　(ウ)　日常生活に関する身近で簡単な事柄を内容とする掲示やパンフレットなどから，自分が必要とする情報を得る活動。

(エ) 音声で十分に慣れ親しんだ簡単な語句や基本的な表現を，絵本などの中から識別する活動。

ウ 話すこと［やり取り］

(ア) 初対面の人や知り合いと挨拶を交わしたり，相手に指示や依頼をして，それらに応じたり断ったりする活動。

(イ) 日常生活に関する身近で簡単な事柄について，自分の考えや気持ちなどを伝えたり，簡単な質問をしたり質問に答えたりして伝え合う活動。

(ウ) 自分に関する簡単な質問に対してその場で答えたり，相手に関する簡単な質問をその場でしたりして，短い会話をする活動。

エ 話すこと［発表］

(ア) 時刻や日時，場所など，日常生活に関する身近で簡単な事柄を話す活動。

(イ) 簡単な語句や基本的な表現を用いて，自分の趣味や得意なことなどを含めた自己紹介をする活動。

(ウ) 簡単な語句や基本的な表現を用いて，学校生活や地域に関することなど，身近で簡単な事柄について，自分の考えや気持ちなどを話す活動。

オ 書くこと

(ア) 文字の読み方が発音されるのを聞いて，活字体の大文字，小文字を書く活動。

(イ) 相手に伝えるなどの目的をもって，身近で簡単な事柄について，音声で十分に慣れ親しんだ簡単な語句を書き写す活動。

(ウ) 相手に伝えるなどの目的をもって，語と語の区切りに注意して，身近で簡単な事柄について，音声で十分に慣れ親しんだ基本的な表現を書き写す活動。

(エ) 相手に伝えるなどの目的をもって，名前や年齢，趣味，好き嫌いなど，自分に関する簡単な事柄について，音声で十分に慣れ親しんだ簡単な語句や基本的な表現を用いた例の中から言葉を選んで書く活動。

② 言語の働きに関する事項

言語活動を行うに当たり，主として次に示すような言語の使用場面や言語の働きを取り上げるようにする。

ア 言語の使用場面の例

(ア) 児童の身近な暮らしに関わる場面
- 家庭での生活 ・ 学校での学習や活動
- 地域の行事 など

(イ) 特有の表現がよく使われる場面
- 挨拶 ・ 自己紹介 ・ 買物
- 食事 ・ 道案内 ・ 旅行 など

イ 言語の働きの例

(ア) コミュニケーションを円滑にする
- 挨拶をする ・ 呼び掛ける ・ 相づちを打つ
- 聞き直す ・ 繰り返す など

(イ) 気持ちを伝える
- 礼を言う ・ 褒める ・ 謝る など

(ウ) 事実・情報を伝える
- 説明する ・ 報告する ・ 発表する など

(エ) 考えや意図を伝える

- ・申し出る　・意見を言う　・賛成する
- ・承諾する　・断る　など

(オ) 相手の行動を促す
- ・質問する　・依頼する　・命令する　など

3 指導計画の作成と内容の取扱い

(1) 指導計画の作成に当たっては，第3学年及び第4学年並びに中学校及び高等学校における指導との接続に留意しながら，次の事項に配慮するものとする。

ア　単元など内容や時間のまとまりを見通して，その中で育む資質・能力の育成に向けて，児童の主体的・対話的で深い学びの実現を図るようにすること。その際，具体的な課題等を設定し，児童が外国語によるコミュニケーションにおける見方・考え方を働かせながら，コミュニケーションの目的や場面，状況などを意識して活動を行い，英語の音声や語彙，表現などの知識を，五つの領域における実際のコミュニケーションにおいて活用する学習の充実を図ること。

イ　学年ごとの目標を適切に定め，2学年間を通じて外国語科の目標の実現を図るようにすること。

ウ　実際に英語を使用して互いの考えや気持ちを伝え合うなどの言語活動を行う際は，2の(1)に示す言語材料について理解したり練習したりするための指導を必要に応じて行うこと。また，第3学年及び第4学年において第4章外国語活動を履修する際に扱った簡単な語句や基本的な表現などの学習内容を繰り返し指導し定着を図ること。

エ　児童が英語に多く触れることが期待される英語学習の特質を踏まえ，必要に応じて，特定の事項を取り上げて第1章総則の第2の3の(2)のウの(イ)に掲げる指導を行うことにより，指導の効果を高めるよう工夫すること。このような指導を行う場合には，当該指導のねらいやそれを関連付けて指導を行う事項との関係を明確にするとともに，単元など内容や時間のまとまりを見通して，資質・能力が偏りなく育成されるよう計画的に指導すること。

オ　言語活動で扱う題材は，児童の興味・関心に合ったものとし，国語科や音楽科，図画工作科など，他の教科等で児童が学習したことを活用したり，学校行事で扱う内容と関連付けたりするなどの工夫をすること。

カ　障害のある児童などについては，学習活動を行う場合に生じる困難さに応じた指導内容や指導方法の工夫を計画的，組織的に行うこと。

キ　学級担任の教師又は外国語を担当する教師が指導計画を作成し，授業を実施するに当たっては，ネイティブ・スピーカーや英語が堪能な地域人材などの協力を得る等，指導体制の充実を図るとともに，指導方法の工夫を行うこと。

(2) 2の内容の取扱いについては，次の事項に配慮するものとする。

ア　2の(1)に示す言語材料については，平易なものから難しいものへと段階的に指導すること。また，児童の発達の段階に応じて，聞いたり読んだりすることを通して意味を理解できるように指導すべき事項と，話したり書いたりして表現できるように指導すべき事項とがあることに留意すること。

イ　音声指導に当たっては，日本語との違いに留意しながら，発音練習などを通して2の(1)のアに示す言語材料を指導すること。また，音声と文字とを関連付けて指導すること。

ウ　文や文構造の指導に当たっては，次の事項に留意すること。

(ア) 児童が日本語と英語との語順等の違いや，関連のある文や文構造のまとまりを認識できるようにするために，効果的な指導ができるよう工夫すること。

付録4

　　　　(イ) 文法の用語や用法の指導に偏ることがないよう配慮して，言語活動と効果的に関連付けて指導すること。
　　エ　身近で簡単な事柄について，友達に質問をしたり質問に答えたりする力を育成するため，ペア・ワーク，グループ・ワークなどの学習形態について適宜工夫すること。その際，他者とコミュニケーションを行うことに課題がある児童については，個々の児童の特性に応じて指導内容や指導方法を工夫すること。
　　オ　児童が身に付けるべき資質・能力や児童の実態，教材の内容などに応じて，視聴覚教材やコンピュータ，情報通信ネットワーク，教育機器などを有効活用し，児童の興味・関心をより高め，指導の効率化や言語活動の更なる充実を図るようにすること。
　　カ　各単元や各時間の指導に当たっては，コミュニケーションを行う目的，場面，状況などを明確に設定し，言語活動を通して育成すべき資質・能力を明確に示すことにより，児童が学習の見通しを立てたり，振り返ったりすることができるようにすること。
　(3) 教材については，次の事項に留意するものとする。
　　ア　教材は，聞くこと，読むこと，話すこと [やり取り]，話すこと [発表]，書くことなどのコミュニケーションを図る基礎となる資質・能力を総合的に育成するため，1に示す五つの領域別の目標と2に示す内容との関係について，単元など内容や時間のまとまりごとに各教材の中で明確に示すとともに，実際の言語の使用場面や言語の働きに十分配慮した題材を取り上げること。
　　イ　英語を使用している人々を中心とする世界の人々や日本人の日常生活，風俗習慣，物語，地理，歴史，伝統文化，自然などに関するものの中から，児童の発達の段階や興味・関心に即して適切な題材を変化をもたせて取り上げるものとし，次の観点に配慮すること。
　　　　(ア) 多様な考え方に対する理解を深めさせ，公正な判断力を養い豊かな心情を育てることに役立つこと。
　　　　(イ) 我が国の文化や，英語の背景にある文化に対する関心を高め，理解を深めようとする態度を養うことに役立つこと。
　　　　(ウ) 広い視野から国際理解を深め，国際社会と向き合うことが求められている我が国の一員としての自覚を高めるとともに，国際協調の精神を養うことに役立つこと。

その他の外国語

　その他の外国語については，英語の1に示す五つの領域別の目標，2に示す内容及び3に示す指導計画の作成と内容の取扱いに準じて指導を行うものとする。

● 第3　指導計画の作成と内容の取扱い

1　外国語科においては，英語を履修させることを原則とすること。
2　第1章総則の第1の2の(2)に示す道徳教育の目標に基づき，道徳科などとの関連を考慮しながら，第3章特別の教科道徳の第2に示す内容について，外国語科の特質に応じて適切な指導をすること。

付録4

中学校学習指導要領　第2章　第9節　外国語

● 第1　目標

　外国語によるコミュニケーションにおける見方・考え方を働かせ，外国語による聞くこと，読むこと，話すこと，書くことの言語活動を通して，簡単な情報や考えなどを理解したり表現したり伝え合ったりするコミュニケーションを図る資質・能力を次のとおり育成することを目指す。

(1) 外国語の音声や語彙，表現，文法，言語の働きなどを理解するとともに，これらの知識を，聞くこと，読むこと，話すこと，書くことによる実際のコミュニケーションにおいて活用できる技能を身に付けるようにする。

(2) コミュニケーションを行う目的や場面，状況などに応じて，日常的な話題や社会的な話題について，外国語で簡単な情報や考えなどを理解したり，これらを活用して表現したり伝え合ったりすることができる力を養う。

(3) 外国語の背景にある文化に対する理解を深め，聞き手，読み手，話し手，書き手に配慮しながら，主体的に外国語を用いてコミュニケーションを図ろうとする態度を養う。

● 第2　各言語の目標及び内容等

英　語

1　目　標

　英語学習の特質を踏まえ，以下に示す，聞くこと，読むこと，話すこと［やり取り］，話すこと［発表］，書くことの五つの領域別に設定する目標の実現を目指した指導を通して，第1の(1)及び(2)に示す資質・能力を一体的に育成するとともに，その過程を通して，第1の(3)に示す資質・能力を育成する。

(1) 聞くこと

　ア　はっきりと話されれば，日常的な話題について，必要な情報を聞き取ることができるようにする。

　イ　はっきりと話されれば，日常的な話題について，話の概要を捉えることができるようにする。

　ウ　はっきりと話されれば，社会的な話題について，短い説明の要点を捉えることができるようにする。

(2) 読むこと

　ア　日常的な話題について，簡単な語句や文で書かれたものから必要な情報を読み取ることができるようにする。

　イ　日常的な話題について，簡単な語句や文で書かれた短い文章の概要を捉えることができるようにする。

　ウ　社会的な話題について，簡単な語句や文で書かれた短い文章の要点を捉えることができるようにする。

(3) 話すこと［やり取り］

　ア　関心のある事柄について，簡単な語句や文を用いて即興で伝え合うことができるようにする。

　イ　日常的な話題について，事実や自分の考え，気持ちなどを整理し，簡単な語句や文を用いて伝えたり，相手からの質問に答えたりすることができるようにする。

ウ　社会的な話題に関して聞いたり読んだりしたことについて，考えたことや感じたこと，その理由などを，簡単な語句や文を用いて述べ合うことができるようにする。

(4) 話すこと［発表］

　　ア　関心のある事柄について，簡単な語句や文を用いて即興で話すことができるようにする。

　　イ　日常的な話題について，事実や自分の考え，気持ちなどを整理し，簡単な語句や文を用いてまとまりのある内容を話すことができるようにする。

　　ウ　社会的な話題に関して聞いたり読んだりしたことについて，考えたことや感じたこと，その理由などを，簡単な語句や文を用いて話すことができるようにする。

(5) 書くこと

　　ア　関心のある事柄について，簡単な語句や文を用いて正確に書くことができるようにする。

　　イ　日常的な話題について，事実や自分の考え，気持ちなどを整理し，簡単な語句や文を用いてまとまりのある文章を書くことができるようにする。

　　ウ　社会的な話題に関して聞いたり読んだりしたことについて，考えたことや感じたこと，その理由などを，簡単な語句や文を用いて書くことができるようにする。

2　内　容

〔知識及び技能〕

(1) 英語の特徴やきまりに関する事項

　　実際に英語を用いた言語活動を通して，小学校学習指導要領第2章第10節外国語第2の2の(1)及び次に示す言語材料のうち，1に示す五つの領域別の目標を達成するのにふさわしいものについて理解するとともに，言語材料と言語活動とを効果的に関連付け，実際のコミュニケーションにおいて活用できる技能を身に付けることができるよう指導する。

　　ア　音声

　　　　次に示す事項について取り扱うこと。

　　　　(ア)　現代の標準的な発音

　　　　(イ)　語と語の連結による音の変化

　　　　(ウ)　語や句，文における基本的な強勢

　　　　(エ)　文における基本的なイントネーション

　　　　(オ)　文における基本的な区切り

　　イ　符号

　　　　感嘆符，引用符などの符号

　　ウ　語，連語及び慣用表現

　　　　(ア)　1に示す五つの領域別の目標を達成するために必要となる，小学校で学習した語に1600～1800語程度の新語を加えた語

　　　　(イ)　連語のうち，活用頻度の高いもの

　　　　(ウ)　慣用表現のうち，活用頻度の高いもの

　　エ　文，文構造及び文法事項

　　　　小学校学習指導要領第2章第10節外国語第2の2の(1)のエ及び次に示す事項について，意味のある文脈でのコミュニケーションの中で繰り返し触れることを通して活用すること。

　　　　(ア)　文

　　　　　　a　重文，複文

　　　　　　b　疑問文のうち，助動詞（may, will など）で始まるものや or を含むもの，疑問詞（which,

　　　　whose）で始まるもの
　　c　感嘆文のうち基本的なもの
(イ) 文構造
　　a ［主語＋動詞＋補語］のうち，

　　　　主語＋be 動詞以外の動詞＋$\begin{Bmatrix} 名詞 \\ 形容詞 \end{Bmatrix}$

　　b ［主語＋動詞＋目的語］のうち，

　　　(a) 主語＋動詞＋$\begin{Bmatrix} 動名詞 \\ to 不定詞 \\ how（など）to 不定詞 \end{Bmatrix}$

　　　(b) 主語＋動詞＋$\begin{Bmatrix} that で始まる節 \\ what などで始まる節 \end{Bmatrix}$

　　c ［主語＋動詞＋間接目的語＋直接目的語］のうち，

　　　(a) 主語＋動詞＋間接目的語＋$\begin{Bmatrix} 名詞 \\ 代名詞 \end{Bmatrix}$

　　　(b) 主語＋動詞＋間接目的語＋how（など）to 不定詞

　　　(c) 主語＋動詞＋間接目的語＋$\begin{Bmatrix} that で始まる節 \\ what などで始まる節 \end{Bmatrix}$

　　d ［主語＋動詞＋目的語＋補語］のうち，

　　　(a) 主語＋動詞＋目的語＋$\begin{Bmatrix} 名詞 \\ 形容詞 \end{Bmatrix}$

　　　(b) 主語＋動詞＋目的語＋原形不定詞
　　e　その他
　　　(a) There ＋ be 動詞 ＋ 〜
　　　(b) It ＋ be 動詞 ＋ 〜 （＋ for〜）＋ to 不定詞
　　　(c) 主語 ＋ tell，want など ＋ 目的語 ＋ to 不定詞
　　　(d) 主語 ＋ be 動詞 ＋ 形容詞 ＋ that で始まる節
(ウ) 文法事項
　　a　代名詞
　　　(a) 人称や指示，疑問，数量を表すもの
　　　(b) 関係代名詞のうち，主格の that，which，who，目的格の that，which の制限的用法
　　b　接続詞
　　c　助動詞
　　d　前置詞
　　e　動詞の時制及び相など
　　　　現在形や過去形，現在進行形，過去進行形，現在完了形，現在完了進行形，助動詞などを用いた未来表現

付録5

　　　　f　形容詞や副詞を用いた比較表現
　　　　g　to 不定詞
　　　　h　動名詞
　　　　i　現在分詞や過去分詞の形容詞としての用法
　　　　j　受け身
　　　　k　仮定法のうち基本的なもの

〔思考力，判断力，表現力等〕
(2) 情報を整理しながら考えなどを形成し，英語で表現したり，伝え合ったりすることに関する事項

具体的な課題等を設定し，コミュニケーションを行う目的や場面，状況などに応じて，情報を整理しながら考えなどを形成し，これらを論理的に表現することを通して，次の事項を身に付けることができるよう指導する。

　ア　日常的な話題や社会的な話題について，英語を聞いたり読んだりして必要な情報や考えなどを捉えること。
　イ　日常的な話題や社会的な話題について，英語を聞いたり読んだりして得られた情報や表現を，選択したり抽出したりするなどして活用し，話したり書いたりして事実や自分の考え，気持ちなどを表現すること。
　ウ　日常的な話題や社会的な話題について，伝える内容を整理し，英語で話したり書いたりして互いに事実や自分の考え，気持ちなどを伝え合うこと。

(3) 言語活動及び言語の働きに関する事項
① 言語活動に関する事項

(2)に示す事項については，(1)に示す事項を活用して，例えば，次のような言語活動を通して指導する。

　ア　小学校学習指導要領第2章第10節外国語の第2の2の(3)に示す言語活動のうち，小学校における学習内容の定着を図るために必要なもの。
　イ　聞くこと
　　(ｱ)　日常的な話題について，自然な口調で話される英語を聞いて，話し手の意向を正確に把握する活動。
　　(ｲ)　店や公共交通機関などで用いられる簡単なアナウンスなどから，自分が必要とする情報を聞き取る活動。
　　(ｳ)　友達からの招待など，身近な事柄に関する簡単なメッセージを聞いて，その内容を把握し，適切に応答する活動。
　　(ｴ)　友達や家族，学校生活などの日常的な話題や社会的な話題に関する会話や説明などを聞いて，概要や要点を把握する活動。また，その内容を英語で説明する活動。
　ウ　読むこと
　　(ｱ)　書かれた内容や文章の構成を考えながら黙読したり，その内容を表現するよう音読したりする活動。
　　(ｲ)　日常的な話題について，簡単な表現が用いられている広告やパンフレット，予定表，手紙，電子メール，短い文章などから，自分が必要とする情報を読み取る活動。
　　(ｳ)　簡単な語句や文で書かれた日常的な話題に関する短い説明やエッセイ，物語などを読んで概要を把握する活動。
　　(ｴ)　簡単な語句や文で書かれた社会的な話題に関する説明などを読んで，イラストや写真，

図表なども参考にしながら，要点を把握する活動。また，その内容に対する賛否や自分
　　　の考えを述べる活動。
　エ　話すこと［やり取り］
　　(ｱ)　関心のある事柄について，相手からの質問に対し，その場で適切に応答したり，関連
　　　する質問をしたりして，互いに会話を継続する活動。
　　(ｲ)　日常的な話題について，伝えようとする内容を整理し，自分で作成したメモなどを活
　　　用しながら相手と口頭で伝え合う活動。
　　(ｳ)　社会的な話題に関して聞いたり読んだりしたことから把握した内容に基づき，読み取っ
　　　たことや感じたこと，考えたことなどを伝えた上で，相手からの質問に対して適切に応
　　　答したり自ら質問し返したりする活動。
　オ　話すこと［発表］
　　(ｱ)　関心のある事柄について，その場で考えを整理して口頭で説明する活動。
　　(ｲ)　日常的な話題について，事実や自分の考え，気持ちなどをまとめ，簡単なスピーチを
　　　する活動。
　　(ｳ)　社会的な話題に関して聞いたり読んだりしたことから把握した内容に基づき，自分で
　　　作成したメモなどを活用しながら口頭で要約したり，自分の考えや気持ちなどを話した
　　　りする活動。
　カ　書くこと
　　(ｱ)　趣味や好き嫌いなど，自分に関する基本的な情報を語句や文で書く活動。
　　(ｲ)　簡単な手紙や電子メールの形で自分の近況などを伝える活動。
　　(ｳ)　日常的な話題について，簡単な語句や文を用いて，出来事などを説明するまとまりの
　　　ある文章を書く活動。
　　(ｴ)　社会的な話題に関して聞いたり読んだりしたことから把握した内容に基づき，自分の
　　　考えや気持ち，その理由などを書く活動。
②　言語の働きに関する事項
　　言語活動を行うに当たり，主として次に示すような言語の使用場面や言語の働きを取り上
　げるようにする。
　ア　言語の使用場面の例
　　(ｱ)　生徒の身近な暮らしに関わる場面
　　　　・　家庭での生活　　　・　学校での学習や活動　　　・　地域の行事　　など
　　(ｲ)　特有の表現がよく使われる場面
　　　　・　自己紹介　　　・　買物　　　・　食事　　　・　道案内
　　　　・　旅行　　　・　電話での対応　　　・　手紙や電子メールのやり取り　　など
　イ　言語の働きの例
　　(ｱ)　コミュニケーションを円滑にする
　　　　・　話し掛ける　　　・　相づちを打つ　　　・　聞き直す
　　　　・　繰り返す　　など
　　(ｲ)　気持ちを伝える
　　　　・　礼を言う　　　・　苦情を言う　　　・　褒める
　　　　・　謝る　　　・　歓迎する　　など
　　(ｳ)　事実・情報を伝える
　　　　・　説明する　　　・　報告する　　　・　発表する　　　・　描写する　　など
　　(ｴ)　考えや意図を伝える

付録5

- ・申し出る　　　　・約束する　　　　・意見を言う　　　・賛成する
- ・反対する　　　　・承諾する　　　　・断る　　　　　　・仮定する　など

(オ) 相手の行動を促す
- ・質問する　　　　・依頼する　　　　・招待する　　　　・命令する　など

3　指導計画の作成と内容の取扱い

(1) 指導計画の作成に当たっては，小学校や高等学校における指導との接続に留意しながら，次の事項に配慮するものとする。

　ア　単元など内容や時間のまとまりを見通して，その中で育む資質・能力の育成に向けて，生徒の主体的・対話的で深い学びの実現を図るようにすること。その際，具体的な課題等を設定し，生徒が外国語によるコミュニケーションにおける見方・考え方を働かせながら，コミュニケーションの目的や場面，状況などを意識して活動を行い，英語の音声や語彙，表現，文法の知識を五つの領域における実際のコミュニケーションにおいて活用する学習の充実を図ること。

　イ　学年ごとの目標を適切に定め，3学年間を通じて外国語科の目標の実現を図るようにすること。

　ウ　実際に英語を使用して互いの考えや気持ちを伝え合うなどの言語活動を行う際は，2の(1)に示す言語材料について理解したり練習したりするための指導を必要に応じて行うこと。また，小学校第3学年から第6学年までに扱った簡単な語句や基本的な表現などの学習内容を繰り返し指導し定着を図ること。

　エ　生徒が英語に触れる機会を充実するとともに，授業を実際のコミュニケーションの場面とするため，授業は英語で行うことを基本とする。その際，生徒の理解の程度に応じた英語を用いるようにすること。

　オ　言語活動で扱う題材は，生徒の興味・関心に合ったものとし，国語科や理科，音楽科など，他の教科等で学習したことを活用したり，学校行事で扱う内容と関連付けたりするなどの工夫をすること。

　カ　障害のある生徒などについては，学習活動を行う場合に生じる困難さに応じた指導内容や指導方法の工夫を計画的，組織的に行うこと。

　キ　指導計画の作成や授業の実施に当たっては，ネイティブ・スピーカーや英語が堪能な地域人材などの協力を得る等，指導体制の充実を図るとともに，指導方法の工夫を行うこと。

(2) 2の内容に示す事項については，次の事項に配慮するものとする。

　ア　2の(1)に示す言語材料については，平易なものから難しいものへと段階的に指導すること。また，生徒の発達の段階に応じて，聞いたり読んだりすることを通して意味を理解できるように指導すべき事項と，話したり書いたりして表現できるように指導すべき事項とがあることに留意すること。

　イ　音声指導に当たっては，日本語との違いに留意しながら，発音練習などを通して2の(1)のアに示す言語材料を継続して指導するとともに，音声指導の補助として，必要に応じて発音表記を用いて指導することもできることに留意すること。また，発音と綴りとを関連付けて指導すること。

　ウ　文字指導に当たっては，生徒の学習負担にも配慮しながら筆記体を指導することもできることに留意すること。

　エ　文法事項の指導に当たっては，次の事項に留意すること。

　　(ア)　英語の特質を理解させるために，関連のある文法事項はまとめて整理するなど，効果的

　　　　　な指導ができるよう工夫すること。
　　　(イ)　文法はコミュニケーションを支えるものであることを踏まえ，コミュニケーションの目的を達成する上での必要性や有用性を実感させた上でその知識を活用させたり，繰り返し使用することで当該文法事項の規則性や構造などについて気付きを促したりするなど，言語活動と効果的に関連付けて指導すること。
　　　(ウ)　用語や用法の区別などの指導が中心とならないよう配慮し，実際に活用できるようにするとともに，語順や修飾関係などにおける日本語との違いに留意して指導すること。
　　オ　辞書の使い方に慣れ，活用できるようにすること。
　　カ　身近な事柄について，友達に質問をしたり質問に答えたりする力を育成するため，ペア・ワーク，グループ・ワークなどの学習形態について適宜工夫すること。その際，他者とコミュニケーションを行うことに課題がある生徒については，個々の生徒の特性に応じて指導内容や指導方法を工夫すること。
　　キ　生徒が身に付けるべき資質・能力や生徒の実態，教材の内容などに応じて，視聴覚教材やコンピュータ，情報通信ネットワーク，教育機器などを有効活用し，生徒の興味・関心をより高め，指導の効率化や言語活動の更なる充実を図るようにすること。
　　ク　各単元や各時間の指導に当たっては，コミュニケーションを行う目的，場面，状況などを明確に設定し，言語活動を通して育成すべき資質・能力を明確に示すことにより，生徒が学習の見通しを立てたり，振り返ったりすることができるようにすること。
　(3)　教材については，次の事項に留意するものとする。
　　ア　教材は，聞くこと，読むこと，話すこと［やり取り］，話すこと［発表］，書くことなどのコミュニケーションを図る資質・能力を総合的に育成するため，1に示す五つの領域別の目標と2に示す内容との関係について，単元など内容や時間のまとまりごとに各教材の中で明確に示すとともに，実際の言語の使用場面や言語の働きに十分配慮した題材を取り上げること。
　　イ　英語を使用している人々を中心とする世界の人々や日本人の日常生活，風俗習慣，物語，地理，歴史，伝統文化，自然科学などに関するものの中から，生徒の発達の段階や興味・関心に即して適切な題材を効果的に取り上げるものとし，次の観点に配慮すること。
　　　(ア)　多様な考え方に対する理解を深めさせ，公正な判断力を養い豊かな心情を育てるのに役立つこと。
　　　(イ)　我が国の文化や，英語の背景にある文化に対する関心を高め，理解を深めようとする態度を養うのに役立つこと。
　　　(ウ)　広い視野から国際理解を深め，国際社会と向き合うことが求められている我が国の一員としての自覚を高めるとともに，国際協調の精神を養うのに役立つこと。

その他の外国語

　その他の外国語については，英語の1に示す五つの領域別の目標，2に示す内容及び3に示す指導計画の作成と内容の取扱いに準じて指導を行うものとする。

第3　指導計画の作成と内容の取扱い

1　外国語科においては，英語を履修させることを原則とすること。
2　第1章総則の第1の2の(2)に示す道徳教育の目標に基づき，道徳科などとの関連を考慮しながら，第3章特別の教科道徳の第2に示す内容について，外国語科の特質に応じて適切な指導をすること。

「外国語活動・外国語の目標」の学校段階別一覧表

	外国語によるコミュニケーションにおける見方・考え方
	外国語で表現し伝え合うため,外国語やその背景にある文化を,社会や世界,他者との関わりに着目して捉え,コミュニケーションを行う目的や場面,状況等に応じて,情報を整理しながら考えなどを形成し,再構築すること。

	目　標		
	小学校第3学年及び第4学年 外国語活動	小学校第5学年及び第6学年 外国語	中学校 外国語
	外国語によるコミュニケーションにおける見方・考え方を働かせ,外国語による聞くこと,話すことの言語活動を通して,コミュニケーションを図る素地となる資質・能力を次のとおり育成することを目指す。	外国語によるコミュニケーションにおける見方・考え方を働かせ,外国語による聞くこと,読むこと,話すこと,書くことの言語活動を通して,コミュニケーションを図る基礎となる資質・能力を次のとおり育成することを目指す。	外国語によるコミュニケーションにおける見方・考え方を働かせ,外国語による聞くこと,読むこと,話すこと,書くことの言語活動を通して,簡単な情報や考えなどを理解したり表現したり伝え合ったりするコミュニケーションを図る資質・能力を次のとおり育成することを目指す。
(知識 及び技能)	(1) 外国語を通して,言語や文化について体験的に理解を深め,日本語と外国語との音声の違い等に気付くとともに,外国語の音声や基本的な表現に慣れ親しむようにする。	(1) 外国語の音声や文字,語彙,表現,文構造,言語の働きなどについて,日本語と外国語との違いに気付き,これらの知識を理解するとともに,読むこと,書くことに慣れ親しみ,聞くこと,読むこと,話すこと,書くことによる実際のコミュニケーションにおいて活用できる基礎的な技能を身に付けるようにする。	(1) 外国語の音声や語彙,表現,文法,言語の働きなどを理解するとともに,これらの知識を,聞くこと,読むこと,話すこと,書くことによる実際のコミュニケーションにおいて活用できる技能を身に付けるようにする。
(思考力, 判断力, 表現力等)	(2) 身近で簡単な事柄について,外国語で聞いたり話したりして自分の考えや気持ちなどを伝え合う力の素地を養う。	(2) コミュニケーションを行う目的や場面,状況などに応じて,身近で簡単な事柄について,聞いたり話したりするとともに,音声で十分に慣れ親しんだ外国語の語彙や基本的な表現を推測しながら読んだり,語順を意識しながら書いたりして,自分の考えや気持ちなどを伝え合うことができる基礎的な力を養う。	(2) コミュニケーションを行う目的や場面,状況などに応じて,日常的な話題や社会的な話題について,外国語で簡単な情報や考えなどを理解したり,これらを活用して表現したり伝え合ったりすることができる力を養う。
(学びに 向かう力, 人間性等)	(3) 外国語を通して,言語やその背景にある文化に対する理解を深め,相手に配慮しながら,主体的に外国語を用いてコミュニケーションを図ろうとする態度を養う。	(3) 外国語の背景にある文化に対する理解を深め,他者に配慮しながら,主体的に外国語を用いてコミュニケーションを図ろうとする態度を養う。	(3) 外国語の背景にある文化に対する理解を深め,聞き手,読み手,話し手,書き手に配慮しながら,主体的に外国語を用いてコミュニケーションを図ろうとする態度を養う。

	5つの領域別の目標		
	小学校第3学年及び第4学年 外国語活動	小学校第5学年及び第6学年 外国語	中学校 外国語
聞くこと	ア　ゆっくりはっきりと話された際に、自分のことや身の回りの物を表す簡単な語句を聞き取るようにする。 イ　ゆっくりはっきりと話された際に、身近で簡単な事柄に関する基本的な表現の意味が分かるようにする。 ウ　文字の読み方が発音されるのを聞いた際に、どの文字であるかが分かるようにする。	ア　ゆっくりはっきりと話されれば、自分のことや身近で簡単な事柄について、簡単な語句や基本的な表現を聞き取ることができるようにする。 イ　ゆっくりはっきりと話されれば、日常生活に関する身近で簡単な事柄について、具体的な情報を聞き取ることができるようにする。 ウ　ゆっくりはっきりと話されれば、日常生活に関する身近で簡単な事柄について、短い話の概要を捉えることができるようにする。	ア　はっきりと話されれば、日常的な話題について、必要な情報を聞き取ることができるようにする。 イ　はっきりと話されれば、日常的な話題について、話の概要を捉えることができるようにする。 ウ　はっきりと話されれば、社会的な話題について、短い説明の要点を捉えることができるようにする。
読むこと		ア　活字体で書かれた文字を識別し、その読み方を発音することができるようにする。 イ　音声で十分に慣れ親しんだ簡単な語句や基本的な表現の意味が分かるようにする。	ア　日常的な話題について、簡単な語句や文で書かれたものから必要な情報を読み取ることができるようにする。 イ　日常的な話題について、簡単な語句や文で書かれた短い文章の概要を捉えることができるようにする。 ウ　社会的な話題について、簡単な語句や文で書かれた短い文章の要点を捉えることができるようにする。
話すこと [やり取り]	ア　基本的な表現を用いて挨拶、感謝、簡単な指示をしたり、それらに応じたりするようにする。 イ　自分のことや身の回りの物について、動作を交えながら、自分の考えや気持ちなどを、簡単な語句や基本的な表現を用いて伝え合うようにする。 ウ　サポートを受けて、自分や相手のこと及び身の回りの物に関する事柄について、簡単な語句や基本的な表現を用いて質問をしたり質問に答えたりするようにする。	ア　基本的な表現を用いて指示、依頼をしたり、それらに応じたりすることができるようにする。 イ　日常生活に関する身近で簡単な事柄について、自分の考えや気持ちなどを、簡単な語句や基本的な表現を用いて伝え合うことができるようにする。 ウ　自分や相手のこと及び身の回りの物に関する事柄について、簡単な語句や基本的な表現を用いてその場で質問をしたり質問に答えたりして、伝え合うことができるようにする。	ア　関心のある事柄について、簡単な語句や文を用いて即興で伝え合うことができるようにする。 イ　日常的な話題について、事実や自分の考え、気持ちなどを整理し、簡単な語句や文を用いて伝えたり、相手からの質問に答えたりすることができるようにする。 ウ　社会的な話題に関して聞いたり読んだりしたことについて、考えたことや感じたこと、その理由などを、簡単な語句や文を用いて述べ合うことができるようにする。
話すこと [発表]	ア　身の回りの物について、人前で実物などを見せながら、簡単な語句や基本的な表現を用いて話すようにする。 イ　自分のことについて、人前で実物などを見せながら、簡単な語句や基本的な表現を用いて話すようにする。 ウ　日常生活に関する身近で簡単な事柄について、人前で実物などを見せながら、自分の考えや気持ちなどを、簡単な語句や基本的な表現を用いて話すようにする。	ア　日常生活に関する身近で簡単な事柄について、簡単な語句や基本的な表現を用いて話すことができるようにする。 イ　自分のことについて、伝えようとする内容を整理した上で、簡単な語句や基本的な表現を用いて話すことができるようにする。 ウ　身近で簡単な事柄について、伝えようとする内容を整理した上で、自分の考えや気持ちなどを、簡単な語句や基本的な表現を用いて話すことができるようにする。	ア　関心のある事柄について、簡単な語句や文を用いて即興で話すことができるようにする。 イ　日常的な話題について、事実や自分の考え、気持ちなどを整理し、簡単な語句や文を用いてまとまりのある内容を話すことができるようにする。 ウ　社会的な話題に関して聞いたり読んだりしたことについて、考えたことや感じたこと、その理由などを、簡単な語句や文を用いて話すことができるようにする。
書くこと		ア　大文字、小文字を活字体で書くことができるようにする。また、語順を意識しながら音声で十分に慣れ親しんだ簡単な語句や基本的な表現を書き写すことができるようにする。 イ　自分のことや身近で簡単な事柄について、例文を参考に、音声で十分に慣れ親しんだ簡単な語句や基本的な表現を用いて書くことができるようにする。	ア　関心のある事柄について、簡単な語句や文を用いて正確に書くことができるようにする。 イ　日常的な話題について、事実や自分の考え、気持ちなどを整理し、簡単な語句や文を用いてまとまりのある文章を書くことができるようにする。 ウ　社会的な話題に関して聞いたり読んだりしたことについて、考えたことや感じたこと、その理由などを、簡単な語句や文を用いて書くことができるようにする。

付録6

「外国語の言語材料」の学校段階別一覧表

		小学校第5学年及び第6学年 外国語	中学校 外国語
音声		次に示す事項のうち基本的な語や句，文について取り扱うこと。 (ア) 現代の標準的な発音 (イ) 語と語の連結による音の変化 (ウ) 語や句，文における基本的な強勢 (エ) 文における基本的なイントネーション (オ) 文における基本的な区切り	次に示す事項について取り扱うこと。 (ア) 現代の標準的な発音 (イ) 語と語の連結による音の変化 (ウ) 語や句，文における基本的な強勢 (エ) 文における基本的なイントネーション (オ) 文における基本的な区切り
文字及び符号／符号		(ア) 活字体の大文字，小文字 (イ) 終止符や疑問符，コンマなどの基本的な符号	感嘆符，引用符などの符号
語，連語及び慣用表現		(ア) 1に示す五つの領域別の目標を達成するために必要となる，第3学年及び第4学年において第4章外国語活動を履修する際に取り扱った語を含む600〜700語程度の語 (イ) 連語のうち，get up, look at などの活用頻度の高い基本的なもの (ウ) 慣用表現のうち，excuse me, I see, I'm sorry, thank you, you're welcome などの活用頻度の高い基本的なもの	(ア) 1に示す五つの領域別の目標を達成するために必要となる，小学校で学習した語に1600〜1800語程度の新語を加えた語 (イ) 連語のうち，活用頻度の高いもの (ウ) 慣用表現のうち，活用頻度の高いもの
文及び文構造／文，文構造及び文法事項		次に示す事項について，日本語と英語の語順の違い等に気付かせるとともに，基本的な表現として，意味のある文脈でのコミュニケーションの中で繰り返し触れることを通して活用すること。	小学校学習指導要領第2章第10節外国語第2の2の(1)のエ及び次に示す事項について，意味のある文脈でのコミュニケーションの中で繰り返し触れることを通して活用すること。
	文	a 単文 b 肯定，否定の平叙文 c 肯定，否定の命令文 d 疑問文のうち，be動詞で始まるものや助動詞（can, do など）で始まるもの，疑問詞（who, what, when, where, why, how）で始まるもの e 代名詞のうち，I, you, he, she などの基本的なものを含むもの f 動名詞や過去形のうち，活用頻度の高い基本的なものを含むもの	a 重文，複文 b 疑問文のうち，助動詞（may, will など）で始まるものや or を含むもの，疑問詞（which, whose）で始まるもの c 感嘆文のうち基本的なもの
	文構造	a ［主語＋動詞］ b ［主語＋動詞＋補語］のうち， 　主語＋be動詞＋名詞／代名詞／形容詞 c ［主語＋動詞＋目的語］のうち， 　主語＋動詞＋名詞／代名詞	a ［主語＋動詞＋補語］のうち， 　主語＋be動詞以外の動詞＋名詞／形容詞 b ［主語＋動詞＋目的語］のうち， 　(a) 主語＋動詞＋動名詞／to不定詞／how（など）to不定詞 　(b) 主語＋動詞＋thatで始まる節／whatなどで始まる節 c ［主語＋動詞＋間接目的語＋直接目的語］のうち， 　(a) 主語＋動詞＋間接目的語＋名詞／代名詞 　(b) 主語＋動詞＋間接目的語＋how（など）to不定詞 　(c) 主語＋動詞＋間接目的語＋thatで始まる節／whatなどで始まる節 d ［主語＋動詞＋目的語＋補語］のうち， 　(a) 主語＋動詞＋目的語＋名詞／形容詞 　(b) 主語＋動詞＋目的語＋原形不定詞 e その他 　(a) There＋be動詞＋〜 　(b) It＋be動詞＋〜（＋for〜）＋to不定詞 　(c) 主語＋tell, want など＋目的語＋to不定詞 　(d) 主語＋be動詞＋形容詞＋thatで始まる節
	文法事項		a 代名詞 　(a) 人称や指示，疑問，数量を表すもの 　(b) 関係代名詞のうち，主格の that, which, who, 目的格の that, which の制限的用法 b 接続詞 c 助動詞 d 前置詞 e 動詞の時制及び相など 　現在形や過去形，現在進行形，過去進行形，現在完了形，現在完了進行形，助動詞などを用いた未来表現 f 形容詞や副詞を用いた比較表現 g to不定詞 h 動名詞 i 現在分詞や過去分詞の形容詞としての用法 j 受け身 k 仮定法のうち基本的なもの

（参考）小学校第3学年及び第4学年　外国語活動

(1) 英語の特徴等に関する事項
　実際に英語を用いた言語活動を通して，次の事項を体験的に身に付けることができるよう指導する。
　ア　言語を用いて主体的にコミュニケーションを図ることの楽しさや大切さを知ること。
　イ　日本と外国の言語や文化について理解すること。
　　(ア) 英語の音声やリズムなどに慣れ親しむとともに，日本語との違いを知り，言葉の面白さや豊かさに気付くこと。
　　(イ) 日本と外国との生活や習慣，行事などの違いを知り，多様な考え方があることに気付くこと。
　　(ウ) 異なる文化をもつ人々との交流などを体験し，文化等に対する理解を深めること。

「外国語活動・外国語の言語活動の例」の学校段階別一覧表

	小学校第3学年及び第4学年 外国語活動	小学校第5学年及び第6学年 外国語	中学校 外国語
聞くこと	(ア) 身近で簡単な事柄に関する短い話を聞いておおよその内容が分かったりする活動。	(ア) 自分のことや学校生活など，身近で簡単な事柄について，簡単な語句や基本的な表現を聞いて，それらを表すイラストや写真などと結び付ける活動。	(ア) 日常的な話題について，自然な口調で話される英語を聞いて，話し手の意向を正確に把握する活動。
	(イ) 身近な人や身の回りの物に関する簡単な語句や基本的な表現を聞いて，それらを表すイラストや写真などと結び付ける活動。	(イ) 日付や時刻，値段などを表す表現など，日常生活に関する身近で簡単な事柄について，具体的な情報を聞き取る活動。	(イ) 店や公共交通機関などで用いられる簡単なアナウンスなどから，自分が必要とする情報を聞き取る活動。
	(ウ) 文字の読み方が発音されるのを聞いて，活字体で書かれた文字と結び付ける活動。	(ウ) 友達や家族，学校生活など，身近で簡単な事柄について，簡単な語句や基本的な表現で話される短い会話や説明を，イラストや写真などを参考にしながら聞いて，必要な情報を得る活動。	(ウ) 友達からの招待など，身近な事柄に関する簡単なメッセージを聞いて，その内容を把握し，適切に応答する活動。
			(エ) 友達や家族，学校生活などの日常的な話題や社会的な話題に関する会話や説明などを聞いて，概要や要点を把握する活動。また，その内容を英語で説明する活動。
読むこと		(ア) 活字体で書かれた文字を見て，どの文字であるかやその文字が大文字であるか小文字であるかを識別する活動。	(ア) 書かれた内容や文章の構成を考えながら黙読したり，その内容を表現するよう音読したりする活動。
		(イ) 活字体で書かれた文字を見て，その読み方を適切に発音する活動。	(イ) 日常的な話題について，簡単な表現が用いられている広告やパンフレット，予定表，手紙，電子メール，短い文章などから，自分が必要とする情報を読み取る活動。
		(ウ) 日常生活に関する身近で簡単な事柄を内容とする掲示やパンフレットなどから，自分が必要とする情報を得る活動。	(ウ) 簡単な語句や文で書かれた日常的な話題に関する短い説明やエッセイ，物語などを読んで概要を把握する活動。
		(エ) 音声で十分に慣れ親しんだ簡単な語句や基本的な表現を，絵本などの中から識別する活動。	(エ) 簡単な語句や文で書かれた社会的な話題に関する説明などを読んで，イラストや写真，図表なども参考にしながら，要点を把握する活動。また，その内容に対する賛否や自分の考えを述べる活動。
話すこと [やり取り]	(ア) 知り合いと簡単な挨拶を交わしたり，感謝や簡単な指示，依頼をして，それらに応じたりする活動。	(ア) 初対面の人や知り合いと挨拶を交わしたり，相手に指示や依頼をして，それらに応じたり断ったりする活動。	(ア) 関心のある事柄について，相手からの質問に対し，その場で適切に応答したり，関連する質問をしたりして，互いに会話を継続する活動。
	(イ) 自分のことや身の回りの物について，動作を交えながら，好みや要求などの自分の気持ちや考えなどを伝え合う活動。	(イ) 日常生活に関する身近で簡単な事柄について，自分の考えや気持ちなどを伝えたり，簡単な質問をしたり質問に答えたりして伝え合う活動。	(イ) 日常的な話題について，伝えようとする内容を整理し，自分で作成したメモなどを活用しながら相手と口頭で伝え合う活動。
	(ウ) 自分や相手の好み及び欲しい物などについて，簡単な質問をしたり質問に答えたりする活動。	(ウ) 自分に関する簡単な質問に対してその場で答えたり，相手に関する簡単な質問をその場でしたりして，短い会話をする活動。	(ウ) 社会的な話題に関して聞いたり読んだりしたことから把握した内容に基づき，読み取ったことや感じたこと，考えたことなどを伝えた上で，相手からの質問に対して適切に応答したり自ら質問し返したりする活動。
話すこと [発表]	(ア) 身の回りの物の数や形状などについて，人前で実物やイラスト，写真などを見せながら話す活動。	(ア) 時刻や日時，場所など，日常生活に関する身近で簡単な事柄を話す活動。	(ア) 関心のある事柄について，その場で考えを整理して口頭で説明する活動。
	(イ) 自分の好き嫌いや，欲しい物などについて，人前で実物やイラスト，写真などを見せながら話す活動。	(イ) 簡単な語句や基本的な表現を用いて，自分の趣味や得意なことなどを含めた自己紹介をする活動。	(イ) 日常的な話題について，事実や自分の考え，気持ちなどをまとめ，簡単なスピーチをする活動。
	(ウ) 時刻や曜日，場所など，日常生活に関する身近で簡単な事柄について，人前で実物やイラスト，写真などを見せながら，自分の考えや気持ちなどを話す活動。	(ウ) 簡単な語句や基本的な表現を用いて，学校生活や地域に関することなど，身近で簡単な事柄について，自分の考えや気持ちなどを話す活動。	(ウ) 社会的な話題に関して聞いたり読んだりしたことから把握した内容に基づき，自分で作成したメモなどを活用しながら口頭で要約したり，自分の考えや気持ちなどを話したりする活動。
書くこと		(ア) 文字の読み方が発音されるのを聞いて，活字体の大文字，小文字を書く活動。	(ア) 趣味や好き嫌いなど，自分に関する基本的な情報を語句や文で書く活動。
		(イ) 相手に伝えるなどの目的をもって，身近で簡単な事柄について，音声で十分に慣れ親しんだ簡単な語句を書き写す活動。	(イ) 簡単な手紙や電子メールの形で自分の近況などを伝える活動。
		(ウ) 相手に伝えるなどの目的をもって，語と語の区切りに注意して，身近で簡単な事柄について，音声で十分に慣れ親しんだ基本的な表現を書き写す活動。	(ウ) 日常的な話題について，簡単な語句や文を用いて，出来事などを説明するまとまりのある文章を書く活動。
		(エ) 相手に伝えるなどの目的をもって，名前や年齢，趣味，好き嫌いなど，自分に関する簡単な事柄について，音声で十分に慣れ親しんだ簡単な語句や基本的な表現を用いた例の中から言葉を選んで書く活動。	(エ) 社会的な話題に関して聞いたり読んだりしたことから把握した内容に基づき，自分の考えや気持ち，その理由などを書く活動。

付録8

小学校学習指導要領 第2章 第1節 国語

第1 目標

言葉による見方・考え方を働かせ,言語活動を通して,国語で正確に理解し適切に表現する資質・能力を次のとおり育成することを目指す。

(1) 日常生活に必要な国語について,その特質を理解し適切に使うことができるようにする。
(2) 日常生活における人との関わりの中で伝え合う力を高め,思考力や想像力を養う。
(3) 言葉がもつよさを認識するとともに,言語感覚を養い,国語の大切さを自覚し,国語を尊重してその能力の向上を図る態度を養う。

第2 各学年の目標及び内容

〔第1学年及び第2学年〕

1 目標

(1) 日常生活に必要な国語の知識や技能を身に付けるとともに,我が国の言語文化に親しんだり理解したりすることができるようにする。
(2) 順序立てて考える力や感じたり想像したりする力を養い,日常生活における人との関わりの中で伝え合う力を高め,自分の思いや考えをもつことができるようにする。
(3) 言葉がもつよさを感じるとともに,楽しんで読書をし,国語を大切にして,思いや考えを伝え合おうとする態度を養う。

2 内容

〔知識及び技能〕

(1) 言葉の特徴や使い方に関する次の事項を身に付けることができるよう指導する。

ア 言葉には,事物の内容を表す働きや,経験したことを伝える働きがあることに気付くこと。

イ 音節と文字との関係,アクセントによる語の意味の違いなどに気付くとともに,姿勢や口形,発声や発音に注意して話すこと。

ウ 長音,拗音,促音,撥音などの表記,助詞の「は」,「へ」及び「を」の使い方,句読点の打ち方,かぎ(「 」)の使い方を理解して文や文章の中で使うこと。また,平仮名及び片仮名を読み,書くとともに,片仮名で書く語の種類を知り,文や文章の中で使うこと。

エ 第1学年においては,別表の学年別漢字配当表(以下「学年別漢字配当表」という。)の第1学年に配当されている漢字を読み,漸次書き,文や文章の中で使うこと。第2学年においては,学年別漢字配当表の第2学年までに配当されている漢字を読むこと。また,第1学年に配当されている漢字を書き,文や文章の中で使うとともに,第2学年に配当されている漢字を漸次書き,文や文章の中で使うこと。

オ 身近なことを表す語句の量を増し,話や文章の中で使うとともに,言葉には意味による語句のまとまりがあることに気付き,語彙を豊かにすること。

カ 文の中における主語と述語との関係に気付くこと。

キ 丁寧な言葉と普通の言葉との違いに気を付けて使うとともに,敬体で書かれた文章に慣れること。

ク 語のまとまりや言葉の響きなどに気を付けて音読すること。

(2) 話や文章に含まれている情報の扱い方に関する次の事項を身に付けることができるよう指導

する。
　　ア　共通，相違，事柄の順序など情報と情報との関係について理解すること。
　(3)　我が国の言語文化に関する次の事項を身に付けることができるよう指導する。
　　ア　昔話や神話・伝承などの読み聞かせを聞くなどして，我が国の伝統的な言語文化に親しむこと。
　　イ　長く親しまれている言葉遊びを通して，言葉の豊かさに気付くこと。
　　ウ　書写に関する次の事項を理解し使うこと。
　　　(ｱ)　姿勢や筆記具の持ち方を正しくして書くこと。
　　　(ｲ)　点画の書き方や文字の形に注意しながら，筆順に従って丁寧に書くこと。
　　　(ｳ)　点画相互の接し方や交わり方，長短や方向などに注意して，文字を正しく書くこと。
　　エ　読書に親しみ，いろいろな本があることを知ること。
〔思考力，判断力，表現力等〕
A　話すこと・聞くこと
　(1)　話すこと・聞くことに関する次の事項を身に付けることができるよう指導する。
　　ア　身近なことや経験したことなどから話題を決め，伝え合うために必要な事柄を選ぶこと。
　　イ　相手に伝わるように，行動したことや経験したことに基づいて，話す事柄の順序を考えること。
　　ウ　伝えたい事柄や相手に応じて，声の大きさや速さなどを工夫すること。
　　エ　話し手が知らせたいことや自分が聞きたいことを落とさないように集中して聞き，話の内容を捉えて感想をもつこと。
　　オ　互いの話に関心をもち，相手の発言を受けて話をつなぐこと。
　(2)　(1)に示す事項については，例えば，次のような言語活動を通して指導するものとする。
　　ア　紹介や説明，報告など伝えたいことを話したり，それらを聞いて声に出して確かめたり感想を述べたりする活動。
　　イ　尋ねたり応答したりするなどして，少人数で話し合う活動。
B　書くこと
　(1)　書くことに関する次の事項を身に付けることができるよう指導する。
　　ア　経験したことや想像したことなどから書くことを見付け，必要な事柄を集めたり確かめたりして，伝えたいことを明確にすること。
　　イ　自分の思いや考えが明確になるように，事柄の順序に沿って簡単な構成を考えること。
　　ウ　語と語や文と文との続き方に注意しながら，内容のまとまりが分かるように書き表し方を工夫すること。
　　エ　文章を読み返す習慣を付けるとともに，間違いを正したり，語と語や文と文との続き方を確かめたりすること。
　　オ　文章に対する感想を伝え合い，自分の文章の内容や表現のよいところを見付けること。
　(2)　(1)に示す事項については，例えば，次のような言語活動を通して指導するものとする。
　　ア　身近なことや経験したことを報告したり，観察したことを記録したりするなど，見聞きしたことを書く活動。
　　イ　日記や手紙を書くなど，思ったことや伝えたいことを書く活動。
　　ウ　簡単な物語をつくるなど，感じたことや想像したことを書く活動。
C　読むこと
　(1)　読むことに関する次の事項を身に付けることができるよう指導する。
　　ア　時間的な順序や事柄の順序などを考えながら，内容の大体を捉えること。

イ　場面の様子や登場人物の行動など，内容の大体を捉えること。
　　ウ　文章の中の重要な語や文を考えて選び出すこと。
　　エ　場面の様子に着目して，登場人物の行動を具体的に想像すること。
　　オ　文章の内容と自分の体験とを結び付けて，感想をもつこと。
　　カ　文章を読んで感じたことや分かったことを共有すること。
　(2)　(1)に示す事項については，例えば，次のような言語活動を通して指導するものとする。
　　ア　事物の仕組みを説明した文章などを読み，分かったことや考えたことを述べる活動。
　　イ　読み聞かせを聞いたり物語などを読んだりして，内容や感想などを伝え合ったり，演じたりする活動。
　　ウ　学校図書館などを利用し，図鑑や科学的なことについて書いた本などを読み，分かったことなどを説明する活動。

〔第3学年及び第4学年〕
1　目　標
(1) 日常生活に必要な国語の知識や技能を身に付けるとともに，我が国の言語文化に親しんだり理解したりすることができるようにする。
(2) 筋道立てて考える力や豊かに感じたり想像したりする力を養い，日常生活における人との関わりの中で伝え合う力を高め，自分の思いや考えをまとめることができるようにする。
(3) 言葉がもつよさに気付くとともに，幅広く読書をし，国語を大切にして，思いや考えを伝え合おうとする態度を養う。

2　内　容
〔知識及び技能〕
(1) 言葉の特徴や使い方に関する次の事項を身に付けることができるよう指導する。
　　ア　言葉には，考えたことや思ったことを表す働きがあることに気付くこと。
　　イ　相手を見て話したり聞いたりするとともに，言葉の抑揚や強弱，間の取り方などに注意して話すこと。
　　ウ　漢字と仮名を用いた表記，送り仮名の付け方，改行の仕方を理解して文や文章の中で使うとともに，句読点を適切に打つこと。また，第3学年においては，日常使われている簡単な単語について，ローマ字で表記されたものを読み，ローマ字で書くこと。
　　エ　第3学年及び第4学年の各学年においては，学年別漢字配当表の当該学年までに配当されている漢字を読むこと。また，当該学年の前の学年までに配当されている漢字を書き，文や文章の中で使うとともに，当該学年に配当されている漢字を漸次書き，文や文章の中で使うこと。
　　オ　様子や行動，気持ちや性格を表す語句の量を増し，話や文章の中で使うとともに，言葉には性質や役割による語句のまとまりがあることを理解し，語彙を豊かにすること。
　　カ　主語と述語との関係，修飾と被修飾との関係，指示する語句と接続する語句の役割，段落の役割について理解すること。
　　キ　丁寧な言葉を使うとともに，敬体と常体との違いに注意しながら書くこと。
　　ク　文章全体の構成や内容の大体を意識しながら音読すること。
(2) 話や文章に含まれている情報の扱い方に関する次の事項を身に付けることができるよう指導する。
　　ア　考えとそれを支える理由や事例，全体と中心など情報と情報との関係について理解すること。

イ　比較や分類の仕方，必要な語句などの書き留め方，引用の仕方や出典の示し方，辞書や事典の使い方を理解し使うこと。
　(3)　我が国の言語文化に関する次の事項を身に付けることができるよう指導する。
　　ア　易しい文語調の短歌や俳句を音読したり暗唱したりするなどして，言葉の響きやリズムに親しむこと。
　　イ　長い間使われてきたことわざや慣用句，故事成語などの意味を知り，使うこと。
　　ウ　漢字が，へんやつくりなどから構成されていることについて理解すること。
　　エ　書写に関する次の事項を理解し使うこと。
　　　(ｱ)　文字の組立て方を理解し，形を整えて書くこと。
　　　(ｲ)　漢字や仮名の大きさ，配列に注意して書くこと。
　　　(ｳ)　毛筆を使用して点画の書き方への理解を深め，筆圧などに注意して書くこと。
　　オ　幅広く読書に親しみ，読書が，必要な知識や情報を得ることに役立つことに気付くこと。
〔思考力，判断力，表現力等〕
A　話すこと・聞くこと
　(1)　話すこと・聞くことに関する次の事項を身に付けることができるよう指導する。
　　ア　目的を意識して，日常生活の中から話題を決め，集めた材料を比較したり分類したりして，伝え合うために必要な事柄を選ぶこと。
　　イ　相手に伝わるように，理由や事例などを挙げながら，話の中心が明確になるよう話の構成を考えること。
　　ウ　話の中心や話す場面を意識して，言葉の抑揚や強弱，間の取り方などを工夫すること。
　　エ　必要なことを記録したり質問したりしながら聞き，話し手が伝えたいことや自分が聞きたいことの中心を捉え，自分の考えをもつこと。
　　オ　目的や進め方を確認し，司会などの役割を果たしながら話し合い，互いの意見の共通点や相違点に着目して，考えをまとめること。
　(2)　(1)に示す事項については，例えば，次のような言語活動を通して指導するものとする。
　　ア　説明や報告など調べたことを話したり，それらを聞いたりする活動。
　　イ　質問するなどして情報を集めたり，それらを発表したりする活動。
　　ウ　互いの考えを伝えるなどして，グループや学級全体で話し合う活動。
B　書くこと
　(1)　書くことに関する次の事項を身に付けることができるよう指導する。
　　ア　相手や目的を意識して，経験したことや想像したことなどから書くことを選び，集めた材料を比較したり分類したりして，伝えたいことを明確にすること。
　　イ　書く内容の中心を明確にし，内容のまとまりで段落をつくったり，段落相互の関係に注意したりして，文章の構成を考えること。
　　ウ　自分の考えとそれを支える理由や事例との関係を明確にして，書き表し方を工夫すること。
　　エ　間違いを正したり，相手や目的を意識した表現になっているかを確かめたりして，文や文章を整えること。
　　オ　書こうとしたことが明確になっているかなど，文章に対する感想や意見を伝え合い，自分の文章のよいところを見付けること。
　(2)　(1)に示す事項については，例えば，次のような言語活動を通して指導するものとする。
　　ア　調べたことをまとめて報告するなど，事実やそれを基に考えたことを書く活動。
　　イ　行事の案内やお礼の文章を書くなど，伝えたいことを手紙に書く活動。
　　ウ　詩や物語をつくるなど，感じたことや想像したことを書く活動。

C 読むこと
(1) 読むことに関する次の事項を身に付けることができるよう指導する。
　ア　段落相互の関係に着目しながら，考えとそれを支える理由や事例との関係などについて，叙述を基に捉えること。
　イ　登場人物の行動や気持ちなどについて，叙述を基に捉えること。
　ウ　目的を意識して，中心となる語や文を見付けて要約すること。
　エ　登場人物の気持ちの変化や性格，情景について，場面の移り変わりと結び付けて具体的に想像すること。
　オ　文章を読んで理解したことに基づいて，感想や考えをもつこと。
　カ　文章を読んで感じたことや考えたことを共有し，一人一人の感じ方などに違いがあることに気付くこと。
(2) (1)に示す事項については，例えば，次のような言語活動を通して指導するものとする。
　ア　記録や報告などの文章を読み，文章の一部を引用して，分かったことや考えたことを説明したり，意見を述べたりする活動。
　イ　詩や物語などを読み，内容を説明したり，考えたことなどを伝え合ったりする活動。
　ウ　学校図書館などを利用し，事典や図鑑などから情報を得て，分かったことなどをまとめて説明する活動。

〔第5学年及び第6学年〕

1　目　標

(1) 日常生活に必要な国語の知識や技能を身に付けるとともに，我が国の言語文化に親しんだり理解したりすることができるようにする。
(2) 筋道立てて考える力や豊かに感じたり想像したりする力を養い，日常生活における人との関わりの中で伝え合う力を高め，自分の思いや考えを広げることができるようにする。
(3) 言葉がもつよさを認識するとともに，進んで読書をし，国語の大切さを自覚して，思いや考えを伝え合おうとする態度を養う。

2　内　容

〔知識及び技能〕
(1) 言葉の特徴や使い方に関する次の事項を身に付けることができるよう指導する。
　ア　言葉には，相手とのつながりをつくる働きがあることに気付くこと。
　イ　話し言葉と書き言葉との違いに気付くこと。
　ウ　文や文章の中で漢字と仮名を適切に使い分けるとともに，送り仮名や仮名遣いに注意して正しく書くこと。
　エ　第5学年及び第6学年の各学年においては，学年別漢字配当表の当該学年までに配当されている漢字を読むこと。また，当該学年の前の学年までに配当されている漢字を書き，文や文章の中で使うとともに，当該学年に配当されている漢字を漸次書き，文や文章の中で使うこと。
　オ　思考に関わる語句の量を増し，話や文章の中で使うとともに，語句と語句との関係，語句の構成や変化について理解し，語彙を豊かにすること。また，語感や言葉の使い方に対する感覚を意識して，語や語句を使うこと。
　カ　文の中での語句の係り方や語順，文と文との接続の関係，話や文章の構成や展開，話や文章の種類とその特徴について理解すること。

キ　日常よく使われる敬語を理解し使い慣れること。
　　ク　比喩や反復などの表現の工夫に気付くこと。
　　ケ　文章を音読したり朗読したりすること。
　(2)　話や文章に含まれている情報の扱い方に関する次の事項を身に付けることができるよう指導する。
　　ア　原因と結果など情報と情報との関係について理解すること。
　　イ　情報と情報との関係付けの仕方，図などによる語句と語句との関係の表し方を理解し使うこと。
　(3)　我が国の言語文化に関する次の事項を身に付けることができるよう指導する。
　　ア　親しみやすい古文や漢文，近代以降の文語調の文章を音読するなどして，言葉の響きやリズムに親しむこと。
　　イ　古典について解説した文章を読んだり作品の内容の大体を知ったりすることを通して，昔の人のものの見方や感じ方を知ること。
　　ウ　語句の由来などに関心をもつとともに，時間の経過による言葉の変化や世代による言葉の違いに気付き，共通語と方言との違いを理解すること。また，仮名及び漢字の由来，特質などについて理解すること。
　　エ　書写に関する次の事項を理解し使うこと。
　　　(ｱ)　用紙全体との関係に注意して，文字の大きさや配列などを決めるとともに，書く速さを意識して書くこと。
　　　(ｲ)　毛筆を使用して，穂先の動きと点画のつながりを意識して書くこと。
　　　(ｳ)　目的に応じて使用する筆記具を選び，その特徴を生かして書くこと。
　　オ　日常的に読書に親しみ，読書が，自分の考えを広げることに役立つことに気付くこと。
　〔思考力，判断力，表現力等〕
A　話すこと・聞くこと
　(1)　話すこと・聞くことに関する次の事項を身に付けることができるよう指導する。
　　ア　目的や意図に応じて，日常生活の中から話題を決め，集めた材料を分類したり関係付けたりして，伝え合う内容を検討すること。
　　イ　話の内容が明確になるように，事実と感想，意見とを区別するなど，話の構成を考えること。
　　ウ　資料を活用するなどして，自分の考えが伝わるように表現を工夫すること。
　　エ　話し手の目的や自分が聞こうとする意図に応じて，話の内容を捉え，話し手の考えと比較しながら，自分の考えをまとめること。
　　オ　互いの立場や意図を明確にしながら計画的に話し合い，考えを広げたりまとめたりすること。
　(2)　(1)に示す事項については，例えば，次のような言語活動を通して指導するものとする。
　　ア　意見や提案など自分の考えを話したり，それらを聞いたりする活動。
　　イ　インタビューなどをして必要な情報を集めたり，それらを発表したりする活動。
　　ウ　それぞれの立場から考えを伝えるなどして話し合う活動。
B　書くこと
　(1)　書くことに関する次の事項を身に付けることができるよう指導する。
　　ア　目的や意図に応じて，感じたことや考えたことなどから書くことを選び，集めた材料を分類したり関係付けたりして，伝えたいことを明確にすること。
　　イ　筋道の通った文章となるように，文章全体の構成や展開を考えること。
　　ウ　目的や意図に応じて簡単に書いたり詳しく書いたりするとともに，事実と感想，意見とを区別して書いたりするなど，自分の考えが伝わるように書き表し方を工夫すること。

付録9

エ　引用したり，図表やグラフなどを用いたりして，自分の考えが伝わるように書き表し方を工夫すること。
　　　オ　文章全体の構成や書き表し方などに着目して，文や文章を整えること。
　　　カ　文章全体の構成や展開が明確になっているかなど，文章に対する感想や意見を伝え合い，自分の文章のよいところを見付けること。
　　(2)　(1)に示す事項については，例えば，次のような言語活動を通して指導するものとする。
　　　ア　事象を説明したり意見を述べたりするなど，考えたことや伝えたいことを書く活動。
　　　イ　短歌や俳句をつくるなど，感じたことや想像したことを書く活動。
　　　ウ　事実や経験を基に，感じたり考えたりしたことや自分にとっての意味について文章に書く活動。
　C　読むこと
　　(1)　読むことに関する次の事項を身に付けることができるよう指導する。
　　　ア　事実と感想，意見などとの関係を叙述を基に押さえ，文章全体の構成を捉えて要旨を把握すること。
　　　イ　登場人物の相互関係や心情などについて，描写を基に捉えること。
　　　ウ　目的に応じて，文章と図表などを結び付けるなどして必要な情報を見付けたり，論の進め方について考えたりすること。
　　　エ　人物像や物語などの全体像を具体的に想像したり，表現の効果を考えたりすること。
　　　オ　文章を読んで理解したことに基づいて，自分の考えをまとめること。
　　　カ　文章を読んでまとめた意見や感想を共有し，自分の考えを広げること。
　　(2)　(1)に示す事項については，例えば，次のような言語活動を通して指導するものとする。
　　　ア　説明や解説などの文章を比較するなどして読み，分かったことや考えたことを，話し合ったり文章にまとめたりする活動。
　　　イ　詩や物語，伝記などを読み，内容を説明したり，自分の生き方などについて考えたことを伝え合ったりする活動。
　　　ウ　学校図書館などを利用し，複数の本や新聞などを活用して，調べたり考えたりしたことを報告する活動。

第3　指導計画の作成と内容の取扱い

1　指導計画の作成に当たっては，次の事項に配慮するものとする。
　(1)　単元など内容や時間のまとまりを見通して，その中で育む資質・能力の育成に向けて，児童の主体的・対話的で深い学びの実現を図るようにすること。その際，言葉による見方・考え方を働かせ，言語活動を通して，言葉の特徴や使い方などを理解し自分の思いや考えを深める学習の充実を図ること。
　(2)　第2の各学年の内容の指導については，必要に応じて当該学年より前の学年において初歩的な形で取り上げたり，その後の学年で程度を高めて取り上げたりするなどして，弾力的に指導すること。
　(3)　第2の各学年の内容の〔知識及び技能〕に示す事項については，〔思考力，判断力，表現力等〕に示す事項の指導を通して指導することを基本とし，必要に応じて，特定の事項だけを取り上げて指導したり，それらをまとめて指導したりするなど，指導の効果を高めるよう工夫すること。なお，その際，第1章総則の第2の3の(2)のウの(イ)に掲げる指導を行う場合には，当該指導のねらいを明確にするとともに，単元など内容や時間のまとまりを見通して資質・能力が偏り

なく育成されるよう計画的に指導すること。
(4) 第2の各学年の内容の〔思考力，判断力，表現力等〕の「A話すこと・聞くこと」に関する指導については，意図的，計画的に指導する機会が得られるように，第1学年及び第2学年では年間35単位時間程度，第3学年及び第4学年では年間30単位時間程度，第5学年及び第6学年では年間25単位時間程度を配当すること。その際，音声言語のための教材を活用するなどして指導の効果を高めるよう工夫すること。
(5) 第2の各学年の内容の〔思考力，判断力，表現力等〕の「B書くこと」に関する指導については，第1学年及び第2学年では年間100単位時間程度，第3学年及び第4学年では年間85単位時間程度，第5学年及び第6学年では年間55単位時間程度を配当すること。その際，実際に文章を書く活動をなるべく多くすること。
(6) 第2の第1学年及び第2学年の内容の〔知識及び技能〕の(3)のエ，第3学年及び第4学年，第5学年及び第6学年の内容の〔知識及び技能〕の(3)のオ及び各学年の内容の〔思考力，判断力，表現力等〕の「C読むこと」に関する指導については，読書意欲を高め，日常生活において読書活動を活発に行うようにするとともに，他教科等の学習における読書の指導や学校図書館における指導との関連を考えて行うこと。
(7) 低学年においては，第1章総則の第2の4の(1)を踏まえ，他教科等との関連を積極的に図り，指導の効果を高めるようにするとともに，幼稚園教育要領等に示す幼児期の終わりまでに育ってほしい姿との関連を考慮すること。特に，小学校入学当初においては，生活科を中心とした合科的・関連的な指導や，弾力的な時間割の設定を行うなどの工夫をすること。
(8) 言語能力の向上を図る観点から，外国語活動及び外国語科など他教科等との関連を積極的に図り，指導の効果を高めるようにすること。
(9) 障害のある児童などについては，学習活動を行う場合に生じる困難さに応じた指導内容や指導方法の工夫を計画的，組織的に行うこと。
(10) 第1章総則の第1の2の(2)に示す道徳教育の目標に基づき，道徳科などとの関連を考慮しながら，第3章特別の教科道徳の第2に示す内容について，国語科の特質に応じて適切な指導をすること。

2 第2の内容の取扱いについては，次の事項に配慮するものとする。
(1) 〔知識及び技能〕に示す事項については，次のとおり取り扱うこと。
　ア　日常の言語活動を振り返ることなどを通して，児童が，実際に話したり聞いたり書いたり読んだりする場面を意識できるよう指導を工夫すること。
　イ　理解したり表現したりするために必要な文字や語句については，辞書や事典を利用して調べる活動を取り入れるなど，調べる習慣が身に付くようにすること。
　ウ　第3学年におけるローマ字の指導に当たっては，第5章総合的な学習の時間の第3の2の(3)に示す，コンピュータで文字を入力するなどの学習の基盤として必要となる情報手段の基本的な操作を習得し，児童が情報や情報手段を主体的に選択し活用できるよう配慮することとの関連が図られるようにすること。
　エ　漢字の指導については，第2の内容に定めるほか，次のとおり取り扱うこと。
　　(ｱ)　学年ごとに配当されている漢字は，児童の学習負担に配慮しつつ，必要に応じて，当該学年以前の学年又は当該学年以降の学年において指導することもできること。
　　(ｲ)　当該学年より後の学年に配当されている漢字及びそれ以外の漢字については，振り仮名を付けるなど，児童の学習負担に配慮しつつ提示することができること。
　　(ｳ)　他教科等の学習において必要となる漢字については，当該教科等と関連付けて指導する

　　　　など，その確実な定着が図られるよう指導を工夫すること。
　　　(エ) 漢字の指導においては，学年別漢字配当表に示す漢字の字体を標準とすること。
　オ　各学年の(3)のア及びイに関する指導については，各学年で行い，古典に親しめるよう配慮すること。
　カ　書写の指導については，第2の内容に定めるほか，次のとおり取り扱うこと。
　　　(ア) 文字を正しく整えて書くことができるようにするとともに，書写の能力を学習や生活に役立てる態度を育てるよう配慮すること。
　　　(イ) 硬筆を使用する書写の指導は各学年で行うこと。
　　　(ウ) 毛筆を使用する書写の指導は第3学年以上の各学年で行い，各学年年間30単位時間程度を配当するとともに，毛筆を使用する書写の指導は硬筆による書写の能力の基礎を養うよう指導すること。
　　　(エ) 第1学年及び第2学年の(3)のウの(イ)の指導については，適切に運筆する能力の向上につながるよう，指導を工夫すること。
(2) 第2の内容の指導に当たっては，児童がコンピュータや情報通信ネットワークを積極的に活用する機会を設けるなどして，指導の効果を高めるよう工夫すること。
(3) 第2の内容の指導に当たっては，学校図書館などを目的をもって計画的に利用しその機能の活用を図るようにすること。その際，本などの種類や配置，探し方について指導するなど，児童が必要な本などを選ぶことができるよう配慮すること。なお，児童が読む図書については，人間形成のため偏りがないよう配慮して選定すること。

3　教材については，次の事項に留意するものとする。

(1) 教材は，第2の各学年の目標及び内容に示す資質・能力を偏りなく養うことや読書に親しむ態度の育成を通して読書習慣を形成することをねらいとし，児童の発達の段階に即して適切な話題や題材を精選して調和的に取り上げること。また，第2の各学年の内容の〔思考力，判断力，表現力等〕の「A話すこと・聞くこと」，「B書くこと」及び「C読むこと」のそれぞれの(2)に掲げる言語活動が十分行われるよう教材を選定すること。
(2) 教材は，次のような観点に配慮して取り上げること。
　ア　国語に対する関心を高め，国語を尊重する態度を育てるのに役立つこと。
　イ　伝え合う力，思考力や想像力及び言語感覚を養うのに役立つこと。
　ウ　公正かつ適切に判断する能力や態度を育てるのに役立つこと。
　エ　科学的，論理的に物事を捉え考察し，視野を広げるのに役立つこと。
　オ　生活を明るくし，強く正しく生きる意志を育てるのに役立つこと。
　カ　生命を尊重し，他人を思いやる心を育てるのに役立つこと。
　キ　自然を愛し，美しいものに感動する心を育てるのに役立つこと。
　ク　我が国の伝統と文化に対する理解と愛情を育てるのに役立つこと。
　ケ　日本人としての自覚をもって国を愛し，国家，社会の発展を願う態度を育てるのに役立つこと。
　コ　世界の風土や文化などを理解し，国際協調の精神を養うのに役立つこと。
(3) 第2の各学年の内容の〔思考力，判断力，表現力等〕の「C読むこと」の教材については，各学年で説明的な文章や文学的な文章などの文章の種類を調和的に取り扱うこと。また，説明的な文章については，適宜，図表や写真などを含むものを取り上げること。

別表

学年別漢字配当表

第一学年	一右雨円王音下火花貝学気九休玉金空月犬見五口校左三山子四糸字耳七車手十出女小上森人水正生青夕石赤千川先早草足村大男竹中虫町天田土二日入年白八百文木本名目立力林六 (80字)
第二学年	引羽雲園遠何科夏家歌画回会海絵外角楽活間丸岩顔汽記帰弓牛魚京強教近兄形計元言原戸古午後語工公広交光考行高黄合谷国黒今才細作算止市矢姉思紙寺自時室社弱首秋週春書少場色食心新親図数西声星晴切雪船線前組走多太体台地池知茶昼長鳥朝直通弟店点電刀冬当東答頭同道読内南肉馬売買麦半番父風分聞米歩母方北毎妹万明鳴毛門夜野友用曜来里理話 (160字)
第三学年	悪安暗医委意育員院飲運泳駅央横屋温化荷界開階寒感漢館岸起期客究急級宮球去橋業曲局銀区苦具君係軽血決研県庫湖向幸港号根祭皿仕死使始指歯詩次事持式実写者主守取酒受州拾終習集住重宿所暑助昭消商章勝乗植申身神真深進世整昔全相送想息速族他打対待代第題炭短談着注柱丁帳調追定庭笛鉄転都度投豆島湯登等動童農波配倍箱畑発反坂板皮悲美鼻筆氷表秒病品負部服福物平返勉放味命面問役薬由油有遊予羊洋葉陽様落流旅両緑礼列練路和 (200字)
第四学年	愛案以衣位茨印英栄媛塩岡億加果貨課芽賀改械害街各覚潟完官管関観願岐希季旗器機議求泣給挙漁共協鏡競極熊訓軍郡群径景芸欠結建健験固功好香候康佐差菜最埼材崎昨札刷察参産散残氏司試児治滋辞鹿失借種周祝順初松笑唱焼照城縄臣信井成省清静席積折節説浅戦選然争倉巣束側続卒孫帯隊達単置仲沖兆低底的典伝徒努灯働特徳栃奈梨熱念敗梅博阪飯飛必票標不夫付府阜富副兵別辺変便包法望牧末満未民無約勇要養浴利陸良料量輪類令冷例連老労録 (202字)

第五学年	圧囲移因永営衛易益液演応往桜可仮価河過快解格確額刊幹慣眼紀基寄規喜技義逆久旧救居許境均禁句型経潔件険検限現減故個護効厚耕航鉱構興講告混査再災妻採際在財罪殺雑酸賛士支史志枝師資飼示似識質舎謝授修述術準序招証象賞条状常情織職制性政勢精製税責績接設絶祖素総造像増則測属率損貸態団断築貯張停提程適統堂銅導得毒独任燃能破犯判版比肥非費備評貧布婦武復複仏粉編弁保墓報豊防貿暴脈務夢迷綿輸余容略留領歴	(193字)
第六学年	胃異遺域宇映延沿恩我灰拡革閣割株干巻看簡危机揮貴疑吸供胸郷勤筋系敬警劇激穴券絹権憲源厳己呼誤后孝皇紅降鋼刻穀骨困砂座済裁策冊蚕至私姿視詞誌磁射捨尺若樹収宗就衆従縦縮熟純処署諸除承将傷障蒸針仁垂推寸盛聖誠舌宣専泉洗染銭善奏窓創装層操蔵臓存尊退宅担探誕段暖値宙忠著庁頂腸潮賃痛敵展討党糖届難乳認納脳派拝背肺俳班晩否批秘俵腹奮並陛閉片補暮宝訪亡忘棒枚幕密盟模訳郵優預幼欲翌乱卵覧裏律臨朗論	(191字)

小学校学習指導要領　第3章　特別の教科　道徳

● 第1　目標

　第1章総則の第1の2の(2)に示す道徳教育の目標に基づき，よりよく生きるための基盤となる道徳性を養うため，道徳的諸価値についての理解を基に，自己を見つめ，物事を多面的・多角的に考え，自己の生き方についての考えを深める学習を通して，道徳的な判断力，心情，実践意欲と態度を育てる。

● 第2　内容

　学校の教育活動全体を通じて行う道徳教育の要である道徳科においては，以下に示す項目について扱う。

　A　主として自分自身に関すること

［善悪の判断，自律，自由と責任］

　〔第1学年及び第2学年〕
　　よいことと悪いこととの区別をし，よいと思うことを進んで行うこと。
　〔第3学年及び第4学年〕
　　正しいと判断したことは，自信をもって行うこと。
　〔第5学年及び第6学年〕
　　自由を大切にし，自律的に判断し，責任のある行動をすること。

［正直，誠実］

　〔第1学年及び第2学年〕
　　うそをついたりごまかしをしたりしないで，素直に伸び伸びと生活すること。
　〔第3学年及び第4学年〕
　　過ちは素直に改め，正直に明るい心で生活すること。
　〔第5学年及び第6学年〕
　　誠実に，明るい心で生活すること。

［節度，節制］

　〔第1学年及び第2学年〕
　　健康や安全に気を付け，物や金銭を大切にし，身の回りを整え，わがままをしないで，規則正しい生活をすること。
　〔第3学年及び第4学年〕
　　自分でできることは自分でやり，安全に気を付け，よく考えて行動し，節度のある生活をすること。
　〔第5学年及び第6学年〕
　　安全に気を付けることや，生活習慣の大切さについて理解し，自分の生活を見直し，節度を守り節制に心掛けること。

［個性の伸長］

　〔第1学年及び第2学年〕
　　自分の特徴に気付くこと。
　〔第3学年及び第4学年〕
　　自分の特徴に気付き，長所を伸ばすこと。
　〔第5学年及び第6学年〕

自分の特徴を知って，短所を改め長所を伸ばすこと。
[希望と勇気，努力と強い意志]
　〔第1学年及び第2学年〕
　　　自分のやるべき勉強や仕事をしっかりと行うこと。
　〔第3学年及び第4学年〕
　　　自分でやろうと決めた目標に向かって，強い意志をもち，粘り強くやり抜くこと。
　〔第5学年及び第6学年〕
　　　より高い目標を立て，希望と勇気をもち，困難があってもくじけずに努力して物事をやり抜くこと。
[真理の探究]
　〔第5学年及び第6学年〕
　　　真理を大切にし，物事を探究しようとする心をもつこと。
B　主として人との関わりに関すること
[親切，思いやり]
　〔第1学年及び第2学年〕
　　　身近にいる人に温かい心で接し，親切にすること。
　〔第3学年及び第4学年〕
　　　相手のことを思いやり，進んで親切にすること。
　〔第5学年及び第6学年〕
　　　誰に対しても思いやりの心をもち，相手の立場に立って親切にすること。
[感謝]
　〔第1学年及び第2学年〕
　　　家族など日頃世話になっている人々に感謝すること。
　〔第3学年及び第4学年〕
　　　家族など生活を支えてくれている人々や現在の生活を築いてくれた高齢者に，尊敬と感謝の気持ちをもって接すること。
　〔第5学年及び第6学年〕
　　　日々の生活が家族や過去からの多くの人々の支え合いや助け合いで成り立っていることに感謝し，それに応えること。
[礼儀]
　〔第1学年及び第2学年〕
　　　気持ちのよい挨拶，言葉遣い，動作などに心掛けて，明るく接すること。
　〔第3学年及び第4学年〕
　　　礼儀の大切さを知り，誰に対しても真心をもって接すること。
　〔第5学年及び第6学年〕
　　　時と場をわきまえて，礼儀正しく真心をもって接すること。
[友情，信頼]
　〔第1学年及び第2学年〕
　　　友達と仲よくし，助け合うこと。
　〔第3学年及び第4学年〕
　　　友達と互いに理解し，信頼し，助け合うこと。
　〔第5学年及び第6学年〕
　　　友達と互いに信頼し，学び合って友情を深め，異性についても理解しながら，人間関係を築

いていくこと。

［相互理解，寛容］

〔第3学年及び第4学年〕
　自分の考えや意見を相手に伝えるとともに，相手のことを理解し，自分と異なる意見も大切にすること。

〔第5学年及び第6学年〕
　自分の考えや意見を相手に伝えるとともに，謙虚な心をもち，広い心で自分と異なる意見や立場を尊重すること。

C　主として集団や社会との関わりに関すること

［規則の尊重］

〔第1学年及び第2学年〕
　約束やきまりを守り，みんなが使う物を大切にすること。

〔第3学年及び第4学年〕
　約束や社会のきまりの意義を理解し，それらを守ること。

〔第5学年及び第6学年〕
　法やきまりの意義を理解した上で進んでそれらを守り，自他の権利を大切にし，義務を果たすこと。

［公正，公平，社会正義］

〔第1学年及び第2学年〕
　自分の好き嫌いにとらわれないで接すること。

〔第3学年及び第4学年〕
　誰に対しても分け隔てをせず，公正，公平な態度で接すること。

〔第5学年及び第6学年〕
　誰に対しても差別をすることや偏見をもつことなく，公正，公平な態度で接し，正義の実現に努めること。

［勤労，公共の精神］

〔第1学年及び第2学年〕
　働くことのよさを知り，みんなのために働くこと。

〔第3学年及び第4学年〕
　働くことの大切さを知り，進んでみんなのために働くこと。

〔第5学年及び第6学年〕
　働くことや社会に奉仕することの充実感を味わうとともに，その意義を理解し，公共のために役に立つことをすること。

［家族愛，家庭生活の充実］

〔第1学年及び第2学年〕
　父母，祖父母を敬愛し，進んで家の手伝いなどをして，家族の役に立つこと。

〔第3学年及び第4学年〕
　父母，祖父母を敬愛し，家族みんなで協力し合って楽しい家庭をつくること。

〔第5学年及び第6学年〕
　父母，祖父母を敬愛し，家族の幸せを求めて，進んで役に立つことをすること。

［よりよい学校生活，集団生活の充実］

〔第1学年及び第2学年〕
　先生を敬愛し，学校の人々に親しんで，学級や学校の生活を楽しくすること。

〔第3学年及び第4学年〕
　　先生や学校の人々を敬愛し，みんなで協力し合って楽しい学級や学校をつくること。
〔第5学年及び第6学年〕
　　先生や学校の人々を敬愛し，みんなで協力し合ってよりよい学級や学校をつくるとともに，様々な集団の中での自分の役割を自覚して集団生活の充実に努めること。

［伝統と文化の尊重，国や郷土を愛する態度］
〔第1学年及び第2学年〕
　　我が国や郷土の文化と生活に親しみ，愛着をもつこと。
〔第3学年及び第4学年〕
　　我が国や郷土の伝統と文化を大切にし，国や郷土を愛する心をもつこと。
〔第5学年及び第6学年〕
　　我が国や郷土の伝統と文化を大切にし，先人の努力を知り，国や郷土を愛する心をもつこと。

［国際理解，国際親善］
〔第1学年及び第2学年〕
　　他国の人々や文化に親しむこと。
〔第3学年及び第4学年〕
　　他国の人々や文化に親しみ，関心をもつこと。
〔第5学年及び第6学年〕
　　他国の人々や文化について理解し，日本人としての自覚をもって国際親善に努めること。

D　主として生命や自然，崇高なものとの関わりに関すること

［生命の尊さ］
〔第1学年及び第2学年〕
　　生きることのすばらしさを知り，生命を大切にすること。
〔第3学年及び第4学年〕
　　生命の尊さを知り，生命あるものを大切にすること。
〔第5学年及び第6学年〕
　　生命が多くの生命のつながりの中にあるかけがえのないものであることを理解し，生命を尊重すること。

［自然愛護］
〔第1学年及び第2学年〕
　　身近な自然に親しみ，動植物に優しい心で接すること。
〔第3学年及び第4学年〕
　　自然のすばらしさや不思議さを感じ取り，自然や動植物を大切にすること。
〔第5学年及び第6学年〕
　　自然の偉大さを知り，自然環境を大切にすること。

［感動，畏敬の念］
〔第1学年及び第2学年〕
　　美しいものに触れ，すがすがしい心をもつこと。
〔第3学年及び第4学年〕
　　美しいものや気高いものに感動する心をもつこと。
〔第5学年及び第6学年〕
　　美しいものや気高いものに感動する心や人間の力を超えたものに対する畏敬の念をもつこと。

［よりよく生きる喜び］

〔第5学年及び第6学年〕
よりよく生きようとする人間の強さや気高さを理解し,人間として生きる喜びを感じること。

第3 指導計画の作成と内容の取扱い

1 各学校においては,道徳教育の全体計画に基づき,各教科,外国語活動,総合的な学習の時間及び特別活動との関連を考慮しながら,道徳科の年間指導計画を作成するものとする。なお,作成に当たっては,第2に示す各学年段階の内容項目について,相当する各学年において全て取り上げることとする。その際,児童や学校の実態に応じ,2学年間を見通した重点的な指導や内容項目間の関連を密にした指導,一つの内容項目を複数の時間で扱う指導を取り入れるなどの工夫を行うものとする。
2 第2の内容の指導に当たっては,次の事項に配慮するものとする。
 (1) 校長や教頭などの参加,他の教師との協力的な指導などについて工夫し,道徳教育推進教師を中心とした指導体制を充実すること。
 (2) 道徳科が学校の教育活動全体を通じて行う道徳教育の要としての役割を果たすことができるよう,計画的・発展的な指導を行うこと。特に,各教科,外国語活動,総合的な学習の時間及び特別活動における道徳教育としては取り扱う機会が十分でない内容項目に関わる指導を補うことや,児童や学校の実態等を踏まえて指導をより一層深めること,内容項目の相互の関連を捉え直したり発展させたりすることに留意すること。
 (3) 児童が自ら道徳性を養う中で,自らを振り返って成長を実感したり,これからの課題や目標を見付けたりすることができるよう工夫すること。その際,道徳性を養うことの意義について,児童自らが考え,理解し,主体的に学習に取り組むことができるようにすること。
 (4) 児童が多様な感じ方や考え方に接する中で,考えを深め,判断し,表現する力などを育むことができるよう,自分の考えを基に話し合ったり書いたりするなどの言語活動を充実すること。
 (5) 児童の発達の段階や特性等を考慮し,指導のねらいに即して,問題解決的な学習,道徳的行為に関する体験的な学習等を適切に取り入れるなど,指導方法を工夫すること。その際,それらの活動を通じて学んだ内容の意義などについて考えることができるようにすること。また,特別活動等における多様な実践活動や体験活動も道徳科の授業に生かすようにすること。
 (6) 児童の発達の段階や特性等を考慮し,第2に示す内容との関連を踏まえつつ,情報モラルに関する指導を充実すること。また,児童の発達の段階や特性等を考慮し,例えば,社会の持続可能な発展などの現代的な課題の取扱いにも留意し,身近な社会的課題を自分との関係において考え,それらの解決に寄与しようとする意欲や態度を育てるよう努めること。なお,多様な見方や考え方のできる事柄について,特定の見方や考え方に偏った指導を行うことのないようにすること。
 (7) 道徳科の授業を公開したり,授業の実施や地域教材の開発や活用などに家庭や地域の人々,各分野の専門家等の積極的な参加や協力を得たりするなど,家庭や地域社会との共通理解を深め,相互の連携を図ること。
3 教材については,次の事項に留意するものとする。
 (1) 児童の発達の段階や特性,地域の実情等を考慮し,多様な教材の活用に努めること。特に,生命の尊厳,自然,伝統と文化,先人の伝記,スポーツ,情報化への対応等の現代的な課題などを題材とし,児童が問題意識をもって多面的・多角的に考えたり,感動を覚えたりするような充実した教材の開発や活用を行うこと。
 (2) 教材については,教育基本法や学校教育法その他の法令に従い,次の観点に照らし適切と判

断されるものであること。
- ア　児童の発達の段階に即し，ねらいを達成するのにふさわしいものであること。
- イ　人間尊重の精神にかなうものであって，悩みや葛藤等の心の揺れ，人間関係の理解等の課題も含め，児童が深く考えることができ，人間としてよりよく生きる喜びや勇気を与えられるものであること。
- ウ　多様な見方や考え方のできる事柄を取り扱う場合には，特定の見方や考え方に偏った取扱いがなされていないものであること。

4　児童の学習状況や道徳性に係る成長の様子を継続的に把握し，指導に生かすよう努める必要がある。ただし，数値などによる評価は行わないものとする。

「道徳の内容」の学年段階・学校段階の一覧表

	小学校第1学年及び第2学年（19）	小学校第3学年及び第4学年（20）
A 主として自分自身に関すること		
善悪の判断, 自律, 自由と責任	(1) よいことと悪いこととの区別をし, よいと思うことを進んで行うこと。	(1) 正しいと判断したことは, 自信をもって行うこと。
正直, 誠実	(2) うそをついたりごまかしをしたりしないで, 素直に伸び伸びと生活すること。	(2) 過ちは素直に改め, 正直に明るい心で生活すること。
節度, 節制	(3) 健康や安全に気を付け, 物や金銭を大切にし, 身の回りを整え, わがままをしないで, 規則正しい生活をすること。	(3) 自分でできることは自分でやり, 安全に気を付け, よく考えて行動し, 節度のある生活をすること。
個性の伸長	(4) 自分の特徴に気付くこと。	(4) 自分の特徴に気付き, 長所を伸ばすこと。
希望と勇気, 努力と強い意志	(5) 自分のやるべき勉強や仕事をしっかりと行うこと。	(5) 自分でやろうと決めた目標に向かって, 強い意志をもち, 粘り強くやり抜くこと。
真理の探究		
B 主として人との関わりに関すること		
親切, 思いやり	(6) 身近にいる人に温かい心で接し, 親切にすること。	(6) 相手のことを思いやり, 進んで親切にすること。
感謝	(7) 家族など日頃世話になっている人々に感謝すること。	(7) 家族など生活を支えてくれている人々や現在の生活を築いてくれた高齢者に, 尊敬と感謝の気持ちをもって接すること。
礼儀	(8) 気持ちのよい挨拶, 言葉遣い, 動作などに心掛けて, 明るく接すること。	(8) 礼儀の大切さを知り, 誰に対しても真心をもって接すること。
友情, 信頼	(9) 友達と仲よくし, 助け合うこと。	(9) 友達と互いに理解し, 信頼し, 助け合うこと。
相互理解, 寛容		(10) 自分の考えや意見を相手に伝えるとともに, 相手のことを理解し, 自分と異なる意見も大切にすること。
C 主として集団や社会との関わりに関すること		
規則の尊重	(10) 約束やきまりを守り, みんなが使う物を大切にすること。	(11) 約束や社会のきまりの意義を理解し, それらを守ること。
公正, 公平, 社会正義	(11) 自分の好き嫌いにとらわれないで接すること。	(12) 誰に対しても分け隔てをせず, 公正, 公平な態度で接すること。
勤労, 公共の精神	(12) 働くことのよさを知り, みんなのために働くこと。	(13) 働くことの大切さを知り, 進んでみんなのために働くこと。
家族愛, 家庭生活の充実	(13) 父母, 祖父母を敬愛し, 進んで家の手伝いなどをして, 家族の役に立つこと。	(14) 父母, 祖父母を敬愛し, 家族みんなで協力し合って楽しい家庭をつくること。
よりよい学校生活, 集団生活の充実	(14) 先生を敬愛し, 学校の人々に親しんで, 学級や学校の生活を楽しくすること。	(15) 先生や学校の人々を敬愛し, みんなで協力し合って楽しい学級や学校をつくること。
伝統と文化の尊重, 国や郷土を愛する態度	(15) 我が国や郷土の文化と生活に親しみ, 愛着をもつこと。	(16) 我が国や郷土の伝統と文化を大切にし, 国や郷土を愛する心をもつこと。
国際理解, 国際親善	(16) 他国の人々や文化に親しむこと。	(17) 他国の人々や文化に親しみ, 関心をもつこと。
D 主として生命や自然, 崇高なものとの関わりに関すること		
生命の尊さ	(17) 生きることのすばらしさを知り, 生命を大切にすること。	(18) 生命の尊さを知り, 生命あるものを大切にすること。
自然愛護	(18) 身近な自然に親しみ, 動植物に優しい心で接すること。	(19) 自然のすばらしさや不思議さを感じ取り, 自然や動植物を大切にすること。
感動, 畏敬の念	(19) 美しいものに触れ, すがすがしい心をもつこと。	(20) 美しいものや気高いものに感動する心をもつこと。
よりよく生きる喜び		

小学校第5学年及び第6学年 (22)	中学校 (22)	
(1) 自由を大切にし,自律的に判断し,責任のある行動をすること。 (2) 誠実に,明るい心で生活すること。	(1) 自律の精神を重んじ,自主的に考え,判断し,誠実に実行してその結果に責任をもつこと。	自主,自律, 自由と責任
(3) 安全に気を付けることや,生活習慣の大切さについて理解し,自分の生活を見直し,節度を守り節制に心掛けること。	(2) 望ましい生活習慣を身に付け,心身の健康の増進を図り,節度を守り節制に心掛け,安全で調和のある生活をすること。	節度,節制
(4) 自分の特徴を知って,短所を改め長所を伸ばすこと。	(3) 自己を見つめ,自己の向上を図るとともに,個性を伸ばして充実した生き方を追求すること。	向上心,個性の伸長
(5) より高い目標を立て,希望や勇気をもち,困難があってもくじけずに努力して物事をやり抜くこと。	(4) より高い目標を設定し,その達成を目指し,希望と勇気をもち,困難や失敗を乗り越えて着実にやり遂げること。	希望と勇気 克己と強い意志
(6) 真理を大切にし,物事を探究しようとする心をもつこと。	(5) 真実を大切にし,真理を探究して新しいものを生み出そうと努めること。	真理の探究,創造
(7) 誰に対しても思いやりの心をもち,相手の立場に立って親切にすること。 (8) 日々の生活が家族や過去からの多くの人々の支え合いや助け合いで成り立っていることに感謝し,それに応えること。	(6) 思いやりの心をもって人と接するとともに,家族などの支えや多くの人々の善意により日々の生活や現在の自分があることに感謝し,進んでそれに応え,人間愛の精神を深めること。	思いやり,感謝
(9) 時と場をわきまえて,礼儀正しく真心をもって接すること。	(7) 礼儀の意義を理解し,時と場に応じた適切な言動をとること。	礼儀
(10) 友達と互いに信頼し,学び合って友情を深め,異性についても理解しながら,人間関係を築いていくこと。	(8) 友情の尊さを理解して心から信頼できる友達をもち,互いに励まし合い,高め合うとともに,異性についての理解を深め,悩みや葛藤も経験しながら人間関係を深めていくこと。	友情・信頼
(11) 自分の考えや意見を相手に伝えるとともに,謙虚な心をもち,広い心で自分と異なる意見や立場を尊重すること。	(9) 自分の考えや意見を相手に伝えるとともに,それぞれの個性や立場を尊重し,いろいろなものの見方や考え方があることを理解し,寛容の心をもって謙虚に他に学び,自らを高めていくこと。	相互理解,寛容
(12) 法やきまりの意義を理解した上で進んでそれらを守り,自他の権利を大切にし,義務を果たすこと。	(10) 法やきまりの意義を理解し,それらを進んで守るとともに,そのよりよい在り方について考え,自他の権利を大切にし,義務を果たして,規律ある安定した社会の実現に努めること。	遵法精神,公徳心
(13) 誰に対しても差別をすることや偏見をもつことなく,公正,公平な態度で接し,正義の実現に努めること。	(11) 正義と公正さを重んじ,誰に対しても公平に接し,差別や偏見のない社会の実現に努めること。	公正,公平,社会正義
(14) 働くことや社会に奉仕することの充実感を味わうとともに,その意義を理解し,公共のために役に立つことをすること。	(12) 社会参画の意識と社会連帯の自覚を高め,公共の精神をもってよりよい社会の実現に努めること。	社会参画,公共の精神
	(13) 勤労の尊さや意義を理解し,将来の生き方について考えを深め,勤労を通じて社会に貢献すること。	勤労
(15) 父母,祖父母を敬愛し,家族の幸せを求めて,進んで役に立つことをすること。	(14) 父母,祖父母を敬愛し,家族の一員としての自覚をもって充実した家庭生活を築くこと。	家族愛, 家庭生活の充実
(16) 先生や学校の人々を敬愛し,みんなで協力し合ってよりよい学級や学校をつくるとともに,様々な集団の中での自分の役割を自覚して集団生活の充実に努めること。	(15) 教師や学校の人々を敬愛し,学級や学校の一員としての自覚をもち,協力し合ってよりよい校風をつくるとともに,様々な集団の意義や集団の中での自分の役割と責任を自覚して集団生活の充実に努めること。	よりよい学校生活, 集団生活の充実
(17) 我が国や郷土の伝統と文化を大切にし,先人の努力を知り,国や郷土を愛する心をもつこと。	(16) 郷土の伝統と文化を大切にし,社会に尽くした先人や高齢者に尊敬の念を深め,地域社会の一員としての自覚をもって郷土を愛し,進んで郷土の発展に努めること。	郷土の伝統と文化の尊重,郷土を愛する態度
	(17) 優れた伝統の継承と新しい文化の創造に貢献するとともに,日本人としての自覚をもって国を愛し,国家及び社会の形成者として,その発展に努めること。	我が国の伝統と文化の尊重,国を愛する態度
(18) 他国の人々や文化について理解し,日本人としての自覚をもって国際親善に努めること。	(18) 世界の中の日本人としての自覚をもち,他国を尊重し,国際的視野に立って,世界の平和と人類の発展に寄与すること。	国際理解,国際貢献
(19) 生命が多くの生命のつながりの中にあるかけがえのないものであることを理解し,生命を尊重すること。	(19) 生命の尊さについて,その連続性や有限性なども含めて理解し,かけがえのない生命を尊重すること。	生命の尊さ
(20) 自然の偉大さを知り,自然環境を大切にすること。	(20) 自然の崇高さを知り,自然環境を大切にすることの意義を理解し,進んで自然の愛護に努めること。	自然愛護
(21) 美しいものや気高いものに感動する心や人間の力を超えたものに対する畏敬の念をもつこと。	(21) 美しいものや気高いものに感動する心をもち,人間の力を超えたものに対する畏敬の念を深めること。	感動,畏敬の念
(22) よりよく生きようとする人間の強さや気高さを理解し,人間として生きる喜びを感じること。	(22) 人間には自らの弱さや醜さを克服する強さや気高く生きようとする心があることを理解し,人間として生きることに喜びを見いだすこと。	よりよく生きる喜び

付録11

幼稚園教育要領

　教育は，教育基本法第1条に定めるとおり，人格の完成を目指し，平和で民主的な国家及び社会の形成者として必要な資質を備えた心身ともに健康な国民の育成を期すという目的のもと，同法第2条に掲げる次の目標を達成するよう行われなければならない。

　1　幅広い知識と教養を身に付け，真理を求める態度を養い，豊かな情操と道徳心を培うとともに，健やかな身体を養うこと。
　2　個人の価値を尊重して，その能力を伸ばし，創造性を培い，自主及び自律の精神を養うとともに，職業及び生活との関連を重視し，勤労を重んずる態度を養うこと。
　3　正義と責任，男女の平等，自他の敬愛と協力を重んずるとともに，公共の精神に基づき，主体的に社会の形成に参画し，その発展に寄与する態度を養うこと。
　4　生命を尊び，自然を大切にし，環境の保全に寄与する態度を養うこと。
　5　伝統と文化を尊重し，それらをはぐくんできた我が国と郷土を愛するとともに，他国を尊重し，国際社会の平和と発展に寄与する態度を養うこと。

　また，幼児期の教育については，同法第11条に掲げるとおり，生涯にわたる人格形成の基礎を培う重要なものであることにかんがみ，国及び地方公共団体は，幼児の健やかな成長に資する良好な環境の整備その他適当な方法によって，その振興に努めなければならないこととされている。

　これからの幼稚園には，学校教育の始まりとして，こうした教育の目的及び目標の達成を目指しつつ，一人一人の幼児が，将来，自分のよさや可能性を認識するとともに，あらゆる他者を価値のある存在として尊重し，多様な人々と協働しながら様々な社会的変化を乗り越え，豊かな人生を切り拓き，持続可能な社会の創り手となることができるようにするための基礎を培うことが求められる。このために必要な教育の在り方を具体化するのが，各幼稚園において教育の内容等を組織的かつ計画的に組み立てた教育課程である。

　教育課程を通して，これからの時代に求められる教育を実現していくためには，よりよい学校教育を通してよりよい社会を創るという理念を学校と社会とが共有し，それぞれの幼稚園において，幼児期にふさわしい生活をどのように展開し，どのような資質・能力を育むようにするのかを教育課程において明確にしながら，社会との連携及び協働によりその実現を図っていくという，社会に開かれた教育課程の実現が重要となる。

　幼稚園教育要領とは，こうした理念の実現に向けて必要となる教育課程の基準を大綱的に定めるものである。幼稚園教育要領が果たす役割の一つは，公の性質を有する幼稚園における教育水準を全国的に確保することである。また，各幼稚園がその特色を生かして創意工夫を重ね，長年にわたり積み重ねられてきた教育実践や学術研究の蓄積を生かしながら，幼児や地域の現状や課題を捉え，家庭や地域社会と協力して，幼稚園教育要領を踏まえた教育活動の更なる充実を図っていくことも重要である。

　幼児の自発的な活動としての遊びを生み出すために必要な環境を整え，一人一人の資質・能力を育んでいくことは，教職員をはじめとする幼稚園関係者はもとより，家庭や地域の人々も含め，様々な立場から幼児や幼稚園に関わる全ての大人に期待される役割である。家庭との緊密な連携の下，小学校以降の教育や生涯にわたる学習とのつながりを見通しながら，幼児の自発的な活動としての遊びを通しての総合的な指導をする際に広く活用されるものとなることを期待して，ここに幼稚園教育要領を定める。

付録12

第1章 総則

第1 幼稚園教育の基本

　幼児期の教育は，生涯にわたる人格形成の基礎を培う重要なものであり，幼稚園教育は，学校教育法に規定する目的及び目標を達成するため，幼児期の特性を踏まえ，環境を通して行うものであることを基本とする。

　このため教師は，幼児との信頼関係を十分に築き，幼児が身近な環境に主体的に関わり，環境との関わり方や意味に気付き，これらを取り込もうとして，試行錯誤したり，考えたりするようになる幼児期の教育における見方・考え方を生かし，幼児と共によりよい教育環境を創造するように努めるものとする。これらを踏まえ，次に示す事項を重視して教育を行わなければならない。

　1　幼児は安定した情緒の下で自己を十分に発揮することにより発達に必要な体験を得ていくものであることを考慮して，幼児の主体的な活動を促し，幼児期にふさわしい生活が展開されるようにすること。

　2　幼児の自発的な活動としての遊びは，心身の調和のとれた発達の基礎を培う重要な学習であることを考慮して，遊びを通しての指導を中心として第2章に示すねらいが総合的に達成されるようにすること。

　3　幼児の発達は，心身の諸側面が相互に関連し合い，多様な経過をたどって成し遂げられていくものであること，また，幼児の生活経験がそれぞれ異なることなどを考慮して，幼児一人一人の特性に応じ，発達の課題に即した指導を行うようにすること。

　その際，教師は，幼児の主体的な活動が確保されるよう幼児一人一人の行動の理解と予想に基づき，計画的に環境を構成しなければならない。この場合において，教師は，幼児と人やものとの関わりが重要であることを踏まえ，教材を工夫し，物的・空間的環境を構成しなければならない。また，幼児一人一人の活動の場面に応じて，様々な役割を果たし，その活動を豊かにしなければならない。

第2 幼稚園教育において育みたい資質・能力及び「幼児期の終わりまでに育ってほしい姿」

　1　幼稚園においては，生きる力の基礎を育むため，この章の第1に示す幼稚園教育の基本を踏まえ，次に掲げる資質・能力を一体的に育むよう努めるものとする。

　　(1)　豊かな体験を通じて，感じたり，気付いたり，分かったり，できるようになったりする「知識及び技能の基礎」

　　(2)　気付いたことや，できるようになったことなどを使い，考えたり，試したり，工夫したり，表現したりする「思考力，判断力，表現力等の基礎」

　　(3)　心情，意欲，態度が育つ中で，よりよい生活を営もうとする「学びに向かう力，人間性等」

　2　1に示す資質・能力は，第2章に示すねらい及び内容に基づく活動全体によって育むものである。

　3　次に示す「幼児期の終わりまでに育ってほしい姿」は，第2章に示すねらい及び内容に基づく活動全体を通して資質・能力が育まれている幼児の幼稚園修了時の具体的な姿であり，教師が指導を行う際に考慮するものである。

　　(1)　健康な心と体

　　　　幼稚園生活の中で，充実感をもって自分のやりたいことに向かって心と体を十分に働かせ，見通しをもって行動し，自ら健康で安全な生活をつくり出すようになる。

　　(2)　自立心

　　　　身近な環境に主体的に関わり様々な活動を楽しむ中で，しなければならないことを自覚し，

自分の力で行うために考えたり，工夫したりしながら，諦めずにやり遂げることで達成感を味わい，自信をもって行動するようになる。

(3) 協同性

友達と関わる中で，互いの思いや考えなどを共有し，共通の目的の実現に向けて，考えたり，工夫したり，協力したりし，充実感をもってやり遂げるようになる。

(4) 道徳性・規範意識の芽生え

友達と様々な体験を重ねる中で，してよいことや悪いことが分かり，自分の行動を振り返ったり，友達の気持ちに共感したりし，相手の立場に立って行動するようになる。また，きまりを守る必要性が分かり，自分の気持ちを調整し，友達と折り合いを付けながら，きまりをつくったり，守ったりするようになる。

(5) 社会生活との関わり

家族を大切にしようとする気持ちをもつとともに，地域の身近な人と触れ合う中で，人との様々な関わり方に気付き，相手の気持ちを考えて関わり，自分が役に立つ喜びを感じ，地域に親しみをもつようになる。また，幼稚園内外の様々な環境に関わる中で，遊びや生活に必要な情報を取り入れ，情報に基づき判断したり，情報を伝え合ったり，活用したりするなど，情報を役立てながら活動するようになるとともに，公共の施設を大切に利用するなどして，社会とのつながりなどを意識するようになる。

(6) 思考力の芽生え

身近な事象に積極的に関わる中で，物の性質や仕組みなどを感じ取ったり，気付いたりし，考えたり，予想したり，工夫したりするなど，多様な関わりを楽しむようになる。また，友達の様々な考えに触れる中で，自分と異なる考えがあることに気付き，自ら判断したり，考え直したりするなど，新しい考えを生み出す喜びを味わいながら，自分の考えをよりよいものにするようになる。

(7) 自然との関わり・生命尊重

自然に触れて感動する体験を通して，自然の変化などを感じ取り，好奇心や探究心をもって考え言葉などで表現しながら，身近な事象への関心が高まるとともに，自然への愛情や畏敬の念をもつようになる。また，身近な動植物に心を動かされる中で，生命の不思議さや尊さに気付き，身近な動植物への接し方を考え，命あるものとしていたわり，大切にする気持ちをもって関わるようになる。

(8) 数量や図形，標識や文字などへの関心・感覚

遊びや生活の中で，数量や図形，標識や文字などに親しむ体験を重ねたり，標識や文字の役割に気付いたりし，自らの必要感に基づきこれらを活用し，興味や関心，感覚をもつようになる。

(9) 言葉による伝え合い

先生や友達と心を通わせる中で，絵本や物語などに親しみながら，豊かな言葉や表現を身に付け，経験したことや考えたことなどを言葉で伝えたり，相手の話を注意して聞いたりし，言葉による伝え合いを楽しむようになる。

(10) 豊かな感性と表現

心を動かす出来事などに触れ感性を働かせる中で，様々な素材の特徴や表現の仕方などに気付き，感じたことや考えたことを自分で表現したり，友達同士で表現する過程を楽しんだりし，表現する喜びを味わい，意欲をもつようになる。

付録12

第3 教育課程の役割と編成等

1 教育課程の役割

各幼稚園においては，教育基本法及び学校教育法その他の法令並びにこの幼稚園教育要領の示すところに従い，創意工夫を生かし，幼児の心身の発達と幼稚園及び地域の実態に即応した適切な教育課程を編成するものとする。

また，各幼稚園においては，6に示す全体的な計画にも留意しながら，「幼児期の終わりまでに育ってほしい姿」を踏まえ教育課程を編成すること，教育課程の実施状況を評価してその改善を図っていくこと，教育課程の実施に必要な人的又は物的な体制を確保するとともにその改善を図っていくことなどを通して，教育課程に基づき組織的かつ計画的に各幼稚園の教育活動の質の向上を図っていくこと（以下「カリキュラム・マネジメント」という。）に努めるものとする。

2 各幼稚園の教育目標と教育課程の編成

教育課程の編成に当たっては，幼稚園教育において育みたい資質・能力を踏まえつつ，各幼稚園の教育目標を明確にするとともに，教育課程の編成についての基本的な方針が家庭や地域とも共有されるよう努めるものとする。

3 教育課程の編成上の基本的事項

(1) 幼稚園生活の全体を通して第2章に示すねらいが総合的に達成されるよう，教育課程に係る教育期間や幼児の生活経験や発達の過程などを考慮して具体的なねらいと内容を組織するものとする。この場合においては，特に，自我が芽生え，他者の存在を意識し，自己を抑制しようとする気持ちが生まれる幼児期の発達の特性を踏まえ，入園から修了に至るまでの長期的な視野をもって充実した生活が展開できるように配慮するものとする。

(2) 幼稚園の毎学年の教育課程に係る教育週数は，特別の事情のある場合を除き，39週を下ってはならない。

(3) 幼稚園の1日の教育課程に係る教育時間は，4時間を標準とする。ただし，幼児の心身の発達の程度や季節などに適切に配慮するものとする。

4 教育課程の編成上の留意事項

教育課程の編成に当たっては，次の事項に留意するものとする。

(1) 幼児の生活は，入園当初の一人一人の遊びや教師との触れ合いを通して幼稚園生活に親しみ，安定していく時期から，他の幼児との関わりの中で幼児の主体的な活動が深まり，幼児が互いに必要な存在であることを認識するようになり，やがて幼児同士や学級全体で目的をもって協同して幼稚園生活を展開し，深めていく時期などに至るまでの過程を様々に経ながら広げられていくものであることを考慮し，活動がそれぞれの時期にふさわしく展開されるようにすること。

(2) 入園当初，特に，3歳児の入園については，家庭との連携を緊密にし，生活のリズムや安全面に十分配慮すること。また，満3歳児については，学年の途中から入園することを考慮し，幼児が安心して幼稚園生活を過ごすことができるよう配慮すること。

(3) 幼稚園生活が幼児にとって安全なものとなるよう，教職員による協力体制の下，幼児の主体的な活動を大切にしつつ，園庭や園舎などの環境の配慮や指導の工夫を行うこと。

5 小学校教育との接続に当たっての留意事項

(1) 幼稚園においては，幼稚園教育が，小学校以降の生活や学習の基盤の育成につながることに配慮し，幼児期にふさわしい生活を通して，創造的な思考や主体的な生活態度などの基礎を培うようにするものとする。

(2) 幼稚園教育において育まれた資質・能力を踏まえ，小学校教育が円滑に行われるよう，小学校の教師との意見交換や合同の研究の機会などを設け，「幼児期の終わりまでに育ってほしい姿」を共有するなど連携を図り，幼稚園教育と小学校教育との円滑な接続を図るよう努めるものと

する。
6 全体的な計画の作成

　各幼稚園においては，教育課程を中心に，第3章に示す教育課程に係る教育時間の終了後等に行う教育活動の計画，学校保健計画，学校安全計画などと関連させ，一体的に教育活動が展開されるよう全体的な計画を作成するものとする。

第4　指導計画の作成と幼児理解に基づいた評価

1　指導計画の考え方

　幼稚園教育は，幼児が自ら意欲をもって環境と関わることによりつくり出される具体的な活動を通して，その目標の達成を図るものである。

　幼稚園においてはこのことを踏まえ，幼児期にふさわしい生活が展開され，適切な指導が行われるよう，それぞれの幼稚園の教育課程に基づき，調和のとれた組織的，発展的な指導計画を作成し，幼児の活動に沿った柔軟な指導を行わなければならない。

2　指導計画の作成上の基本的事項

(1) 指導計画は，幼児の発達に即して一人一人の幼児が幼児期にふさわしい生活を展開し，必要な体験を得られるようにするために，具体的に作成するものとする。

(2) 指導計画の作成に当たっては，次に示すところにより，具体的なねらい及び内容を明確に設定し，適切な環境を構成することなどにより活動が選択・展開されるようにするものとする。

　　ア　具体的なねらい及び内容は，幼稚園生活における幼児の発達の過程を見通し，幼児の生活の連続性，季節の変化などを考慮して，幼児の興味や関心，発達の実情などに応じて設定すること。

　　イ　環境は，具体的なねらいを達成するために適切なものとなるように構成し，幼児が自らその環境に関わることにより様々な活動を展開しつつ必要な体験を得られるようにすること。その際，幼児の生活する姿や発想を大切にし，常にその環境が適切なものとなるようにすること。

　　ウ　幼児の行う具体的な活動は，生活の流れの中で様々に変化するものであることに留意し，幼児が望ましい方向に向かって自ら活動を展開していくことができるよう必要な援助をすること。

　その際，幼児の実態及び幼児を取り巻く状況の変化などに即して指導の過程についての評価を適切に行い，常に指導計画の改善を図るものとする。

3　指導計画の作成上の留意事項

　指導計画の作成に当たっては，次の事項に留意するものとする。

(1) 長期的に発達を見通した年，学期，月などにわたる長期の指導計画やこれとの関連を保ちながらより具体的な幼児の生活に即した週，日などの短期の指導計画を作成し，適切な指導が行われるようにすること。特に，週，日などの短期の指導計画については，幼児の生活のリズムに配慮し，幼児の意識や興味の連続性のある活動が相互に関連して幼稚園生活の自然な流れの中に組み込まれるようにすること。

(2) 幼児が様々な人やものとの関わりを通して，多様な体験をし，心身の調和のとれた発達を促すようにしていくこと。その際，幼児の発達に即して主体的・対話的で深い学びが実現するようにするとともに，心を動かされる体験が次の活動を生み出すことを考慮し，一つ一つの体験が相互に結び付き，幼稚園生活が充実するようにすること。

(3) 言語に関する能力の発達と思考力等の発達が関連していることを踏まえ，幼稚園生活全体を

通して，幼児の発達を踏まえた言語環境を整え，言語活動の充実を図ること。
(4) 幼児が次の活動への期待や意欲をもつことができるよう，幼児の実態を踏まえながら，教師や他の幼児と共に遊びや生活の中で見通しをもったり，振り返ったりするよう工夫すること。
(5) 行事の指導に当たっては，幼稚園生活の自然の流れの中で生活に変化や潤いを与え，幼児が主体的に楽しく活動できるようにすること。なお，それぞれの行事についてはその教育的価値を十分検討し，適切なものを精選し，幼児の負担にならないようにすること。
(6) 幼児期は直接的な体験が重要であることを踏まえ，視聴覚教材やコンピュータなど情報機器を活用する際には，幼稚園生活では得難い体験を補完するなど，幼児の体験との関連を考慮すること。
(7) 幼児の主体的な活動を促すためには，教師が多様な関わりをもつことが重要であることを踏まえ，教師は，理解者，共同作業者など様々な役割を果たし，幼児の発達に必要な豊かな体験が得られるよう，活動の場面に応じて，適切な指導を行うようにすること。
(8) 幼児の行う活動は，個人，グループ，学級全体などで多様に展開されるものであることを踏まえ，幼稚園全体の教師による協力体制を作りながら，一人一人の幼児が興味や欲求を十分に満足させるよう適切な援助を行うようにすること。

4 幼児理解に基づいた評価の実施

幼児一人一人の発達の理解に基づいた評価の実施に当たっては，次の事項に配慮するものとする。

(1) 指導の過程を振り返りながら幼児の理解を進め，幼児一人一人のよさや可能性などを把握し，指導の改善に生かすようにすること。その際，他の幼児との比較や一定の基準に対する達成度についての評定によって捉えるものではないことに留意すること。
(2) 評価の妥当性や信頼性が高められるよう創意工夫を行い，組織的かつ計画的な取組を推進するとともに，次年度又は小学校等にその内容が適切に引き継がれるようにすること。

第5 特別な配慮を必要とする幼児への指導

1 障害のある幼児などへの指導

障害のある幼児などへの指導に当たっては，集団の中で生活することを通して全体的な発達を促していくことに配慮し，特別支援学校などの助言又は援助を活用しつつ，個々の幼児の障害の状態などに応じた指導内容や指導方法の工夫を組織的かつ計画的に行うものとする。また，家庭，地域及び医療や福祉，保健等の業務を行う関係機関との連携を図り，長期的な視点で幼児への教育的支援を行うために，個別の教育支援計画を作成し活用することに努めるとともに，個々の幼児の実態を的確に把握し，個別の指導計画を作成し活用することに努めるものとする。

2 海外から帰国した幼児や生活に必要な日本語の習得に困難のある幼児の幼稚園生活への適応

海外から帰国した幼児や生活に必要な日本語の習得に困難のある幼児については，安心して自己を発揮できるよう配慮するなど個々の幼児の実態に応じ，指導内容や指導方法の工夫を組織的かつ計画的に行うものとする。

第6 幼稚園運営上の留意事項

1 各幼稚園においては，園長の方針の下に，園務分掌に基づき教職員が適切に役割を分担しつつ，相互に連携しながら，教育課程や指導の改善を図るものとする。また，各幼稚園が行う学校評価については，教育課程の編成，実施，改善が教育活動や幼稚園運営の中核となることを踏まえ，カリキュラム・マネジメントと関連付けながら実施するよう留意するものとする。
2 幼児の生活は，家庭を基盤として地域社会を通じて次第に広がりをもつものであることに留意し，家庭との連携を十分に図るなど，幼稚園における生活が家庭や地域社会と連続性を保ちつつ

付録12

展開されるようにするものとする。その際,地域の自然,高齢者や異年齢の子供などを含む人材,行事や公共施設などの地域の資源を積極的に活用し,幼児が豊かな生活体験を得られるように工夫するものとする。また,家庭との連携に当たっては,保護者との情報交換の機会を設けたり,保護者と幼児との活動の機会を設けたりなどすることを通じて,保護者の幼児期の教育に関する理解が深まるよう配慮するものとする。

3　地域や幼稚園の実態等により,幼稚園間に加え,保育所,幼保連携型認定こども園,小学校,中学校,高等学校及び特別支援学校などとの間の連携や交流を図るものとする。特に,幼稚園教育と小学校教育の円滑な接続のため,幼稚園の幼児と小学校の児童との交流の機会を積極的に設けるようにするものとする。また,障害のある幼児児童生徒との交流及び共同学習の機会を設け,共に尊重し合いながら協働して生活していく態度を育むよう努めるものとする。

第7　教育課程に係る教育時間終了後等に行う教育活動など

　幼稚園は,第3章に示す教育課程に係る教育時間の終了後等に行う教育活動について,学校教育法に規定する目的及び目標並びにこの章の第1に示す幼稚園教育の基本を踏まえ実施するものとする。また,幼稚園の目的の達成に資するため,幼児の生活全体が豊かなものとなるよう家庭や地域における幼児期の教育の支援に努めるものとする。

付録12

第2章 ねらい及び内容

　この章に示すねらいは，幼稚園教育において育みたい資質・能力を幼児の生活する姿から捉えたものであり，内容は，ねらいを達成するために指導する事項である。各領域は，これらを幼児の発達の側面から，心身の健康に関する領域「健康」，人との関わりに関する領域「人間関係」，身近な環境との関わりに関する領域「環境」，言葉の獲得に関する領域「言葉」及び感性と表現に関する領域「表現」としてまとめ，示したものである。内容の取扱いは，幼児の発達を踏まえた指導を行うに当たって留意すべき事項である。

　各領域に示すねらいは，幼稚園における生活の全体を通じ，幼児が様々な体験を積み重ねる中で相互に関連をもちながら次第に達成に向かうものであること，内容は，幼児が環境に関わって展開する具体的な活動を通して総合的に指導されるものであることに留意しなければならない。

　また，「幼児期の終わりまでに育ってほしい姿」が，ねらい及び内容に基づく活動全体を通して資質・能力が育まれている幼児の幼稚園修了時の具体的な姿であることを踏まえ，指導を行う際に考慮するものとする。

　なお，特に必要な場合には，各領域に示すねらいの趣旨に基づいて適切な，具体的な内容を工夫し，それを加えても差し支えないが，その場合には，それが第1章の第1に示す幼稚園教育の基本を逸脱しないよう慎重に配慮する必要がある。

健　康
〔健康な心と体を育て，自ら健康で安全な生活をつくり出す力を養う。〕

1　ねらい
(1)　明るく伸び伸びと行動し，充実感を味わう。
(2)　自分の体を十分に動かし，進んで運動しようとする。
(3)　健康，安全な生活に必要な習慣や態度を身に付け，見通しをもって行動する。

2　内　容
(1)　先生や友達と触れ合い，安定感をもって行動する。
(2)　いろいろな遊びの中で十分に体を動かす。
(3)　進んで戸外で遊ぶ。
(4)　様々な活動に親しみ，楽しんで取り組む。
(5)　先生や友達と食べることを楽しみ，食べ物への興味や関心をもつ。
(6)　健康な生活のリズムを身に付ける。
(7)　身の回りを清潔にし，衣服の着脱，食事，排泄（せつ）などの生活に必要な活動を自分でする。
(8)　幼稚園における生活の仕方を知り，自分たちで生活の場を整えながら見通しをもって行動する。
(9)　自分の健康に関心をもち，病気の予防などに必要な活動を進んで行う。
(10)　危険な場所，危険な遊び方，災害時などの行動の仕方が分かり，安全に気を付けて行動する。

3　内容の取扱い
上記の取扱いに当たっては，次の事項に留意する必要がある。
(1)　心と体の健康は，相互に密接な関連があるものであることを踏まえ，幼児が教師や他の幼児との温かい触れ合いの中で自己の存在感や充実感を味わうことなどを基盤として，しなやかな心と

体の発達を促すこと。特に，十分に体を動かす気持ちよさを体験し，自ら体を動かそうとする意欲が育つようにすること。

(2) 様々な遊びの中で，幼児が興味や関心，能力に応じて全身を使って活動することにより，体を動かす楽しさを味わい，自分の体を大切にしようとする気持ちが育つようにすること。その際，多様な動きを経験する中で，体の動きを調整するようにすること。

(3) 自然の中で伸び伸びと体を動かして遊ぶことにより，体の諸機能の発達が促されることに留意し，幼児の興味や関心が戸外にも向くようにすること。その際，幼児の動線に配慮した園庭や遊具の配置などを工夫すること。

(4) 健康な心と体を育てるためには食育を通じた望ましい食習慣の形成が大切であることを踏まえ，幼児の食生活の実情に配慮し，和やかな雰囲気の中で教師や他の幼児と食べる喜びや楽しさを味わったり，様々な食べ物への興味や関心をもったりするなどし，食の大切さに気付き，進んで食べようとする気持ちが育つようにすること。

(5) 基本的な生活習慣の形成に当たっては，家庭での生活経験に配慮し，幼児の自立心を育て，幼児が他の幼児と関わりながら主体的な活動を展開する中で，生活に必要な習慣を身に付け，次第に見通しをもって行動できるようにすること。

(6) 安全に関する指導に当たっては，情緒の安定を図り，遊びを通して安全についての構えを身に付け，危険な場所や事物などが分かり，安全についての理解を深めるようにすること。また，交通安全の習慣を身に付けるようにするとともに，避難訓練などを通して，災害などの緊急時に適切な行動がとれるようにすること。

人間関係
〔他の人々と親しみ，支え合って生活するために，自立心を育て，人と関わる力を養う。〕

1 ねらい
(1) 幼稚園生活を楽しみ，自分の力で行動することの充実感を味わう。
(2) 身近な人と親しみ，関わりを深め，工夫したり，協力したりして一緒に活動する楽しさを味わい，愛情や信頼感をもつ。
(3) 社会生活における望ましい習慣や態度を身に付ける。

2 内 容
(1) 先生や友達と共に過ごすことの喜びを味わう。
(2) 自分で考え，自分で行動する。
(3) 自分でできることは自分でする。
(4) いろいろな遊びを楽しみながら物事をやり遂げようとする気持ちをもつ。
(5) 友達と積極的に関わりながら喜びや悲しみを共感し合う。
(6) 自分の思ったことを相手に伝え，相手の思っていることに気付く。
(7) 友達のよさに気付き，一緒に活動する楽しさを味わう。
(8) 友達と楽しく活動する中で，共通の目的を見いだし，工夫したり，協力したりなどする。
(9) よいことや悪いことがあることに気付き，考えながら行動する。
(10) 友達との関わりを深め，思いやりをもつ。
(11) 友達と楽しく生活する中できまりの大切さに気付き，守ろうとする。
(12) 共同の遊具や用具を大切にし，皆で使う。
(13) 高齢者をはじめ地域の人々などの自分の生活に関係の深いいろいろな人に親しみをもつ。

3 内容の取扱い

上記の取扱いに当たっては，次の事項に留意する必要がある。

(1) 教師との信頼関係に支えられて自分自身の生活を確立していくことが人と関わる基盤となることを考慮し，幼児が自ら周囲に働き掛けることにより多様な感情を体験し，試行錯誤しながら諦めずにやり遂げることの達成感や，前向きな見通しをもって自分の力で行うことの充実感を味わうことができるよう，幼児の行動を見守りながら適切な援助を行うようにすること。

(2) 一人一人を生かした集団を形成しながら人と関わる力を育てていくようにすること。その際，集団の生活の中で，幼児が自己を発揮し，教師や他の幼児に認められる体験をし，自分のよさや特徴に気付き，自信をもって行動できるようにすること。

(3) 幼児が互いに関わりを深め，協同して遊ぶようになるため，自ら行動する力を育てるようにするとともに，他の幼児と試行錯誤しながら活動を展開する楽しさや共通の目的が実現する喜びを味わうことができるようにすること。

(4) 道徳性の芽生えを培うに当たっては，基本的な生活習慣の形成を図るとともに，幼児が他の幼児との関わりの中で他人の存在に気付き，相手を尊重する気持ちをもって行動できるようにし，また，自然や身近な動植物に親しむことなどを通して豊かな心情が育つようにすること。特に，人に対する信頼感や思いやりの気持ちは，葛藤やつまずきをも体験し，それらを乗り越えることにより次第に芽生えてくることに配慮すること。

(5) 集団の生活を通して，幼児が人との関わりを深め，規範意識の芽生えが培われることを考慮し，幼児が教師との信頼関係に支えられて自己を発揮する中で，互いに思いを主張し，折り合いを付ける体験をし，きまりの必要性などに気付き，自分の気持ちを調整する力が育つようにすること。

(6) 高齢者をはじめ地域の人々などの自分の生活に関係の深いいろいろな人と触れ合い，自分の感情や意志を表現しながら共に楽しみ，共感し合う体験を通して，これらの人々などに親しみをもち，人と関わることの楽しさや人の役に立つ喜びを味わうことができるようにすること。また，生活を通して親や祖父母などの家族の愛情に気付き，家族を大切にしようとする気持ちが育つようにすること。

環 境

[周囲の様々な環境に好奇心や探究心をもって関わり，それらを生活に取り入れていこうとする力を養う。]

1 ねらい

(1) 身近な環境に親しみ，自然と触れ合う中で様々な事象に興味や関心をもつ。
(2) 身近な環境に自分から関わり，発見を楽しんだり，考えたりし，それを生活に取り入れようとする。
(3) 身近な事象を見たり，考えたり，扱ったりする中で，物の性質や数量，文字などに対する感覚を豊かにする。

2 内 容

(1) 自然に触れて生活し，その大きさ，美しさ，不思議さなどに気付く。
(2) 生活の中で，様々な物に触れ，その性質や仕組みに興味や関心をもつ。
(3) 季節により自然や人間の生活に変化のあることに気付く。
(4) 自然などの身近な事象に関心をもち，取り入れて遊ぶ。
(5) 身近な動植物に親しみをもって接し，生命の尊さに気付き，いたわったり，大切にしたりする。

付録 12

(6) 日常生活の中で，我が国や地域社会における様々な文化や伝統に親しむ。
(7) 身近な物を大切にする。
(8) 身近な物や遊具に興味をもって関わり，自分なりに比べたり，関連付けたりしながら考えたり，試したりして工夫して遊ぶ。
(9) 日常生活の中で数量や図形などに関心をもつ。
(10) 日常生活の中で簡単な標識や文字などに関心をもつ。
(11) 生活に関係の深い情報や施設などに興味や関心をもつ。
(12) 幼稚園内外の行事において国旗に親しむ。

3 内容の取扱い

上記の取扱いに当たっては，次の事項に留意する必要がある。

(1) 幼児が，遊びの中で周囲の環境と関わり，次第に周囲の世界に好奇心を抱き，その意味や操作の仕方に関心をもち，物事の法則性に気付き，自分なりに考えることができるようになる過程を大切にすること。また，他の幼児の考えなどに触れて新しい考えを生み出す喜びや楽しさを味わい，自分の考えをよりよいものにしようとする気持ちが育つようにすること。
(2) 幼児期において自然のもつ意味は大きく，自然の大きさ，美しさ，不思議さなどに直接触れる体験を通して，幼児の心が安らぎ，豊かな感情，好奇心，思考力，表現力の基礎が培われることを踏まえ，幼児が自然との関わりを深めることができるよう工夫すること。
(3) 身近な事象や動植物に対する感動を伝え合い，共感し合うことなどを通して自分から関わろうとする意欲を育てるとともに，様々な関わり方を通してそれらに対する親しみや畏敬の念，生命を大切にする気持ち，公共心，探究心などが養われるようにすること。
(4) 文化や伝統に親しむ際には，正月や節句など我が国の伝統的な行事，国歌，唱歌，わらべうたや我が国の伝統的な遊びに親しんだり，異なる文化に触れる活動に親しんだりすることを通じて，社会とのつながりの意識や国際理解の意識の芽生えなどが養われるようにすること。
(5) 数量や文字などに関しては，日常生活の中で幼児自身の必要感に基づく体験を大切にし，数量や文字などに関する興味や関心，感覚が養われるようにすること。

言葉

経験したことや考えたことなどを自分なりの言葉で表現し，相手の話す言葉を聞こうとする意欲や態度を育て，言葉に対する感覚や言葉で表現する力を養う。

1 ねらい

(1) 自分の気持ちを言葉で表現する楽しさを味わう。
(2) 人の言葉や話などをよく聞き，自分の経験したことや考えたことを話し，伝え合う喜びを味わう。
(3) 日常生活に必要な言葉が分かるようになるとともに，絵本や物語などに親しみ，言葉に対する感覚を豊かにし，先生や友達と心を通わせる。

2 内容

(1) 先生や友達の言葉や話に興味や関心をもち，親しみをもって聞いたり，話したりする。
(2) したり，見たり，聞いたり，感じたり，考えたりなどしたことを自分なりに言葉で表現する。
(3) したいこと，してほしいことを言葉で表現したり，分からないことを尋ねたりする。
(4) 人の話を注意して聞き，相手に分かるように話す。
(5) 生活の中で必要な言葉が分かり，使う。

(6) 親しみをもって日常の挨拶をする。
(7) 生活の中で言葉の楽しさや美しさに気付く。
(8) いろいろな体験を通じてイメージや言葉を豊かにする。
(9) 絵本や物語などに親しみ,興味をもって聞き,想像をする楽しさを味わう。
(10) 日常生活の中で,文字などで伝える楽しさを味わう。

3 内容の取扱い

上記の取扱いに当たっては,次の事項に留意する必要がある。

(1) 言葉は,身近な人に親しみをもって接し,自分の感情や意志などを伝え,それに相手が応答し,その言葉を聞くことを通して次第に獲得されていくものであることを考慮して,幼児が教師や他の幼児と関わることにより心を動かされるような体験をし,言葉を交わす喜びを味わえるようにすること。

(2) 幼児が自分の思いを言葉で伝えるとともに,教師や他の幼児などの話を興味をもって注意して聞くことを通して次第に話を理解するようになっていき,言葉による伝え合いができるようにすること。

(3) 絵本や物語などで,その内容と自分の経験とを結び付けたり,想像を巡らせたりするなど,楽しみを十分に味わうことによって,次第に豊かなイメージをもち,言葉に対する感覚が養われるようにすること。

(4) 幼児が生活の中で,言葉の響きやリズム,新しい言葉や表現などに触れ,これらを使う楽しさを味わえるようにすること。その際,絵本や物語に親しんだり,言葉遊びなどをしたりすることを通して,言葉が豊かになるようにすること。

(5) 幼児が日常生活の中で,文字などを使いながら思ったことや考えたことを伝える喜びや楽しさを味わい,文字に対する興味や関心をもつようにすること。

表　現

［感じたことや考えたことを自分なりに表現することを通して,豊かな感性や表現する力を養い,創造性を豊かにする。］

1 ねらい

(1) いろいろなものの美しさなどに対する豊かな感性をもつ。
(2) 感じたことや考えたことを自分なりに表現して楽しむ。
(3) 生活の中でイメージを豊かにし,様々な表現を楽しむ。

2 内容

(1) 生活の中で様々な音,形,色,手触り,動きなどに気付いたり,感じたりするなどして楽しむ。
(2) 生活の中で美しいものや心を動かす出来事に触れ,イメージを豊かにする。
(3) 様々な出来事の中で,感動したことを伝え合う楽しさを味わう。
(4) 感じたこと,考えたことなどを音や動きなどで表現したり,自由にかいたり,つくったりなどする。
(5) いろいろな素材に親しみ,工夫して遊ぶ。
(6) 音楽に親しみ,歌を歌ったり,簡単なリズム楽器を使ったりなどする楽しさを味わう。
(7) かいたり,つくったりすることを楽しみ,遊びに使ったり,飾ったりなどする。
(8) 自分のイメージを動きや言葉などで表現したり,演じて遊んだりするなどの楽しさを味わう。

付録 12

3 内容の取扱い

上記の取扱いに当たっては,次の事項に留意する必要がある。

(1) 豊かな感性は,身近な環境と十分に関わる中で美しいもの,優れたもの,心を動かす出来事などに出会い,そこから得た感動を他の幼児や教師と共有し,様々に表現することなどを通して養われるようにすること。その際,風の音や雨の音,身近にある草や花の形や色など自然の中にある音,形,色などに気付くようにすること。

(2) 幼児の自己表現は素朴な形で行われることが多いので,教師はそのような表現を受容し,幼児自身の表現しようとする意欲を受け止めて,幼児が生活の中で幼児らしい様々な表現を楽しむことができるようにすること。

(3) 生活経験や発達に応じ,自ら様々な表現を楽しみ,表現する意欲を十分に発揮させることができるように,遊具や用具などを整えたり,様々な素材や表現の仕方に親しんだり,他の幼児の表現に触れられるよう配慮したりし,表現する過程を大切にして自己表現を楽しめるように工夫すること。

第3章　教育課程に係る教育時間の終了後等に行う教育活動などの留意事項

1　地域の実態や保護者の要請により，教育課程に係る教育時間の終了後等に希望する者を対象に行う教育活動については，幼児の心身の負担に配慮するものとする。また，次の点にも留意するものとする。
　(1) 教育課程に基づく活動を考慮し，幼児期にふさわしい無理のないものとなるようにすること。その際，教育課程に基づく活動を担当する教師と緊密な連携を図るようにすること。
　(2) 家庭や地域での幼児の生活も考慮し，教育課程に係る教育時間の終了後等に行う教育活動の計画を作成するようにすること。その際，地域の人々と連携するなど，地域の様々な資源を活用しつつ，多様な体験ができるようにすること。
　(3) 家庭との緊密な連携を図るようにすること。その際，情報交換の機会を設けたりするなど，保護者が，幼稚園と共に幼児を育てるという意識が高まるようにすること。
　(4) 地域の実態や保護者の事情とともに幼児の生活のリズムを踏まえつつ，例えば実施日数や時間などについて，弾力的な運用に配慮すること。
　(5) 適切な責任体制と指導体制を整備した上で行うようにすること。
2　幼稚園の運営に当たっては，子育ての支援のために保護者や地域の人々に機能や施設を開放して，園内体制の整備や関係機関との連携及び協力に配慮しつつ，幼児期の教育に関する相談に応じたり，情報を提供したり，幼児と保護者との登園を受け入れたり，保護者同士の交流の機会を提供したりするなど，幼稚園と家庭が一体となって幼児と関わる取組を進め，地域における幼児期の教育のセンターとしての役割を果たすよう努めるものとする。その際，心理や保健の専門家，地域の子育て経験者等と連携・協働しながら取り組むよう配慮するものとする。

付録12

学習指導要領等の改善に係る検討に必要な専門的作業等協力者（五十音順）

（職名は平成29年6月現在）

大里　弘美	広島県教育委員会主任指導主事
大城　　賢	琉球大学教授
大田　亜紀	福岡県篠栗町立篠栗小学校教頭
酒井　英樹	信州大学学術研究院教授
佐藤　美智子	鳴門教育大学小学校英語教育センター特任講師
髙木　展郎	横浜国立大学名誉教授
高城　直子	北九州市教育委員会教職員課小学校担当課長
投野　由紀夫	東京外国語大学大学院教授
中村　典生	長崎大学教授
根岸　雅史	東京外国語大学大学院教授
長谷川　知子	（一社）日本経済団体連合会教育・CSR本部長
肥後　功和	鹿児島県鹿児島市教育委員会指導主事
平岡　昌子	広島県神石高原町立油木小学校教頭
Mark Graham Fennelly	四国大学准教授
松川　禮子	岐阜県教育委員会教育長
山田　誠志	岐阜県教育委員会指導主事
吉田　研作	上智大学言語教育研究センター長

なお，文部科学省においては，次の者が本書の編集に当たった。

小幡　泰弘	初等中等教育局国際教育課長
藤江　陽子	大臣官房付
	（前大臣官房審議官（初等中等教育局担当）・初等中等教育局国際教育課長事務取扱）
佐藤　人海	初等中等教育局国際教育課外国語教育推進室長
圓入　由美	文化庁文化財部美術学芸課長
	（前初等中等教育局国際教育課外国語教育推進室長）
直山　木綿子	初等中等教育局国際教育課教科調査官

小学校学習指導要領（平成29年告示）解説
外国語活動・外国語編

MEXT 1-1712

平成 30 年 2 月 28 日	初版発行
令和 7 年 6 月 1 日	5 版発行

著作権所有　　　　　文部科学省

発　行　者　　　　　東京都文京区向丘1-13-1
　　　　　　　　　　開隆堂出版株式会社
　　　　　　　　　　代表者　岩　塚　太　郎

印　刷　者　　　　　東京都千代田区西神田3-2-1
　　　　　　　　　　住友不動産千代田ファーストビル南館14階
　　　　　　　　　　三松堂印刷株式会社

発　行　所　　　　　東京都文京区向丘1-13-1
　　　　　　　　　　開隆堂出版株式会社
　　　　　　　　　　電　話　　03-5684-6118

定価　173 円（本体 157 円）